동학의 사상적 서사와
신화적 상상력

동학연구총서 003

동학 소설, 경전 속 신화와 중국 인물 연구

동학의 사상적 서사와
신화적 상상력

임금복 지음

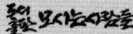

책머리에

요순의 세상에는 백성이 다 요순같이 되었고, 이 세상 운수는 세상과 같이 돌아가는지라 해가 되고 덕이 되는 것은 한울님께 있는 것이요 나에게 있지 아니하니라. 낱낱이 마음속에 헤아려 본즉 해가 그 몸에 미칠는지는 자세히 알 수 없으나 이런 사람이 복을 누리리라는 것은 다른 사람에게 듣게 해서는 안 되니, 그대가 물을 바도 아니요 내가 관여할 바도 아니니라.
- 『동경대전』〈논학문〉 중에서

인생을 살다 보면 자신이 생각한 대로 인생의 무대에 순연하게 삶의 스토리들이 펼쳐질 때도 있지만, 어느 때는 순서가 바뀌어 역순으로 자신의 인생 스토리들이 펼쳐질 때도 종종 있다. 학자들의 집필 작업 역시 마찬가지이다. 필자의 경우 공교롭게 10년 단위로 동학 관련 저서를 1권씩 출간하게 되었다. 2004년 『동학 문학과 예술 그리고 철학』, 2014년 『그림으로 읽는 수운 최제우 이야기』, 2024년 『수운 최제우와 함께하는 중국 탐방기』가 출간되었다.

그런데 2024년 10월 28일 수운 탄신 200주년에 맞춰 출간한 『수운 최제우와 함께하는 중국 탐방기』는 실은 『동경대전(東經大全)』과 『용담유사(龍潭遺事)』에 나오는 중국 인물 25명, 삼황오제(三皇五帝)·요순(堯舜)·공자(孔子)와 맹자(孟子)·제갈량(諸葛亮)·강태공(姜太公)·소동파(蘇東坡)·

이백(李白)·진시황(秦始皇)·편작(扁鵲) 등의 유적지를 탐방한 여행기이다. 이 여행기의 기원은 14년 전인 2011년으로 거슬러 올라간다. 이 여행기의 출간은 『동경대전』과 『용담유사』에 나오는 중국 인물 관련 논문 두 편이 있었기에 가능했다. 두 논문에는 부정적 인물 군상인 걸(桀), 주(紂), 도척(盜跖) 등을 제외하고 중국 인물이 25명 정도 나오기 때문이다. 그리고 그 25명의 유적지를 탐방하는 데에 2014년 중국에 한국어 파견 강사로 간 목적이 있었고, 그 결과물이 여행기로 나오게 된 것이다. 중국의 유적지들을 탐방할 수 있는 기간이 2021년 60세 비자 만료 시점까지 이어져 운 좋게도 7년간을 중국에서 보낼 수 있었다. 그래서 『동학학보』 학회지에 수록하였던 논문 「『동경대전』에 나타난 중국 인물 연구」(2011), 「『용담유사』에 나타난 중국 인물 연구」(2011), 「『해월신사법설』에 나타난 중국 인물 연구」(2012), 「『의암성사법설』에 나타난 중국 인물 연구」(2013) 등을 각각 편으로 묶게 되면서 이번 책에서는 마지막 제3부에 들어가게 되었다.

40세쯤에 정신적 방황이 없는 생명의 핵이요 우주의 핵인 동학·천도교가 내 생명의 근원이며 모태 신앙이었음을 재확인한 적이 있다. 40세 이전에는 종교적 방황이 심했지만 방황이 끝난 후 동학 관련 첫 저서 『동학 문학과 예술 그리고 철학』(모시는사람들, 2004)을 상재했는데, 이 책의 제1부에 실린 논문 세 편은 동학 소설을 다룬 것이다. 이 논문들은 한승원의 『동학제』(2000), 유현종의 『들불』(2001), 박태원의 『갑오농민전쟁』(2003)에 관한 글이다. 이 세 편의 논문을 수정해서 제1부에 다시 싣게 되었다.

제2부에서는 동학 텍스트 관련 신화와 수사학 중심의 논문 세 편 「동양의 신화와 동학 경전의 비교」(2006), 「목소리와 바위, 새와 저울의 현상학」(2006), 「동양 신화의 경전 수사학」(2008)을 묶었다. 결과적으로 이번 저서

에서는 동학 관련 논문을 발표 순서로 실었다.

개인적으로 2024년은 『수운 최제우와 함께하는 중국 탐방기』를 출간하기 위해 숨 가쁘게 지냈다. 그런데 생일이 3월인 고로 정년이 2025년 8월로 반년 연장되어 정년퇴직 기념으로 이 책을 출간하게 되어 기쁘게 생각한다. 정년 연장에 도움을 주신 성신여대 이성근 총장님, 국제교육원 한국어학당의 이형민 처장님, 구두회 부원장님, 조윤정 팀장님, 모든 구성원들께 감사드린다.

필자는 1985년 대학원 석사과정 시절부터 성신여대와 인연을 맺어 인생의 청년기, 장년기, 중년기, 노년기를 모두 보내고 2025년 8월 국제교육원 대우교수로 퇴직할 예정이다. 지난 40년 동안 도움을 주신 성신여대의 모든 선생님들이 우주적 인연임을 확인하며 이 자리를 빌려 감사드린다. 운명을 달리 하신 교수님들, 퇴직하신 교수님들, 국어국문과와 함께한 20년의 인연, 그리고 국제교육원 한국어학당과 함께한 20년의 인연, 총 40년을 성신여대에서 보내게 되어 진심으로 기쁘게 생각한다. 물론 국제교육원 20년의 인연의 시간은 하북과기대학(河北科技大學) 한국어 파견 강사 및 스자좡세종학당(石家庄世宗學堂) 교원을 지낸 총 7년을 포함한 것이다.

흔쾌히 책의 출판을 허락해 주신 도서출판 모시는사람들 박길수 대표님께 감사드리며 출판계의 최보따리이자 그 후예로서의 사명감을 가지고 또 꿈을 펼쳐 가는 열정에 응원의 박수를 보낸다.

2025년 7월
성북천변 우거에서
임금복

차례

동학의 사상적 서사와 신화적 상상력

책머리에 —— 4

▶ 제1부 동학 소설 연구

1장 한승원의 『동학제』 연구 / 13
   Ⅰ. 들어가며 ······ 15
   Ⅱ. 『동학제』에 수용된 동학의 정신사 ······ 17
   Ⅲ. 나가며 ······ 45

2장 유현종의 『들불』 연구 / 49
   Ⅰ. 들어가며 ······ 51
   Ⅱ. 『들불』에 수용된 동학의 정신사 ······ 53
   Ⅲ. 나가며 ······ 77

3장 박태원의 『갑오농민전쟁』 연구 / 81
   Ⅰ. 들어가며 ······ 83
   Ⅱ. 『갑오농민전쟁』에 수용된 동학의 정신사 ······ 86
   Ⅲ. 나가며 ······ 114

▶ 제2부 동학 경전의 신화와 수사학

4장 동양의 신화와 동학 경전의 비교 / 119
   ―요순 신화를 중심으로
   Ⅰ. 수사학적 텍스트 읽기 - 신화의 비유 ······ 121

Ⅱ. 수운·해월·의암의 신화적 수사법 ········ 122
Ⅲ. '요순 신화'와 동학 경전의 요순 비유 ········ 127
Ⅳ. 후천개벽 유토피아와 패러다임의 전환 수사법 ········ 153

5장 목소리와 바위, 새와 저울의 현상학 / 157
―서구 신화와 동학 신화의 비교

Ⅰ. 현상학적으로 해석하기 - 신화 텍스트 대비 ········ 159
Ⅱ. 목소리의 현상학 - 모세 신화와 수운의 천어 ········ 162
Ⅲ. 바위의 현상학 - 시지프스 신화와 해월의 <독공> ········ 168
Ⅳ. 새의 현상학 - 노아의 신화와 해월의 피조성 시천주지성 ········ 172
Ⅴ. 저울의 현상학 - 이집트 오시리스 신화와 의암의 <견성해> ········ 176
Ⅵ. 비유의 현상학, 우주적 진리의 완성을 위해 ········ 181

6장 동양 신화의 경전 수사학 / 185
―동학 경전에 나타난 삼황오제 신화를 중심으로

Ⅰ. 수사학적 신화 읽기 ········ 187
Ⅱ. '삼황오제 신화'의 수사학적 비유 ········ 188
Ⅲ. 후천개벽 성인 사회와 패러다임의 전환 수사법 ········ 204

제3부 동학 경전의 중국 인물 연구

7장 『동경대전』에 나타난 중국 인물 / 209

Ⅰ. 시작하며 ········ 211
Ⅱ. 신화 속의 인물들 - 천황씨와 오제, 요순과 항아 ········ 214
Ⅲ. 정치·사상의 인물들 - 공자·자공·강태공·제갈량·주렴계 ········ 225
Ⅳ. 문예적 인물들 - 도연명·소동파·이태백·왕희지 ········ 236
Ⅴ. 기타 인물 - 사광·편작·석숭 ········ 239
Ⅵ. 나가며 ········ 243

동학의 사상적 서사와 신화적 상상력

8장 『용담유사』에 나타난 중국 인물 / 245
- I. 들어가며 ······ 247
- II. 신화 속 인물들 - 삼황오제와 요순, 기자 ······ 250
- III. 정치·사상적 인물들 - 공맹·칠십이인 제자 ······ 259
- IV. 통치자 인물들 - 진시황과 한무제 ······ 266
- V. 난도난법적 반증 사회 인물들 - 걸·도척과 환퇴·전자방과 단간목 ······ 269
- VI. 초인적 분신 인물들 - 두목지와 사광·편작 ······ 276
- VII. 나가며 ······ 279

9장 『해월신사법설』에 나타난 중국 인물 / 281
- I. 들어가며 ······ 283
- II. 통섭적 성인 - 삼황씨와 천황씨 ······ 286
- III. 성인적 경지의 인물 - 요순·요순공맹·맹자·문왕과 공자 ······ 291
- IV. 마음을 연 인물 - 강태공과 제갈량 ······ 299
- V. 변화 가능성이 내재된 개과천선형 비유의 인물 - 한무제와 도척 ······ 300
- VI. 나가며 ······ 303

10장 『의암성사법설』에 나타난 중국 인물 / 305
- I. 시작하며 ······ 307
- II. 중국의 신화적 인물 - 천황씨·헌원씨·치우 ······ 309
- III. 중국의 정치·사상적 인물 - 노자·공자·맹자 ······ 327
- IV. 나가며 ······ 334

참고문헌 —— 336
찾아보기 —— 342

제1부
동학 소설 연구

1장 한승원의 『동학제』 연구
2장 유현종의 『들불』 연구
3장 박태원의 『갑오농민전쟁』 연구

1장 한승원의 『동학제』 연구*

* 졸고, "한승원의 『동학제』 연구", 『문학비평』 2호, 한국문학비평가협회, 2000. 12, 347-373쪽에 수록되었다.

Ⅰ. 들어가며

　대부분 문학의 제재로 선택된 동학은 동학농민혁명이 주요 내용이다. 그뿐만 아니라 동학은 해방 이후 우리 문학에서 갑오동학혁명이 지닌 역사성 때문에 강조되어 왔다. 이는 1960년대 이후 우리 사회에서 지속적으로 전개되어 온 민중·민권 운동과 동학의 갑오혁명이 그 정신사적인 면에서 같은 맥을 지닌 것으로 해석되었고 이러한 사회적 인식이 문학에 반영[1]되었기 때문이다. 이 제재를 반영한 해방 직후의 작품으로는 박종화의 『민족』(《중앙신문》, 1945.11.), 이무영의 『농민』(《한성일보》, 1950), 서기원의 『혁명』(『신동아』, 1964.9.-1965.11.), 유현종의 『들불』(『현대문학』, 1972.11.-1974.5.)과 그 연작 『장군 김개남』(『한국문학』, 1978.8.), 박경리의 『토지』(『현대문학』, 1969.9.《문화일보》, 1994.8.), 박연희의 『여명기』(상·중·하, 동아출판, 1978), 박태원의 『갑오농민전쟁』(1977-1986), 문순태의 『타오르는 강』(1-7, 창작과 비평사, 1989), 송기숙의 『녹두장군』(『현대문학』, 1981.8.-1984의 기간 동안 『정경문화』와 『월간경향』에 70여 회에 걸쳐 연재된 뒤 이를 정리하여 1990년 7월 7권의 단행본으로 묶여 나옴), 한승원의 『동학제』(1-7, 고려원, 1994), 이병천의 『마지막 조선검 은명기』(1-3, 문학동네, 1994), 채길순의 『흰옷 이야기』

---

[1] 윤석산, "문학에 나타난 동학", 『동학사상과 한국문학』, 한양대 출판부, 1999, 40쪽.

(1-3, 한국문원, 1996)[2] 등이 있다.

그중 한승원의 『동학제』는 1894년 갑오농민전쟁으로부터 100년이 지난 1994년 동학혁명 100주년을 맞이한 해에 출간되었다. 이 작품에 대한 논의로는 정현기, 신덕룡의 견해가 있다. 정현기는 『동학제』에 대해 1889년 흉년 등으로 쌀 수출을 금지한 정부의 방곡령을 트집 잡아 일본이 정부에 손해배상을 청구하며 경제 침략을 본격화하던 조선조 말기 민중사의 한 축약도라고 평했다. 또한 정현기는, 『동학제』 전체에서 역사소설로서의 성격보다는 한승원 특유의 민중사적 세계관과 소설적 미학론에 근거하여 소외 계층의 가진 자에 대한 처절한 분노심이 드러나고, 인간의 인간됨을 엮고 있는 끈질긴 애욕을 탐색하고 있으며, 작가의 투철한 반봉건·반식민 의식에 끈을 잇고 있다[3]고 평가했다. 이어 신덕룡은 『동학제』에 대해 주어진 환경에 대응하는 인물들의 삶을 형상화했다고 주장했다. 그리고 환경에 지배당하든 맞서든 개인에게 세계는 막강한 지배력이 있고 각각의 인물들은 주어진 조건 속에서 반응하는 각기 다른 운명을 갖고 있는데, 동학혁명과 같이 객관적 사실로 굳어진 역사적 환경 속에서 소설 속 인물의 패배란 당연한 귀결이라고 보았다. 또 역사 앞에서 패배할 수밖에 없는 허무주의가 전부는 아니라는 것과, '동학혁명'이 아닌 '동학제'로 명명한 이유를

---

2 이정숙, "역사의식과 문학적 상상력"-해방 직후부터 1970년대까지의 소설에 나타난 동학, 『소설과 사상』, 1994년 겨울호, 240쪽.
김승종, "『녹두장군』과 『갑오농민전쟁』의 비교 연구", 『현대소설연구』 제2호, 1995. 6, 180쪽.
채길순, "동학혁명의 소설화 과정과 과제", 『한국문예비평연구』 제6집, 2000. 6, 278쪽 참조.
3 정현기, "동학혁명의 소설적 인간론"-한승원의 『동학제』에 부쳐, 『소설과 사상』, 1994년 겨울호, 268쪽.

통해 조직이 아닌 무의식적 열정을 중심으로 내덕도 사람들의 한풀이와 더불어 끈질긴 생명력에 대한 믿음을 드러냈다[4]고 평가했다.

이 글에서는 기존 연구 결과인 역사·사회적 인식의 작품 세계에서 미흡했던 점을 보완시켜 동학혁명이 일어난 1894년 전후의 실존자들에게 각인된 동학의 정신이 문화적으로 편만해 있었음을 부각시키려 한다. 이는 한승원의『동학제』에 수용된 동학 문화와 영혼 양식의 지평을 문화적 지형도에 따라 첫째, 동학의 정신 계보자 문화, 둘째, 동학의 영혼 문화, 셋째, 동학의 상무(尙武) 문화로 나누어 의미를 고찰하고자 한다.

II.『동학제』에 수용된 동학의 정신사

1. 동학의 정신 계보자 문화

동학의 창설자인 1대 수운 최제우(1824-1864), 2대 해월 최시형(1827-1898), 3대 의암 손병희(1861-1922)로 이어지는 정통적 계보자들에 대해서 당대 지도부와 지식인, 민중들이 어떠한 의식을 피력했는지『동학제』에서 살펴보고자 한다.

1) 1대 수운 최제우(1824-1864)

먼저 1대 수운 최제우는 동학을 개창했으며, 그의 사상과 정신은『동경

---

[4] 신덕룡, "바다, 욕망과 반역의 공간"-한승원의『동학제』론,『작가세계』, 1996년 겨울호, 69-70쪽.

대전』과 『용담유사』라는 저술을 통해 피력되었다. 『동경대전』은 수운이 구도를 위해 20여 년간 자기 성찰을 하여 얻은 종교적 체험과 깨달음, 그리고 역사를 꿰뚫는 혜안으로써 1860년부터 1864년까지 약 4년간에 걸쳐 저술한 것으로서 포교를 위한 강도(講道) 속에서 이루어졌다. 이 내용을 대중이 쉽고 명확하게 알게 하기 위해서 저술된 『용담유사』는 한글체의 가사이다. 두 권의 책을 통해 민족주체성의 사상적 계기를 형성하여, 한민족의 독특한 사상 체계를 형성하는 근거를 마련하였으며, 유불선 사상을 지도 이념으로 하여 혁명적인 개벽 사상을 통해 새로운 이념을 구현하고, 인내천의 사상을 통해 인간 평등을 근거로 한 시민사회 형성과 지도 이념의 체계를 형성하고자 했다[5]고 보았다.

그중 한승원의 『동학제』에서는 동학 경전이 『동경대전』의 〈논학문〉, 『용담유사』의 〈안심가〉와 〈몽중노소문답가〉를 중심으로 펼쳐진다. 수운의 언술들은 한승원의 소설에서 주로 소외된 지식인 신분에 의해 피력되었다. 즉, 서자 이인한이 신씨 가문이나 유생들 앞에서 한 말이나, 접주 이방언이 전녹두와 이마동에게 말하는 장면과 강진에서 함께 공부한 친구 김한섭에게 하는 이야기 속에서 자신의 정체성을 밝히기 위해 원용되었다. 그 이야기 속에서 먼저 수운의 종교 창립이 중요하게 피력되는데, 이는 동학의 창립 과정 중 수운이 가진 최초의 사회적 정황인 유교적 세계관 등 당시의 사회적 모순과 직면하는 과정에서 표출된다. 이때 세계 인식이 민중 사상과 결합하거나 확장된 의식을 가지면서 당대 중국까지 침략당하는 국제 정세의 변화와 서학이 던진 종교적·사상적 충격까지 드러나게 된다. 그러면서 동학은 서학과 유사한 면도 있지만 민중 사상의 내용을 풍

---

[5] 유병덕 편저, 『東學·天道敎』, 교문사, 1987, 142-145쪽.

부하게 수용한 새로운 종교가 탄생하는 개인적 의식과 사회적 체험의 결합 과정[6]으로 정리된다. 이러한 의식이 『동학제』에서는 구체적으로 서자 출신 지식인 이인한에 의해 피력된다.

> 그렇다고 그것을 위하여 서학(西學)을 가져다가 쓸 수는 없습니다. 수운(水雲) 선사가 설파한 동학(東學)이 우리에게 가장 적합한 도리입니다. 유학을 바탕으로 한 헐거운 제도들을 버리고 동학의 한울님을 기틀로 한 새 세상을 열지 않으면 안 됩니다. 그것이 개벽 세상입니다. 세상의 모든 사람들 속에는 똑같은 부피 똑같은 무게 똑같은 높이의 한울님이 있습니다. 그 한울님 때문에 우리 모든 사람들은 평등한 것입니다.
> - 한승원, 『동학제』[7] 3, 272쪽

위와 같이 이인한은 신씨 가문이나 유생들 앞에서 동학의 한울님을 바탕으로 한 평등사상과 개벽 세상의 새 이념을 알리기 위해 수운이 펼친 동학사상의 정당성을 강조한다.

〈논학문〉은 수운이 1861년에 지은 것으로 『동경대전』의 핵이라 할 수 있는 동학의 이론을 기술한 글이다. 대우주의 본체생명의 상대적인 작용에 의하여 만물이 화생(化生)하였으며, 그 만물 가운데 사람이 가장 신령하다고 보았다. 또 득도 과정에서 한울님과의 대화를 통해 동학의 기본 사상인 내 마음이 네 마음이란 것을 말한다. 오심즉여심(吾心卽汝心)은 인내천

---

[6] 우윤, "동학사상의 정치·사회적 성격", 『1894년 농민전쟁연구 3』, 역사비평사, 1993, 279쪽.
[7] 한승원, 『동학제』 1-7, 고려원, 1994.

의 원천이며 사인여천(事人如天)의 도덕적 규범이며, 또 천도교의 주문은 우주 만물이 화생하는 근본 원리, 인간 사회의 발전 법칙과 개인의 인격을 향상시키기 위한 수련 방법[8]을 제시한다. 이러한 논지들이 한승원의 『동학제』에서는 이방언이 강진에서 동문수학한 친구 김한섭에게 말하는 장면에서 언급된다.

> 수운 선생은 한울님을 통하여 우리 인간의 본마음을 회복시켜 주려고 새로운 도를 낸 것이옵니다. 그렇다면 그 본마음이 무엇인가요? 선생의 〈논학문(論學文)〉에 보면 상제(上帝)로부터 '나의 마음이 곧 너의 마음[心卽如心也]'이라는 말을 들었다고 했사옵니다. 그리고 '천심이 곧 인심[天心卽人心]'이라는 것을 가르치려고 하였사옵니다. 말하자면 모든 사람은 경천명(敬天命)하고 순천리(順天理)하는 인간 본래의 존재 양식을 회복할 수 있는 가능성을 가지고 있다는 것이옵니다. 그래서 수운 선생은 '안심정기(安心正氣)'를 가지고 인의예지(仁義禮智)를 회복해야 한다고 가르쳤사옵니다. 인의예지, 그것이 바로 우리 인간이 태어날 때부터 지니고 나온 본마음 아니옵니까?
> -『동학제』 4, 133-134쪽

위의 장면에서 보듯이 소외된 지방 호족 이방언은 〈논학문〉을 인용하여 본마음인 천심즉인심(天心卽人心), 안심정기(安心正氣) 등 인간 본래의 존재 양식 회복과 인의예지(仁義禮智) 정신의 회복을 강조하며 다른 사상을 가진 지식인에게 이 측면을 강변한다.

『용담유사』 역시 소설 『동학제』에서 이방언이 인용하는 근거가 된다.

---

8 유병덕 편저, 앞의 책, 146쪽.

"수운 선생의 『용담유사』에는 허허실실이 있사옵니다. 이 땅의 불도와 유도와 천주학으로서는 난세를 극복할 수 없고, 동학의 도만이 개벽 세상을 불러올 수 있다는 뜻이 분명히 들어 있사옵니다. 개벽 세상을 불러온 다음에는 한울님들이 주인이 되어야 한다는 뜻이 숨겨져 있사옵니다."(『동학제』 4, 136쪽)에서 드러나듯 이방언은 불도·유도·천주학으로 난세를 타개하기 어렵고 동학만이 개벽 세상을 가져올 수 있다고 『용담유사』를 빌려 강조한다.

『용담유사』 중 〈안심가〉는 수운이 1860년에 지은 글이다. 이 글에서 수운은 자신의 부인을 안심시키는 형식을 갖추어 당시 사회에서 버림받은 여성들에게 자신이 득도한 도를 통하여 한울님의 뜻에 맞는 생활을 하면 행복하게 살 수 있다고 피력한다. 또 수운은 봉건사회 속의 여성들에게 인생의 참다운 모습과 여성의 참다운 가치를 자각시키고 나아가 여성의 지위는 한 가정에서뿐만 아니라 한 사회에 있어서도 절대적인 것이라고 가르쳐 여성이 삶에 자신감[9]을 갖게 하였다.

『동학제』에서 〈안심가〉는 접주 이방언이 전봉준과 이마동 앞에서 강조한 말에서 나타난다.

"수운 선생이 마음속으로 한울님을 받들자고 한 것은 국조 대왕께서 숭앙하시기 시작한 유도를 버리자는 것이 아니옵니다. 선사께서 읊으신 〈안심가(安心歌)〉에도 있듯이 선생은 얼마나 이 나라의 운수를 염려하셨습니까? 아국(我國) 운수 가련하다고 한 다음 개벽 세상을 불러오기 위하여 선생께서 한울님께 옥새 보전 명을 받았네 하지 않았사옵니까?" (중략) 그 한울님

---

9   유병덕 편저, 위의 책, 149쪽.

은 인격화한 한울님이 아니라 내려 주신 '본마음'일 터이었다. 그 한울님은 자연현상과 인간 현상의 일체를 조화하는 능력 자체로서 생각해야 하는 것이었다.

-『동학제』 4, 133쪽

이처럼 이방언은 수운의 〈안심가〉를 인용하여 아국 운수 인식과 한울님을 통한 개벽 세상 도래를 설파하면서 한울님의 본마음과 천인 조화 등을 강조한다.

또『용담유사』중 〈몽중노소문답가〉는 수운이 1861년에 지은 글이다. 이 글에서 수운은 꿈속에서 늙은이와 젊은이가 주고받는 이야기의 형식으로 당시 한국의 상황을 자세히 설명하고 부패하고 타락한 이 세상을 건지기 위해서는 자신의 도를 펴야 한다[10]고 했다. 이 부분이 한승원의 작품에서는 전봉준의 말에서 잘 드러난다.

전녹두는 자기도 모르는 사이에 매우 애매모호하게 『용담유사』 중의 〈몽중노소문답가(夢中老少問答歌)〉의 한 대목을 읊었다. 수운 선생은 참서에 따라 사는 사람들을 빈정거렸지만, 그는 그 참서가 말하는 것들을 가벼이 알지 않았다. 궁궁(弓弓)이라는 말에서 그는 묘한 힘을 발견했다. 그것은 어떤 알 수 없는 꿍꿍이속을 뜻하기도 하고 유연함을 뜻하기도 하는 듯싶었다. 그렇지만 그는 그것에서 '불처럼 활활 타오르는 힘'을 느꼈다. 그것은 매혹적인 말이었다. '궁궁을을, 궁궁을을 …', 그 말은 사람들의 마음에서 마음으로 이상스러운 향훈을 건네주면서 떠돌고 있었다.

10 유병덕 편저, 위의 책, 150쪽.

-『동학제』4, 137쪽

　위의 장면에서 전봉준은 〈몽중노소문답가〉를 인용하여 사람들 마음에 내재하는 불처럼 타오르는 힘인 궁궁(弓弓)의 힘을 강조했다.
　이상과 같이 보면『동학제』에서 1대 수운 최제우와 관련된 문화는 수운의 저술『동경대전』과『용담유사』관련 언술들을 통해 강조되고 심주화(心柱化)되었다. 서자 출신 지식인 이인한과 이방언, 그리고 지도자 전봉준에 의해 수운 최제우의 사상이 정확히 인식되어 그 종지가 설파되었다. 즉 그들은 정확한 시대 인식을 통해 난세를 개혁할 수 있는 사상적 기반으로 1대 교조 수운의 저술을 근거로 하여 개벽 세상, 평등사상, 한울님, 궁궁의 힘 등을 원용한 것이다.

　2) 2대 해월 최시형(1827-1898)
　동학의 2대 교주 해월 최시형 관련 부분에서는 한울님 관련 주문 외우기와 인내천 사상 등이 실체적으로 집약되어 나온다. 최시형은 스승의 시천주 신앙을 구체적인 대인 관계와 대자연 관계에 적용하여 인간들의 관계에서 사람을 섬기되 한울같이 하라고 가르쳤고, 자연계의 천지 만물에 대해서는 나무 하나 풀포기 하나라도 모두 시천주자라고 설교했으며, 범천론적인 시천주 사상을 몸소 실천하였다. 해월의 천주 직포(天主織布) 이야기(그가 청주 서씨가를 지나다가 그 집 자부가 베 짜는 소리를 듣고 천주가 베 짠다고 말했고), 어린이 애호(도가에서 어린이를 때리는 것을 보고 어린이 구타는 천주를 상하게 하는 것이라고 하며 유아를 천주라 했고), 손님 접대(도가에 손님이 오거든 천주 강림으로 여기라고 했고), 생물 애호(한 생물도 무고히 해치지 말라, 이는 천주를 상하는 것이라고 가르쳤고), 천주성(天主聲, 이명수가에 마침

새 무리가 뜰 나무에 앉아 우는 소리를 듣고 저 역시 시천주의 소리라고 했고) 등을 가르쳤다. 최시형의 범천론적 시천주 사상은 인간뿐만 아니라 동물·식물, 그 밖의 모든 자연계의 사물에 대해서까지도 시천주자(侍天主者)[11]를 표명한 핵이라 볼 수 있다.

이러한 측면이 한승원의 『동학제』에서는 김개남의 집에 모인 도인들 앞에서 이인한의 입도식 장면, 고이철의 생각과 접주 이마동이 전봉준 앞에서 한 말, 웅치면의 접도 이사경이 이인한에게 한 말 등에서 여러 면모로 드러난다.

> 나무 잎사귀 하나의 뜻을 말하고, 빨래하고 길쌈하고 김매고 밭 가는 아낙이나 농부들의 고귀함을 한울님으로 드높이는 최해월의 말에 그는 감복했다. 물 흐르는 소리, 개 짖는 소리, 바람 소리에 한울님의 자격을 주는 것에 고이철은 고개를 숙였다. 갯투성이나 농투성이들이나 괄시받는 서얼들이 다 한울님으로 추앙받는 세상을 불러오자는 것에 그는 다른 의견을 제시할 수 없었다. 세상의 어떠한 이(理)와 기(氣)에 대한 생각이나 논리들도 그 안에 수용될 수밖에 없는 것이었다.
> -『동학제』 2, 46쪽

> 인내천(人乃天)은 사람이 곧 한울님이라는 뜻이옵니다. 사람만 한울님이 아니고 기르는 것은 다 한울님이옵니다. 시냇물 흐르는 소리, 바람 소리, 강아지 울음소리, 흘러가는 구름, 출렁거리는 파도, 흔들리는 나뭇잎, 벌레들의 날갯짓들이 다 한울님이라고 해월(海月) 신사는 말하고 있사옵니다.

---

11 유병덕, 위의 책, 421-422쪽.

그것은 삼라만상이 다 한울님이고 그리고 평등하다는 것이옵니다. 왕후장상과 천민의 씨가 다르지를 않고 다 같은 씨라는 것이옵니다. 양반·상놈의 씨가 따로 없다는 이야기이옵니다. 그것은 바로 우리들 가운데서 누구인가가 왕이 될 수도 있다는 이야기이옵니다.

-『동학제』4, 136-137쪽

위의 장면과 같이 해월이 발현한 한울님과 관련된 말들은 김개남의 집에 모인 최시형과 도인들을 통해 이인한의 입도식 장면에서 고이철의 생각 등으로 펼쳐진다. 이때 서자 출신 지식인 고이철은 최시형의 말씀에 감복하는 장면에서 자연의 삼라만상 현상을 범천론적 한울님으로 존중하는 사상, 삼라만상의 한울님 관련 평등사상을 강조한다.

인내천이란 사람이 곧 한울이라는 뜻이다. 사람은 누구나 자기가 모시고 있는 한울님을 깨달으면 곧 자기 자신이 한울님이 될 수 있다는 사상이다. 여기에서 인내천은 수운의 오심즉여심, 천심즉인심에서 유래된 수운사상[12]을 손병희가 달리 표현한 것이라 할 수 있다. 또 시천주 조화정 영세불망 만사지(侍天主造化定永世不忘萬事知, 하느님을 모시면 조화가 체득되고 하느님을 길이 잊지 않으면 만사가 깨달아진다)에서 하느님을 모신다(侍天主)는 말은 하느님을 위한다(爲天主)는 말과 대체로 뜻이 같다. 특히 조화는 하느님의 놀라운 위력을 뜻하며, 사람이 하느님을 지극히 위하면 하느님의 전능과 전지를 발휘할 수 있는 경지에 이를 수 있다[13]고 강조된다.

이상『동학제』에서 살펴봤듯이 2대 교주 최시형은 당대 민중에게 살아

---

12 유병덕, 위의 책, 445쪽.
13 유병덕, 위의 책, 250쪽.

있는 실존자로 그의 사상의 실천을 현장에서 목격하는 내용과 그 사상에 동조하는 측면의 언술들이 나온다. 아울러 해월과 접했던 지식인을 통해 해월 사상과 동조된 측면도 언급되고 있다. 그런 점에서 2대 교주 해월 최시형은 한울님의 현장적 적용과 인내천 사상의 발현으로 강조되었고, 특히 삼라만상의 범천론적 한울님 존중과 삼라만상의 평등사상으로 강조되었다.

3) 3대 의암 손병희(1861-1922)

동학의 3대 교주 의암 손병희는 해월의 정통 계승자로 인내천 사상을 강조했다. 해월의 인즉천, 사인여천 사상은 동학의 3대 교주이며 동학을 천도교로 개칭한 의암 손병희(1861-1922)에 이르러서는 사람이 곧 하늘이라는 인내천 사상으로 다시 변화된다. 1905년 12월 1일 그는 동학을 천도교로 개칭하면서 인내천을 종지로 선포하였다. 인내천이라는 용어가 의암에서 처음 나타난 것은 아니고, 해월의 설법에서도 발견되나, 그것이 공식적으로 교단의 종지로 선포될 정도로 체계화된 것은 의암이 동학의 지도권을 장악한 1898년부터[14]라고 할 수 있다.

한승원의 소설에서는 손병희 관련 대목이 해월이 고뇌하는 장면과 의암이 각도(覺道)할 즈음 전후 상황으로 그려진다.

> 어려운 시기에 동학의 정통을 이어 갈 수 있는 사람은 손병희뿐이라고 마음속으로 점찍어 놓고 있었다.
> - 『동학제』 7, 77쪽

---

14 노길명, "동학의 천주사상", 『한국신흥종교연구』, 경세원, 1996, 126-127쪽.

그렇지만 나이 많은 조카인 손천민한테 이끌리다시피 하여 최시형을 만난 손병희는 무릎을 꿇고 엎드려 눈물을 흘렸다. "눈을 뜨거라. 우리 모두가 열어젖히려고 하면 개벽 세상은 곧 열리게 된다. 그 세상에서는 양반도 상놈도 없고 적자도 서자도 없고 가난한 자도 부자도 없다. 서자나 가난한 자라 할지라도 뜻이 굳고 인(仁)이라는 마음의 밑바탕에 의(義)라는 길을 확고하게 열 수 있는 자는 그 개벽 세상을 자기의 것으로 만들 수도 있다. 자기의 한 몸이 곧 한울님(우주)이고, 그 한울님(우주)이 자기 몸 안에 있다. 우리 도는 심학(心學)이다. 어렵게 여기지 마라. 바람결에 나뭇잎 하나 흔들리는 것도 한울님의 짓이고, 아기 우는 소리, 베 짜는 소리, 시냇물 흐르는 소리, 풀벌레 우는 소리도 한울님의 말씀이니라." 최시형의 그 말을 듣는 순간 눈이 갑자기 환히 열리는 듯싶었다.

- 『동학제』 7, 82-83쪽

위의 장면에서 손병희로 이어지는 계보 문화 측면이 2대 교주 해월과 3대 교주 후보자의 전수 심리로 드러난다. 즉, 손병희에 대한 최시형의 내면 심리, 해월 사상에 대한 손병희의 깨달음의 순간으로 피력된다. 특히 의암이 최시형에게 도를 전수받는 장면이 한승원의 소설에서 언급된다. 이때 개벽 세상에 대한 믿음, 자신 스스로 우주이자 한울님이라는 인식과 심학, 삼라만상이 한울님의 말씀이라는 측면 등이 특히 강조되었다. 원래 해월은 손병희·김연국·손천민 3인에게 도를 전수했으나, 3인 중 주장을 손병희에게 분부했고, 한승원은 손병희가 해월의 사상에 대해 개안(開眼)하는 찰나를 강조하여 그 상황을 드러냈다. 이처럼 동학의 정통 계보 논지는 한울님 우주에 대한 의암 손병희의 깨달음의 순간, 한울님이라는 우주 인식, 만민의 평등사상이 두드러진 심학(心學)으로 실감 있게 표현되었다.

이상과 같이 보면 『동학제』에서 동학의 정신 계보자 문화는 1대 수운, 2대 해월, 3대 의암과 관련지어 나타나는데, 저술이든, 실천적 삶이든, 현장에서의 깨달음의 순간이든, 그 핵은 개벽 세상, 평등사상, 범천론적 영혼관과 심학 등으로 표출되었다고 볼 수 있다.

2. 동학의 영혼 문화

동학의 정신 계보자 문화가 서자 출신 지식인이나 동학 지도자에 초점이 맞추어졌다면, 『동학제』에서 동학의 영혼 문화는 지식인과 민중이 모두 복합적으로 수용된 문화 양상으로 나타난다. 이 측면에서는 개인의 내면화된 심리로 개벽 세상, 한울님 심고, 시천주 주문, 궁궁을을이 언급되었다.

1) 개벽 세상

수운의 개벽 세상은 실학에서의 현실 비판 개혁의 의지와 신념을 발전시켜 민중 위주의 이상 사회 건설로 연결시키고자 한 것이다. 이 후천개벽 사상은 인류 문화의 혁신과 창건을 의미하며 천지개벽에 비유할 만한 인문개벽을 실현함으로써 지상천국을 실현시키라는 실천적 과제로 정신개벽, 민족개벽, 사회개벽[15]이 강조된다.

이러한 상황이 한승원의 『동학제』에서 홍순서의 말을 듣는 우암, 가슴속의 한울님을 부르는 지억보, 수군들과 허재비 등 세 도인들, 도인들에게

---

15 이현희, "수운의 개벽 사상 연구", 『東學思想과 東學革命』, 청아출판사, 1984, 49-58쪽.

기대되는 상황, 지억보 어머니의 말, 이우암이 만호에게 복수하려는 심리, 고참봉의 종 악산이의 믿음, 고이철의 고뇌, 지억보의 이우암에 대한 복수 심리, 홍순서와 이인한의 내면 심리, 홍순서가 중국 상인 풍광휘 앞에서 한 말, 홍순서의 말이나 심고, 종 평산의 복수 의식, 진도 건달 이돌필의 말, 이인한이 감결을 내놓으며 하는 말 등을 통해 당대 백성들에게 만능 심리의 메시지처럼 드러난다.

먼저 여자 종의 신분에서 면천되어 혼인한 별님은 집강 홍순서의 말을 따라 도를 믿는 사람과 개벽 세상에 대한 믿음을 갖고 있는 인물이다. 남자 종의 신분에서 면천된 지억보 역시 귀머거리 어머니가 빨리 깨어나 편안해지기를 바라고 자식 낳아 기를 세상이 개벽 세상이 되기 바라는 믿음을 갖고 있는 인물이다. 그러면서도 자신의 아내인 별님이가 다른 남자에게 마음이 쏠려 있는 상황을 생각하며 아내가 없는 세상은 개벽 세상이 되어도 의미가 없다고 보는 이중성을 드러내기도 한다. 또 수군들과 허재비 도인들의 말을 통해서 임금, 감사, 부사, 만호 찰방, 수군, 포군, 역졸들, 갯투성이들이 모두 한울님이란 평등 의식이 도래되는 개벽 세상에 대한 믿음을 지니고 있음을 알 수 있다. 지억보의 어머니 곽 씨는 양반과 상놈이 따로 없는 세상이 개벽 세상이라 생각하며, 종 악산이는 세상 사람들의 개벽 세상 타령을 이해한다.

동학 접주인 이마동의 아들인 이우암이 한 말의 일면을 보자.

동학 도인이 되고, 개벽 세상을 불러오는 데 앞장서야 한다. 만호를 쳐 죽이고, 나에게 법도에 없는 곤장을 친 천해산과 그 졸개들을 쓸어 없애야 한다. 먼저 내덕도에 개벽 세상이 오게 해야 한다. 그 개벽 세상 속에서 별님이하고 함께 아들딸 낳고 살아야 한다. 순한네하고 이뻐하고 달섬이하고 어머니하고 곰살갑기만 한 형수하고 함께 살아야 하는 것이다.

- 『동학제』 1, 308쪽

이처럼 이우암은 관 소속인들의 고통, 강탈 등 사회 모순에 대한 타개와 자신이 사랑하는 여자와의 결혼 등 자기 가족의 운위를 염려하는 가족주의와 결부 지어 개벽 세상을 드러냈다. 또한 고이철은 그의 고뇌에서 드러나듯이 동학 도인도 아니고 유학을 배척하는 입장도 아니면서 심정적으로 개벽 세상에 동조하는 입장의 인물이다. 지방의 지도자 집강 홍순서는 개벽 세상이 조속히 도래하기를 바라면서도 먹물형 지식인 이방언에게 지식인의 역할이 불필요하다며 접주 역할에 대해 질투 심리를 드러내고, 청나라 상인이 개벽 세상에 대해 동조하기를 바라는 기대 심리도 드러내는데, 그러면서도 자신의 무기력과 절망감을 느끼며, 개벽 세상이 도래하지 못하는 상황에 대한 안타까움 등을 복잡한 양상으로 드러낸다. 그중 한 단면이 "'한울님, 저를 돌보아 주십시오. 살아나기만 하면 기어이 개벽 세상을 불러오겠습니다.' 하고 홍순서는 속으로 심고를 했다."(『동학제』 5, 29쪽)에서 잘 드러난다. 또 종 평산은 개벽 세상이 오면 고 참봉의 집에 원한을 갚고, 신분에 대한 복수를 하겠다며, 전봉준 밑에 붙어야만 개벽 세상 속에서 살 수 있고, 양반에게 억울하게 죽은 어머니의 원수를 갚을 수 있고, 자기 씨를 심은 양반집 며느리를 차지하여 그녀가 낳은 자신의 아이를 데리고 살아갈 수 있다고 강변한다.

서자형 지식인 이인한은 개벽 세상이 오면 양반의 딸과 혼인할 수 있다는 개인적인 생각과 더불어 사회적 맥락을 관찰한다. 즉, 이인한은 북접 도인과 연합하지 않으면 개벽 세상을 불러오기 어렵다며, 전봉준을 앞세운 남접 동학군들의 봉기가 더욱 의미 있게 되려면 북접 도인들의 절대적

인 호응이 필요하다는 정확한 현실 인식을 한다. 다음은 이인한이 이상적인 생각을 드러내는 한 대목이다.

> "이제는 어찌할 수 없소. 이제 대세는 우리 동학 도인들의 뜻에 따라 개벽 세상으로 탈바꿈하고 있소. 이것은 한울님의 조화요, 토지의 평균적인 무상분배가 이루어지지 않고 어떻게 우리들의 개벽 세상을 확실하게 열 수 있겠소? 우리는 우리의 일에 방해가 되는 그 어떤 것도 용납을 할 수 없소. 이서원, 윤병호, 고홍연 세 접장들이 만일 끝까지 우리의 일을 반대한다면 저 민병들과 똑같이 다룰 수밖에 없소." 이인한은 마침내 최후의 극언을 뱉어 냈다.
> - 『동학제』 6, 344쪽

이처럼 신분에서 소외된 서자 출신 지식인인 이인한은 당대의 상황에서 토지의 무상분배까지 언급하는 역동적인 사회 인식의 측면에서 개벽 세상의 현실성을 점검하는 방식으로 자신의 사회 인식을 표출한다.

이상과 같이 볼 때 『동학제』에 나타난 개벽 세상에 대한 기대는 당대 민중의 신분에 대한 원한 심리, 억압 없는 사랑과 가족주의에 대한 열망을 반영한 것이다. 이는 이타적 가족주의, 이기적 가족주의, 만민 평등사상, 신분 철폐와 사랑, 신분에 대한 복수 등으로 당대에 만능 심리로 대변되는 민중을 향한 메시지라 볼 수 있다. 그만큼 절박한 민중의 현실을 역설적으로 개벽 세상이라는 만능적 화두로 대변해 준 것이다. 즉 민중과 지식인들 모두의 세상 개혁에 대한 강렬한 바람이 담겨져 있음을 알 수 있다.

2) 한울님 심고

인내천 사상의 대종은 사람이 한울님을 모시라[侍天]는 사실로부터 시작 시(侍)의 세 가지 뜻으로, 첫째, 안에 신기로운 영이 있다[內有神靈], 둘째, 밖에 기운 화합이 있으며[外有氣化], 셋째, 온 세상 사람이 각각 알아서 옮기지 않는 것이다[一世之人各知不移者]라는 의미로 이는 인내천의 핵에 해당된다. 즉 인간 생명의 주체인 영(靈)의 유기적 표현, 인간과 우주의 자연적 통일, 인간과 인간의 사회적 통일, 인간과 사회의 혁명적 통일이 시(侍) 한 글자 속에 통합되어 있다[16]고 볼 수 있다.

이러한 한울님에 대한 심고는 『동학제』에서 별님이의 생각, 이뻐에 대한 할머니의 말, 이바우의 인과응보적 죄에 대한 생각, 이인한의 서자라는 출생에 대한 고뇌, 무애 스님의 구원관, 종 악산이가 들은 말, 이인한과 이우암의 갈등 상황, 홍순서가 도인들에게 하는 말, 별님의 어머니 지 씨가 사위 격인 이인한을 위해 기도하는 대목에서 나타난다. 또한 이인한이 어머니 보성댁 앞에서 설득하는 말과 고뇌, 도인들과 고이철의 동학에 대한 공감, 지억보의 인과응보적 벌, 전녹두와 이마동의 내면 갈등 상황, 홍순서가 도인 집에서 갖게 된 지억보에 대한 생각, 고이철과 홍순실의 관계 등에서도 표출된다.

먼저 별님이의 한울님에 대한 생각에는 어떠한 속박도 없이 자신의 자유로운 내면이 실현되기를 꿈꾸며 한울님이 자신의 뜻을 따라 줄 것이라는 희망과 용기가 드러나 있다. 이우암의 어머니는 자신의 딸이 육체적 상처를 입고 아들이 곤장을 맞는 상황에서 가해자들에게 인과응보의 벌이 내려지기를 용천하신 한울님에게 바라고, 자식의 신변이 보호되기를 바란

---

16 윤노빈, "동학의 세계사상적 의미", 『東學思想과 東學革命』, 청아출판사, 1984. 146쪽.

다. 반동학적 입장에 선 이우암의 형 이바우는 죄를 지은 사람한테 한울님이 반드시 벌을 내릴 거라는 인과응보형 생각을 지니고 있다.
  다음은 무애 스님의 구원관에 대한 고뇌가 잘 드러나는 대목이다.

> 그렇습니다. 이 땅에서 부처님의 도는 이제 고목이 되었습니다. 부끄럽습니다. 그 고목에서 새 움으로 돋아나고 있는 것이 지금의 동학입니다. 민중들은 미륵 세상, 용화 세상을 기대하는 마음으로 한울님의 개벽 세상을 바라고 있습니다. / 당신네의 한울님이 우리 부처님이고 우리 부처님이 당신네 한울님입니다. 우리 고목에서 당신들이 움트고 있습니다. 저는 그 움을 아끼고 사랑합니다. 구태여 구분 짓고 편 가르지 말고 우리 하나로 살아갑시다. 나도 당신들의 개벽 세상에 가고 싶습니다. 그 세상이 우리의 극락일 테니까요. 우리 모두 탈 없이 그 개벽 세상에서 만납시다.
> - 『동학제』 1, 258쪽/ 262쪽

  위와 같이 무애 스님은 불도의 쇠퇴를 인정하면서 새로운 물길을 터 준 사상을 동학으로 인식했다. 즉 그는 부처님과 한울님의 동일시론을 펼치면서 미륵 세상인 이상 세계를 설파했다.
  또한 종 악산은 사람대접을 못 받고 사는 사람들도 한울님 대접을 받는 그런 세상에 대한 믿음을 갖고 있으며, 집강 지위에 있는 홍순서는 자신의 일이 자신의 한울님과 다른 모든 사람들의 한울님을 위한 일이며, 모든 한울님한테 부끄러움이 없도록 행동을 삼가야 하며 자신의 생명이 중하면 다른 사람의 생명도 중하고 비동학인에게도 자신들과 똑같은 한울님이 있기에, 그 한울님을 존중해 주어야 한다고 강조한다.
  별님의 어머니 지 씨는 사위 이인한을 박해하려고 하는 유생들이 자신들 속의 한울님을 발견하게 해 달라고 빌며, 세상의 모든 사람들이 자신들의 가슴속에 있는 한울님을 더 성스럽게 섬길 수 있도록 천지신명께 빈다. 또 도인들 역시 한울님을 모시고 사는 도인들답게 정중하게 예를 갖추어 유생들을 대접하고 저들도 가슴속에 우리가 모시는 한울님하고 똑같은 한울님을 품고 있는 것이라는 존경의 표시를 나타낸다. 이 모두는 타인에 대한 '한울님'을 강조하는 인권 존중 사상의 면모를 보여준다.

또 다른 인물인 고이철은 한울님 사상에 공감함과 동시에 세상의 모든 사람들은 다 한울님을 모시고 있는 존재이기에 평등하다고 본다. 그러면서도 세상에서는 유학과 동학 양쪽이 힘겨루기를 하므로 갈등과 고뇌의 심리를 드러내나 한울님을 모신 존재라는 측면에 더 동조한다.

한편 전봉준의 내면 심리가 표출된 한 대목을 보자.

> 전녹두는 예(禮)와 인(仁)을 숭상하고 있었다. 동학에 입도를 하고 자기 속의 한울님을 섬기기로 작정을 하였지만 그것도 어디까지나 예와 인의 범주 안에 있는 것이었다. 사람은 그 예와 인을 떠나서 살아갈 수 없는 것이라고 생각하고 있었다. 그가 동학에 입도를 한 것은 썩어 빠진 무리들을 쓸어 내고 다시 흐트러진 예와 인을 반석 위에 올려놓겠다는 것이었다. 이제 이 세상은 공맹(孔孟)의 하늘 받들기나 주자(朱子)의 하늘 받들기로는 안 되옵니다. 동학의 하늘(한울님) 받들기로 싹 바꾸어야 합니다.
>
> - 『동학제』 4, 127쪽

이처럼 전봉준은 허물어진 예인주의에서 예와 인을 회복하기 위해 주자(朱子) 받들기 사유에서 동학의 한울님 사유 인식으로 변혁되어야 한다고 강조했다.

지억보는 한울님을 천벌을 내리는 무기의 언어로, 자신의 이익을 바라는 상황에서 양반과의 결탁과 첩자질에 대한 내면에서의 갈등으로 드러냈다. 이인한은 양반이나 서자나 할 것 없이 제각각의 속에 한울님을 한 분씩 모시고 있고, 사람들은 평등한 대접을 받는 세상을 만들기 위하여 동학을 세상에 전파하러 나서야 한다고 했다. 또 그의 내부에 있는 한울님이 이우암에 대한 미움의 감정을 버리라며, 이우암의 사랑의 감정은 이우암의 내부에 있는 한울님의 감정이니 서로의 한울님을 다치지 않게 이들의 사랑을 지켜 주는 것과 한울님을 접맥시켜 드러냈다. 또 이인한은 신분의 허위의식 탈피와 구국의 열정, 민중들의 한울님 소리에 귀를 기울이면서 덜 깬 유자들이 물러난 것에 대해 우리들 속에 굳건하게 자리한 한울님의 조화와 그 조화의 도(道)가 세상을 휘덮으면서 한울님의 조화를 이룬 개벽 세상이 올 것이라고 믿고 있다. 즉 이인한은 민초인 천만석이나 지 씨 속의 한울님이나 월산댁 속의 한울님은 똑같이 숭엄한 대상이라고 생각한 것이다. 또 홍집강의 딸 홍순실은 칠성님과 한울님께 비는 치성 행위로, 이방언은 눈을 감고 한울님께 심고를 하고, 지적 지도자 이인한의 주장에 동조하는 것으로 생각을 표출한다.

이상과 같이 볼 때『동학제』에서 한울님 심고는 영혼 문화 중 하나인 자유로운 내면, 자식의 신변 보호, 미륵 세상, 한울님 대접, 평등한 대접, 남녀 사랑 등과 연관시키며 드러낸다. 이는 어떤 면에서 당대 호남 지역의 억압과 차별의 사회에서 자유와 평등에 대한 열망의 만능 심리로 대변되기도 한다.

3) 시천주 주문

동학 입도는 시천주를 통해 서민을 군자화하여 도성덕립하는 속성 과정이고, 결국 과거 지배층인 양반만의 전유물이던 보국안민의 과제를 널리 만인의 것으로 만들 수 있는 사상 계기를 마련한다. 또, 시천주의 주체로서 자각이 이루어져 봉건적 신분 차등이 부정되고, 시천주의 주인으로서 만인 평등이 강조된다. 이렇듯 수운의 시천주 사상은 천주가 각 개인에게 내재화됨으로써 인간관의 세속화에 성공했을 뿐만 아니라 사인여천의 인간 존엄성의 근대적 원리를 선각한 근대인의 발견자[17]로 볼 수 있다. 특히 시천주 관련의 주문과 연결된 지기금지 원위대강(至氣今至願爲大降, 하느님의 지극한 정신의 기운에 이르기를 지금 내가 원하오니 하느님의 영이 내게 크게 임하여 나로 하여금 하느님의 도를 깨닫게 하옵소서.)에서 지기(至氣)란 하느님의 정신의 기운인 영기(靈氣)[18]로 당대 실존인에게 생명의 구원수처럼 다가왔던 것이다.

한승원의 『동학제』에서 시천주 사상은 이마동과 도인들이 거사를 준비하며 훈련하는 과정에서 이인한과 도인들의 주문, 홍순서가 위기일발 앞에서 한 말, 버드실댁이 홍순실에게 한 말, 익명의 사람들과 배를 탄 사람들의 주문, 동학군들이 경군과 싸울 때의 주문, 별님이 이인한·이우암에게 하는 기도, 전봉준의 강조, 전봉준 부대 안에서 입도례하는 상황에서 지 씨와 지 씨의 두 딸 달님·별님이의 기도, 보성댁 박 씨의 주문 등에서 나타난다.

이마동의 준비 자세에서 나오는 한 대목이다.

　　도인들은 처음 태산으로 알 하나를 누르는 자세[太山壓卵勢]를 취하고 두 손

17　신일철, "최수운의 역사의식", 『東學思想과 東學革命』, 청아출판사, 1984, 20쪽.
18　김진혁 편저, 『새로운 문명과 동학사상』, 지선당, 1997, 322-323쪽.

으로 창을 땅에 심듯이 하고 흔들어 방아를 찧듯 짓찧으며 크게 외쳤다. "시천주 조화정 영세불망 만사지, 시천주 조화정 영세불망 만사지, 시천주 조화정 영세불망 만사지." 그것은 서로에게 하는 인사이자 훈련 실시의 심고(心告, 기도)였다.

- 『동학제』 3, 111쪽

이처럼 이마동의 준비론은 과격한 행동으로 드러나지만 주문을 통해 서로의 심고를 강조하며 예의와 실천까지 거론한다.

이인한과 도인들은 그들의 주문을 "시천주 조화정 영세불망 만사지(侍天主 造化定 永世不忘 萬事知). 시천주 조화정 영세불망 만사지, 시천주 조화정 영세불망 만사지."(『동학제』 3, 278쪽)로, 홍순서는 체포되어 가는 상황에서 한울님한테 "시천주 조화정 영세불망 만사지. 나에게 일당백을 할 수 있는 기를 주십시오. 시천주 조화정 영세불망 만사지 …."(『동학제』 5, 18쪽)라고 하면서 '기'를 달라는 심고를 했다. 또, 버드실댁 역시 홍집강의 딸에게 "너의 아버지는 어디로 '시천주 조화정 영세불망 만사지.' 하러 가셨다냐?" 하고 동학하는 아버지임을 상징하는 어구를 그대로 묻기도 한다. 익명의 사람들이 "시천주 조화정 영세불망 만사지" 하고 주문을 외우며 그것을 따라 배 안의 모든 사람들이 주문을 외우는 모습으로, 별님은 자신의 원래 주인과 사랑하는 남자를 보호해 주십사 개벽 세상을 하루 빨리 불러 달라고 "시천주 조화정 영세불망 만사지, 시천주 조화정 …."을 불러 댔다. 동학군들은 전투에 나아갈 때 "시천주 조화정 영세불망 만사지"를 외워 대며 한울님의 조화를 믿으며, 그 조화는 날아오는 철환을 비켜 가게 한다는 의미로 차용했다.

그뿐만 아니라 전봉준은 접주들에게 동학군들의 정신 무장을 지시할 때, 등에 붙인 부적은 틀림없이 영험하다는 것, 입으로 '시천주 조화정 …' 이라는 주문을 외울 때에 그 귀신같은 한울님의 조화를 발휘한다는 것을 강조하도록 했다. 또 전봉준은 새롭게 입도례를 치른 도인들에게 심고를 "시천주 조화정 영세불망 만사지 …."라고 하였다. 이우암은 그 밖에 '시천주 조화정 영세불망 만사지 ….'라는 부적들이 한울님을 감응하게 하고 조화를 불러올 수 있다고 했고, 지 씨는 주문을 외우며 한울님의 조화만 믿으니, 자신의 아들 이인한을 살려 주고, 은신할 수 있게 해 주고, 아들을 보호해 달라고 기원했다. 보성댁 역시 신들린 무당처럼 "지기금지 원위대강 시천주 조화정 영세불망 만사지. 시천주 조화정 영세불망 만사지 …." 하고 동학의 주문을 외웠고, 평산은 도둑들을 피해 안전하게 고개를 넘어가는 방법으로 도인 행세를 하면서 "시천주 조화정 영세불망 만사지"라 외우며 생존의 방법으로 썼다.

이상과 같이 볼 때 『동학제』에서 시천주 주문은 생존 방법, 자식의 신변 보호, 위기 상황에서의 구원 방법, 한울님과의 조화, 영험 등으로 나타났다. 이는 민중과 지식인, 지도자들 모두를 압박하고 착취한 누적된 모순에 갇힌 사회에서 그들이 진정한 소망 사항을 다양하게 심령적으로 접목시키는 상황과 결부된 주문으로 표출한 것이라고 볼 수 있다.

4) 궁궁을을(弓弓乙乙)

궁궁(弓弓)은 그 형이 태극으로 되어 있다. 태극은 천지가 분화되기 이전 혼원일기로 우주의 근원을 뜻하는 말이다. 즉 우주의 본원이 되는 태극이 영부의 형태이다. 궁궁은 술가(術家)에서 많이 사용되는 용어이지만, 동학에서는 이를 궁궁, 궁을 등으로 마음과 같은 것으로 보며 태극과 마찬가지로 우주의 본체로 본다. 그래서 동학의 영부가 지닌 형태인 태극, 궁궁은 모두 우주의 본체를 나타내는 말이며, 동시에 우주의 본체를 이루는 한울님이라는 신이 지니고 있는 마음을 이르는 말, 영부를 탄복(呑服)한다는 말은 탄복이란 의식을 통해 한울님의 마음과 나의 마음을 일치·합일하려는 종교적 수행[19]이라고 할 수 있다. 천도의 그림인 영부의 형상이 어찌하여 태극과도 같고 궁궁과도 같다고 하는가? 그것은 천도의 내용이 일성일쇠함이 없이 되는 이치에 의하여 성하는 새 것과 쇠하는 낡은 것이 서로 갈아드는 것으로 나타나며, 이는 동양철학에서 만물 화생의 기본 원리로 되어 있는 태극을 인용해서 설명한 것이라 볼 수 있다.

이 측면은 『동학제』에서 최경선 접주, 동학군들 주문의 효험, 전봉준의 인식으로 드러난다. 최경선 접주는 동학군 각자가 가슴속에 한울님을 모시고 있는 데다가, 몸에 지닌 '궁궁을을(弓弓乙乙)'이라는 부적과 그때그때 외우곤 하는 주문의 영험 때문에 적의 철환이나 화살이 몸에 맞지 않을 것이므로 적을 겁내지 말라고 했다. 이에 동학군들은 부적 '궁궁을을(弓弓乙乙)'을 등에 달고 주문을 외우면 철환이 피해 간다고 믿었지만 효험이 없는 듯싶기도 하여 부적의 양면 모순성을 보여주기도 한다. 그러나 동학군은 완산에서 경군을 공격할 때 등에 붙인 '궁궁을을'이라는 부적과 '청을'이라는 부적과 입으로 외우는 '시천주 조화정 …'이라는 주문을 적진을 향해 나아가는 방패 주문으로 쓴다.

전봉준이 강조하는 한 대목을 보자.

> 아직 입도를 하지 않은 사람들은 한시라도 바삐 입도를 하도록 하시오. 그리고 부적을 붙이면 일본군의 철환을 피할 수 있소. '궁궁을을(弓弓乙乙)'이

---

19 윤석산, "동학 경전에 나타난 도교적 요소", 앞의 책, 245쪽.

라는 부적은 영묘한 힘을 가지고 있소. 우리에게는 신동(神童)이 수없이 많이 있소. 겨우 열 살 안팎인 데도 여러 어른들만큼 몸집이 큰 신동들이 여러분들 틈에 섞여 있소. 우리의 전술은 신술(神術)이오. 도인이 된 다음 '시천주 조화정 영세불망 만사지'라는 주문을 열심히 외우면 한울이 감응을 하게 되고 그 감응은 조화를 부려 철환을 비켜 가게 합니다.
- 『동학제』 7, 119쪽

이와 같이 전봉준은 '궁궁을을'이라는 부적의 영묘한 힘과 한울님의 감응을 불러오는 주문을 언급했다. 특히 이 '궁궁을을'은 부적의 효험과 무효성이라는 이중성을 표출하면서 방패 주문으로 쓰였는데 특히 이 면은 동학군과 지도자 전봉준에게만 나타난다. '개벽 세상'의 도래, '한울님 심고', '시천주 주문'과 달리 '궁궁을을'은 전투 상황에서만 한정되어 표출되는 특징이 있다.

이상과 같이 살펴볼 때 『동학제』에서 동학의 영혼 문화로 개벽 세상, 한울님 심고, 시천주 주문, 궁궁을을이 나온다. 이러한 요소들은 신분·가족·평등·사랑 등과 얽혀 억압과 차별이 없는 자유로운 평등 세상이 구현되리라는 희망과, 당대 민중과 소외된 양반 지식인 그리고 동학 지도부 모두에게 그만큼 절실한 현실 변혁의 기대, 더 나은 미래를 갈망하는 염원에서 비롯된 것이라 볼 수 있다.

3. 동학의 상무(尙武) 문화

한승원의 『동학제』에는 동학 정신의 계보자 관련 문화, 영혼 문화에 이어 동학의 영혼 양식에 상무(尙武) 문화가 내재되어 있다. 상무 문화는 주로 검가 부르기와 관련지어 나타나는데 검가는 검결이라고 부르기도 한다. 이 노래는 검무(劍舞)라는 춤 동작과 직결되는 작품으로 동학의 의식(儀式)에서 주로 사용되었다. 이는 동학의 종교적 의식의 하나로서 칼이 지닌 상징적 의미와 동학이 지향하는 후천개벽의 새로운 사상을 구현하기 위해 구체적이고 직접적으로 나서겠다는 일련의 의지를 드러낸 것[20]이다. 동학의 〈칼노래〉는 수운의 중요한 종교적 체험인 한울님이라는 신의 계시에 의해, 서양의 침략을 막는다는 종교적 주술 기능을 반영한 노래이다. 그뿐만 아니라 이 노래는 『용담유사』의 가사 작품들과 다르게, 종교적 성취감의 극대화를 더 극적으로 노래한 작품으로 동학이 지향하는 시천주의 정신, 나아가 이러한 정신이 고양된 상태를 매우 상징적으로 노래한 작품이다. 검결이 불릴 때 후천개벽은 인간이 지향하는 더 높은 정신적 각성을 통해 당시 모든 사람들을 지배하던 봉건적 관념을 떨치고, 새로운 주체 의식을 민중에게 부여하고자 하는 사상의 구체적인 모습으로 드러난다. 즉 좀 더 능동적인 모습으로 새로운 시대를 열어 가고자 하는 개벽 사상의 또 다른 표현이라고 할 수 있다. 이러한 개벽 사상은 동학이 지향하는 궁극적인 목표인 보국안민(輔國安民), 광제창생(廣濟蒼生)을 달성하기 위한 것이요, 동시에 근대적 각성에 근거한 동귀일체(同歸一體)의 세상을 열어 가고자 하는 모습[21]이라 할 수 있다.

이 노래가 한승원의 『동학제』에서 천해산과 아이들의 노래, 동학인들의 노래, 주막 안에 있는 젊은이들의 노래, 지억보가 들은 보은 장내리에 모인 사람들의 노래, 고이철이 들은 나무꾼의 노래, 이바우가 들은 김성분의

---

20 윤석산, "동학가사「검결」연구", 위의 책, 166쪽.
21 윤석산, 위의 논문, 182쪽.

노래, 이인한이 들은 익명이 부른 노래와 도인들의 함성 소리, 오래전부터 마을에 울린 것을 들은 달섬이가 들은 노래, 들과 산의 어른들과 아이들의 노래를 통해서 드러난다.

천해산은 "때가 왔다! 때가 왔다! 다시는 올 수 없는 이 좋은 때, 수만 년에 한 사람 날까 말까 하는 대장부로서 5만 년에 한 번 오는 이 귀중한 때, 용천검 드는 칼을 아니 쓰고 무엇하리."와 같이 동학 도인들이 부른 〈칼노래[劍訣]〉를 들었는데 이는 오래전부터 흘러 다닌 노래를 그것이 어떤 노래인지도 모르면서 부르곤 했다는 것을 보여준다. 또 아이들까지도 "때가 왔다! 때가 왔다! … 용천검 드는 칼을 아니 쓰고 무엇하리." 하고 부르곤 했으며, 주막 안 젊은이들까지도 그 노래를 이어 불렀다. "… 무수장삼 떨쳐입고 이 칼 저 칼 넌지시 들어 호호막막 넓은 천지 일신으로 비켜서서 〈칼노래〉 한 곡조를 시호시호 불러 대니 용천검 날랜 칼은 일월을 희롱하고 게으른 무수장삼 우주에 덮여 있네 만고명장 어디 있나 장부 당할 장사 없다 좋을씨고 좋을씨고 이내 신명 좋을씨고!" 또 지억보는 보은 장내리에 모인 구름 같은 사람들이 일시에 그 노래를 불러 댔을 때 하늘과 땅이 경련을 하듯 떨었다고 회상했다. "때가 왔다, 때가 왔다/ 다시 올 수 없는 이 좋은 때/ 수만 년에 한 사람 날까 말까 하는 장부로서/ 5만 년에 한 번 오는 이 귀중한 때,/ 용천검 드는 칼을 아니 쓰고 무엇하리 …."라고.

또 동학도들은 밤새움을 하면서 화톳불을 피워 놓고 〈칼노래〉를 부르곤 했는데, 이 장면은 "때가 왔다, 때가 왔다, 다시는 올 수 없는 이 좋은 때, 수만 년에 한 사람 날까 말까 하는 대장부로서 5만 년에 한 번 오는 이 귀중한 때, 용천검 드는 칼을 아니 쓰고 무엇하리 …."로. 또 산골짜기를 가다가 동학 교도 김성분은 "때 왔네 때 왔네./ 다시는 올 수 없는 때./ 수만 년 만에 한 번 나는 장부로서/ 오만 년 만에 한 번 오는 이 좋은 때 만났으니,/ 용천검 드는 이 칼을 아니 쓰고 무엇하리./ 무수장삼(舞袖長衫) 떨쳐입고 이 칼 저 칼 넌즛 들어/ 호호망망 넓은 천지 일신으로 비켜서서/ 칼노래 한 곡조를 시호시호 불러 내니/ 용천검 날랜 칼은 일월을 희롱하고/ 게으른 무수장삼 우주에 덮여 있네./ 만고 명장 어디 있나./ 이 장부 이길 장사 이 세상엔 따로 없다./ 얼씨구절씨구 좋고 좋네./ 이내 신명 얼씨구 좋네." 라 불렀다. 또 익명의 사람들이 "때가 왔다, 때가 왔다!" 하고 골목길에서 소리쳐 노래하기 시작했으며, 도인들 역시 함성을 지르며 "때가 왔다, 때가 왔다!" 하고 노래를 하고, "… 오만 년 만에 한 번 올까 말까 한 이 좋은 때 …." 이때 그 노랫소리 때문에 서원 마당과 건물과 숲이 흔들릴 정도였다고 나온다.

　이인한과 도인들이 부른 노래가 다시 반복되는 장면이다.

> … 용천검 드는 이 칼을 아니 쓰고 무엇하리.
> 무수장삼 떨쳐입고
> 이 칼 저 칼 넌즛 들어
> 호호망망 넓은 천지
> 일신으로 비켜서서
> 칼노래 한 곡조를 시호시호 불러 내니
> 용천검 날랜 칼은
> 일월을 희롱하고
> 게으른 무수장삼 우주에 덮여 있네.
> 만고명장 어디 있나. 장부당전무장사(丈夫當前無壯士)라.
> 좋을씨고 좋을씨고
> 이내 신명 좋을씨고 …

- 『동학제』 3, 277쪽

위의 장면은 이마동의 아들이자 양반에 복속되어 살아가는 이바우의 아들 달섬이가 "용천검 드는 칼을 아니 쓰고 어이하리 ….".를 듣는 부분이다. 이 소년은 얼른 어른이 되게 해 달라고 한울님에게 심고를 하며, 또 도인들은 고부로 가자며 노래를 부르기도 한다. "때가 왔다, 때가 왔다! 다시는 못 올 이때! ….". 이때 모든 도인들이 들고 있는 무기와 횃불로 하늘을 찔러 대며 노래를 불렀다. "… 용천검 드는 칼을 아니 쓰고 무엇하리!/ 무수장삼 떨쳐입고/ 이 칼 저 칼 넌즛 들어/ 호호망망 넓은 천지 일신으로 비켜서서/ 칼노래 한 곡조를 시호시호 불러 대니/ 용천검 드는 칼은 일월을 희롱하고 ….", 동학군들은 경군들이 버리고 간 무기를 수거해 가지고 월평 장터로 모여들었고 국악기를 신명 나게 쳐 대며, 한편에서는 〈칼노래〉를 부르기도 했다. "… 때가 왔다! 때가 왔다!/ … 무수장삼 떨쳐입고/ 용천검 드는 칼을 아니 쓰고 무엇하리 ….", 이백 명의 도인들은 〈칼노래〉를 부르면서 회령진성 쪽으로 나아가며, "때가 왔다아, 때가 왔다아 …./ 용천검 드는 칼을 아니 쓰고 무엇하리 …./ 칼노래가 끝나면/ 가 보세 가 보세/ 을미적 을미적하다가/ 병신 되면은 못 간다네." 하고 노래했고 들이나 산에서 어른과 아이들 역시 "때가 왔다 때가 왔다/ 다시 못 올 이 좋은 때/ 만 년 만에 한 번 나는 장부로서/ 오만 년 만에 한 번 오는 좋은 이때/ 용천검 드는 이 칼을 아니 쓰고 무엇하리/ 무수장삼 떨쳐입고 이 칼 저 칼 넌즛 들어 …."라는 〈칼노래〉 소리가 들려왔다. 도인들에게 정신 무장을 시키는 과정에서 먼저 〈칼노래〉를 가르치고, 두 번째는 〈가 보세 가 보세 을미적을미적 하다가 병신 되면은 못 간다네〉 노래를, 세 번째는 〈금잔에 맛난 술은 만 백성의 피땀이오〉를 가르쳤다. 이바우가 들은 도인들의 노래 "… 무수장삼 드는 칼을/ 아니 쓰고 어이하리 ….".는 메아리가 되어 장령성 안을 맴돌았던 것이다.

　이상과 같이 볼 때 『동학제』에서 〈검가〉는 도인들이 정신 무장을 하고, 개벽 세상으로 열릴 미래에 대한 기대 등으로 단합된 힘을 보여줄 때 불리고 민중의 참요로 불린다. 무명의 나무꾼부터 동학 도인의 집단적 모임에 이르기까지 정신 통일을 시키는 주술로 쓰이는 측면이 강하다고 볼 수 있다.

III. 나가며

　한승원의 『동학제』는 1994년 동학혁명 100주년을 맞이하여 출간한 동학 관련 소설이지만 동학의 정신문화가 편만화된 문화적 지평까지 잘 드러냈다. 첫째, 동학의 정신 계보자 문화, 둘째, 동학의 영혼 문화, 셋째, 동학의 상무 문화를 보여준 동학 소설이다.

　첫 번째, 동학의 정신 계보자 문화는 1대 교조 수운 최제우와 관련된 문화로 수운의 저술을 통해 강조, 심주화되었다. 즉, 소외된 양반 지식인과 동학 지도자에 의해 수운 최제우의 사상이 정확히 인식되어 그 종지가 설파되었다. 그들은 정확한 시대 인식 앞에 난세를 개혁할 수 있는 사상적 기반으로 수운의 사상을 원용했다. 그리고 2대 교주 최시형은 당대 민중에게 살아 있는 실존자로 민중은 그의 사상적 실천을 현장에서 목격하고 그 사상에 동조했다. 해월과 접한 지식인들과 접도들은 그의 사상에 동조되어 한울님 주문의 위대함과 인내천 사상의 중요함을 인식했다. 또 3대 손병희는 내면 심리와 한울님 우주에 대한 깨달음의 순간을 병치시켜 정통 계보자로 전수되는 과정을 실감 있게 표현했다.

두 번째, 동학의 영혼 문화는, 개벽 세상에 대한 기대와 연관 지어 당대 민중의 신분·사랑·가족에 대한 열망이 반영되어 있다. 이는 이타적 가족주의, 이기적 가족주의, 만민 평등사상, 신분 철폐와 사랑, 신분에 대한 복수 등으로 당대 만능 심리를 대변하는 민중을 향한 메시지로 민중의 절박한 현실을 역설적으로 대변했다. 즉 민중들과 지식인들의 세상 개혁에 대한 강렬한 바람이 담겨 있었다. 한울님 심고 역시 당대 호남의 민중과 지식인들에게 열릴 미래 사회에 대한 심주처럼 만능 심리로 나타났다. 또한 시천주 주문은 생존 방법, 자식의 신변 보호, 위기 시 구원 방책, 한울님과의 조화, 영험 등 민중과 지식인, 지도자들 모두를 압박하고 착취해 온 누적된 모순에 갇힌 사회에서 그들이 진정으로 바라는 마음과 다양하게 접목시켜 나온다. 궁궁을을은 부적의 효험과 무효성이라는 이중성을 표출하면서 방패 주문으로 쓰였는데 특히 이 면은 동학군과 접주 전봉준과 직접적으로 관련된 자에게만 나타난다.

세 번째, 동학의 상무 문화로 볼 때 〈검가〉는 도인들이 정신 무장, 개벽 세상으로 열릴 미래에 대한 기대 등 단합되는 힘을 보여줄 때 불리고 민중의 참요로 불렸다. 무명의 나무꾼부터 집단적 동학 도인들의 모임에 이르기까지 정신의 통일적 주술로 쓰였다.

이런 점을 볼 때 한승원의 『동학제』는 조선 후반기 갑오년인 1894년 즈음 양반의 학정과 부패, 그에 부속된 다양한 관속들의 먹이사슬적 착취 구조 속에서 숨 막혀 하며 살아가는 민중들·서자들·약자들인 실존인들이 개벽의 목소리와 만민 평등사상에 강하게 동조했음을 표명한다. 특히 서자 출신 지식인·동학 지도부·민중들 모두 동학의 정신 계보자 문화, 동학의 영혼 문화, 동학의 상무 문화를 수용하며 개벽의 길, 평등의 길, 열림의 길, 미래의 자유로운 길을 강하게 심주의 내면 심리와 통일적 단합 심리로써 표출시켰다.

    그런 면에서 볼 때 한승원의 소설 『동학제』는 100년 이상 동안이나 동학이 이끌어 온 문화가 연속적이고 지속적인 생명력을 가지고 동학의 영혼 양식이 그 생명성을 도도하게 흐르도록 표출한 데 큰 의의가 있다고 볼 수 있다.

2장 유현종의 『들불』 연구*

* 졸고, "유현종의 『들불』 연구", 『돈암어문학』 제14집, 2001. 10, 149-169쪽에 수록되었다.

Ⅰ. 들어가며

　유현종의 소설『들불』(1976)은 여진 민란(民亂)에 참여한 천하 무도한 반골 임호한이 현감을 살해하고 은결 조세 징수에 불만을 가진 폭도들을 모아 여진 관아를 습격했으나, 중과부적으로 대패한 장면에서 시작된다. 즉, 임호한은 동학의 당원이 되어 재산을 분배한다든지, 죄수를 석방하고, 고을의 치안을 맡고, 부정부패에 정면 반항함으로써 농민들의 참상을 대변했다. 그러나 그의 자녀들은 관노가 되고, 특히 그의 아들 임여삼은 아버지와 달리 팔자소관 의식을 가지고 살아가는 관노일 뿐이다. 그러다가 이 아들은 우연히 민란에 참여하여 전공을 세우며, 점점 동학과 관련된 의식을 깨닫게 되어 투철한 동학군으로 변해 간다. 이처럼『들불』에서는 1890년대 전라도 고을에서 탐관오리와 사또들의 물욕과 뇌물 등의 착취가 치자의 방식이 되었고, 환곡의 도용이라든가, 왜놈들의 장사꾼과 결탁한 약삭빠른 발놀림 속에서 일본 자본의 침투가 약육강식의 논리로 펼쳐지고 있는 가운데 민족 주체적인 측면에서 동학군의 활약상이 두드러지게 부각되었다.
　유현종의『들불』뿐만 아니라, 동학이 문학의 제재로 선택된 경우 대부

분 동학혁명이 주요 내용이다.[1]

특히 『들불』의 작가 유현종은 그의 창작 후기에서 동학운동이야말로 우리 민족사에서 최초로 제기된 최대의 민중운동이었고 근대적 민권 자각 운동이었다고 밝히면서, 진정한 민의가 어디에 있으며, 결합된 한국의 서민 정신은 무엇인지 그 폭발적인 힘과 뜻을 나타내 준 민중 혁명이라고 밝혔다. 또 『들불』은 자기 고향의 이야기이며 아직도 조부의 머릿속에 남아 있는 임여삼이 전설적인 영웅으로 사랑방에 구전되는 이야기[2]라고 말한 바 있다.

지금까지 『들불』에 대한 논의는 황국명, 송하춘, 이보영 등의 견해가 있다. 먼저 황국명은 『들불』을 중심으로 역사적 이행기를 헤쳐 나간 각계각층의 사람들을 광범위하게 보여주는데, 임여삼・곽무출 등 빈농 하층민, 이해관계를 달리하는 보수적 수구 세력, 원정희・이진악 등 실권적 지식인, 지선교라는 사교를 이어 가는 김개팔 등의 화적떼, 영주인 배 서방 등 매판적 상인층, 전봉준・김개남 등 농민 지도부, 암약 침탈하는 청・일 등의 외세는 작품 전편을 통하여 상호 대결하거나 타협하면서 복잡하게 얽혀 있다[3]고 보았다. 이어 송하춘은 동학란이 과거에 있었던 사실이나, 인물이 어떻게 소설화되었는지를 살펴보면서, 민중의 힘이 결집된 민권 자각 운동과 아울러 진정한 한국의 서민 정신이 무엇인지를 보여준 소설[4]이

---

1   동학이 반영된 작품 소개에 대해 다음과 같은 논문들이 있다.
    이정숙, 앞의 논문; 김승종의 앞의 논문; 채길순, 앞의 논문 등이 있다. 다만 추가된 작품으로 채길순, 『동트는 산맥』(1-7), 신인간사, 2001이 있다.
2   유현종, 『들불』, 세종출판공사, 1976.
3   황국명, "변동기의 주체 문제와 이념적 지향"-『들불』론, 『떠도는 시대의 길 찾기』, 세계사, 1995.
4   송하춘, "'혁명'・『들불』과 동학란", 『탐구로서의 소설독법』, 고려대 출판부, 1996.

라고 평가했다. 그리고 이보영은 서기원의 『혁명』과 유현종의 『들불』을 함께 논의하면서, 갑오동학혁명을 당대의 지식인과 하층 농민의 관점에서 취급하고, '혁명'의 일반적 본질을 탐구했으며, 한국 역사소설의 구태의연한 성격을 바꾸어 놓은 소설이라 평가하면서, 작가라는 지식인이 혁명의 이념을 비판적으로 취급하면서도 회의적인 자의식을 버리고 휩쓸려 드는 혁명적 정열의 소설[5]이라고 평가했다.

이 글에서는 기존 연구 결과인 '변동기의 주체와 이념적 지향 문제', '역사적 사실의 소설화', '동학혁명 소설의 가능성' 등으로 평가된 『들불』에서 미흡했던 동학혁명이 일어난 1894년을 전후하여 살았던 동학 지도자, 지식인, 백성 등 실존자들에게 각인된 동학의 정신이 편만화되어 있는 측면을 분석하고자 한다. 즉 유현종의 『들불』에 수용된 동학 문화의 영혼 양식의 지평을 종교적 측면에서 접근하여, 첫째, 동학 지도자의 사상 문화, 둘째, 동학의 영혼 문화, 셋째, 동학의 상무(尙武) 문화로 나누어 의미를 고찰해 보고자 한다.

II. 『들불』에 수용된 동학의 정신사

1. 동학 지도자들의 사상 문화

동학 지도자는 대표적으로 동학을 개창한 수운 최제우, 도를 전수받은

---

[5] 이보영, "동학혁명소설의 가능성"-『혁명』과 『들불』, 『한국소설의 가능성』, 청예원, 1998.

해월 최시형, 3대 의암 손병희가 있다. 그러나 유현종의 소설 『들불』에서는 1대 최제우와 2대 최시형은 교주로 드러내지만, 손병희는 3대 교주로 드러내지 않고 해월의 활동기에 북접 지도자로 언급할 뿐이어서, 그 대신 동학혁명 당시 남북접 지도자를 중심으로 그들의 지도 노선을 살펴보고자 한다. 즉 동학의 창설자인 수운 최제우(1824-1864)와 해월 최시형(1827-1898), 그리고 남북접 지도자층의 전봉준·김개남·손화중·손병희·손천민 등에 대해서 당대 지도부와 지식인, 백성들이 어떠한 의식을 피력했는지를 중심으로 살펴보고자 한다.

1) 수운 최제우(1824-1864)

먼저 1대 수운 최제우는 동학을 개창했으며, 그의 사상과 정신은 『동경대전』과 『용담유사』라는 저술을 통해 천명되었다. 『동경대전』은 수운이 20여 년간의 자기 성찰을 통하여 얻은 종교적 체험과 깨달음, 그리고 역사를 꿰뚫는 혜안으로써 1860년에서 1864년까지 약 4년간 저술했으며 포교를 위한 강도 속에서 이루어졌다. 이 내용을 대중들에게 명확하게 알리기 위해서 저술한 『용담유사』는 한글체의 가사이다. 『동경대전』, 『용담유사』 두 권의 요점은 민족 주체성의 사상적 계기를 형성, 한민족의 독특한 사상 체계를 형성시키는 근거가 되며, 유불선 사상을 지도 이념으로 혁명적인 개벽 사상을 통한 새로운 이념의 구현, 동귀일체, 인내천의 사상으로 인간 평등을 근거로 한 시민사회 형성과 지도 이념의 체계[6]로 요약할 수 있다.

『들불』에서 수운 최제우와 관련된 사상 문화는 수운의 저술 『동경대전』과 『용담유사』 관련 언술들을 통해 강조, 심주화되었다. 또 최제우가 가정

---

6   유병덕 편저, 앞의 책, 142-145쪽.

에서 도(道)를 실현시키는 실천적 도인으로서의 삶 역시 강조되었다. 이러한 수운 최제우의 사상은 사대부 식자들의 의식, 신진 청년 지식인의 신분 평등 의식, 동학군 지도자들의 의식, 백성들의 의식을 통해 설파되었다.

또한 이 소설 『들불』에서 최제우의 천도(天道) 제창과 포덕문이 반포된 배경이 나오는데 작가는 "경주 사람 수운 최제우(水雲 崔濟愚)가 이른바 농사일, 행상, 입산수도, 면학으로 육 년 만에 양산 통도사에서 대오(大悟)하여 제중구세(濟衆救世)의 천도(天道)를 제창, 포덕문(布德文)을 반포하고 포교하기 시작한 것은 지금부터 삼십여 년 전인 일천팔백육십년이다."(『들불』, 120쪽)라고 서술적 목소리로 피력했다. 이 부분은 수운이 백성을 구제하고 세상을 구한다는 제중구세(濟衆救世) 사상, 하늘의 도를 개창한 천도(天道) 제창론, 덕을 널리 베푸는 포덕문(布德文) 등으로 강조되었다. 즉 수운의 대오 각성, 제중구세, 천도, 포덕문 등 수운의 대각의 일련의 과정을 차용한 것이다.

또한 최제우가 동학을 창시한 배경이 사대부 식자들에게는 냉소적 대상이 되었지만, 이 사상이야말로 만민 평등의 백성 신앙으로 강조되었다. 또하나 이천 년간 이어져 내려온 서민 사상인 풍류도와의 연맥 상황이 강조된 장면을 보자.

수운 최제우가 동학을 창시한 것은 바로 이러한 것들을 통찰하고 나서이다. 유불선(儒佛仙)에 서학(西學)까지 두루 섭렵하고 이 땅에 동학이 필요하다는 사명감 때문에 천도를 열었다는 것이다. 사대부 식자들은 수운의 사상 체계를 비웃었다. 유치하고 치졸한 데다가 교리 중의 일부는 『정감록』을 그대로 차용하고 있다는 것이었다. 결국 수운은 그 때문에 포교 삼 년 만에 '사도(邪道)로써 혹세무민(惑世誣民)하니 그 죄 크다 하여 교우제자 25

명과 함께 체포'되어 대구 감영에서 교수형을 당했다. 이발기발(理發氣發)의 도포짜리 선비들이 유치한 사학(邪學)이라고 비웃었지만 동학이야말로 진(震) 사상의 전통을 그대로 이어받은 만민 평등의 백성 신앙이었다. 자기 정신의 수양과 심신의 연마부터 주장한 것은 상고 이래 풍류도와 통해 있었다.

- 『들불』[7], 123-124쪽

위의 글에서처럼 최제우의 시대 읽기는 백성들의 절망을 통찰하고 동서양 사상을 섭렵한 후 천도를 개창한 것으로 나타난다. 즉 그는 만민 평등사상과 천지개벽 등을 통해 새 세상의 도래를 포교했으나, 결국 당대 사대부 식자들의 냉소주의와 관 측의 입장인 혹세무민의 죄명으로 대구 감영에서 효수당한다. 그러나 백성들이 총체적으로 절망하는 상황에서 동학이 창시되었다는 점은 역사적이며 시대적인 필연성으로 강조된다. 작가는 이 부분에서도 서술적 목소리로 일반 백성들의 혼돈과 절망에 기인한 개벽 천지의 새 세상에 대한 욕구에 대응하여, 동학은 만민 평등사상, 정신 수양과 심신 연마를 강조했다고 밝혔다. 여기서 또 하나 강조될 점은 동학과 관련된 풍류도이다. 특히 동학의 신관에 영향을 끼친 태고로부터 내려오는 한울님 신앙, 풍류도의 신바람, 주기론적 신유학의 기 철학, 대승불교의 화엄론적 실재관, 무교적 치병, 주술적 사상, 서구의 과학적 진화론과 진보 사상[8] 등을 작가 유현종은 동학의 심층 정신과 연관시켜 부각

---

7   유현종, 『들불』, 앞의 책.
8   김경재, "동학의 신관", 『동학혁명백주년기념논총』 상, 동학혁명100주년기념사업회, 1994, 179쪽.

시켰다.

다음으로 최제우가 실제 삶에서 모범을 보인 노비 해방과 당대 정치인인 대원군과 연합하여 동학이 이용되는 상황이 전개되는 장면을 보자.

> 허, 지금까지 내가 한 말 헛들었군? 일국의 대원군이 천한 서민 동학 교도를 부르려고 하는 마당에 양반 상놈이 어디 있나? 자네 알지? 동학을 창시한 수운 최제우는 원래 양반이야. 하지만 그는 누구보다도 먼저 자기가 데리고 있던 노비를 해방해 줬어. 여자 종을 자기 자부로 맞이했어. 그런데도 반상을 가리겠나?
> -『들불』, 158쪽

이 부분에서는 청년 지식인 이진악이 의형제를 맺은 임여삼에게 들려주는 말로 나오는데, 최제우가 탈반상 의식(脫班常意識)에 입각해, 노비를 해방시켜 며느리로 삼은 신분 평등 의식의 실천자로서 설파되었다. 또한 동학과 대원군의 연합 노선도 엿볼 수 있다. 물론 전봉준과 대원군의 연합 노선인데, 밀지를 통해 양측을 연결시키는 이진악은 청년 지식인으로 과거에 진출하려 했으나, 조선조의 문란한 과거장에서 더 이상 미래를 꿈꿀 수 없어 재야에서 정치적 행보를 하는 인물이다. 특히 그는 대원군의 밀지를 전달하는 역할을 맡았고, 그 밀지를 통해 전봉준이 재봉기를 결정할 때 대원군과 연합 노선을 취한 것을 유추할 수 있다. 농민군과 대원군의 연합은 전봉준·김개남[9]의 움직임에서뿐만 아니라, 당시의 정국 변화 속에서

---

9   이 작품에서는 역사상 인물 '김개남'이 '김계남'으로 그려지고 있어, 성명 표기는 '김개남', 김계남'으로 차이가 있으나 동일 인물이라 할 수 있다.

도 그 현실성을 찾을 수 있다. 일본군이 경복궁을 점령한 이후 개화파와 대원군이 집권 세력으로 부상하고 평양 전투 이후 개화 정권의 친일적 성격이 강화되는 상황에서 일본은 내정간섭을 심화했고 농민군의 항일 의지는 고양되었다. 이 면은 농민군이 현실적으로 연합을 도모한 상대가 친일적 개화파가 아니라 대원군이었음을 방증한다. 항일 재봉기로 치닫던 농민군에게 대원군과 같은 존재의 내응(內應)은 좋은 기회[10]였고, 대원군 또한 일본군을 제거해야 할 적으로 인식한 가운데 농민군을 주목하고 농민군과 밀지를 매개로 하여 정치적 연합을 구체화하였고 이를 계기로 9월 재봉기가 시작[11]된 것이다.

다음으로 드러난 부분은 수운의 만민 평등론이 남접 지도자인 손화중의 황토치 전투에서 사상적 정당성으로 작용된 장면이다.

> 무릇 나라는 백성이 있어 있는 것이요 그 백성이 굶주리고 헐벗으면 그 나라는 병들어 있는 것입니다. 병들은 것을 보고 그냥 있어서는 안 됩니다. 우리 백성의 괴로움을 아신 수운 선생께서는 일찍이 백성이 있고 하늘이 있다 하셨소. 하늘 아래 백성은 다 똑같은 것이지 날 때부터 발바닥에 흙 안 묻히고 살으라는 사람 없습니다. 이제 새 세상이 옵니다. 등 다숩고 배부른 세상이 옵니다. 그날을 위해서 우리는 일어선 것입니다. 동학 군사는 지지 않습니다. 우리는 맨주먹으로 황토치 싸움에서 이겼습니다. 총알도 우리를 피해 갑니다.

---

10 이진영, "전봉준 김개남의 정치적 지향과 전략", 『동학농민혁명과 농민군 지도부의 성격』, 서경문화사, 1997, 171쪽.
11 이진영, 의의 논문, 172쪽.

- 『들불』, 206쪽

위의 부분은 수운의 만민 평등론이 남접 지도자 손화중의 전투 논리에 사상적 배경이 되어 황토치 전투의 정당성으로 나타난 장면이다. 즉 손화중이 백성과 하늘의 평등론이라는 수운의 사상적 배경인 만민 평등론을 원용한 장면을 강조한 것이라 할 수 있다.

이상과 같이 볼 때 『들불』에서 작가 유현종은 작가의 목소리, 청년 지식인의 시선, 정치인과 남접 지도자들의 지도 논리를 통해, 수운의 정확한 시대 인식인 만민 평등사상, 신분 평등론, 노비 해방, 천도 제창, 풍류도와 연맥 상황 등을 작품 전반에 원용했다. 즉 『들불』에서 당시 사대부의 부정적 논리도 병행시켰으나, 대체로 수운 최제우에 대해서 포덕자, 신분 해방자, 만민 평등론자 등과 같이 긍정적으로 평가하며 당대 동학 이념이 정치 노선으로 작용된 점이 강조되었다고 할 수 있겠다.

2) 해월 최시형(1827-1898)

최시형은 스승 최제우의 시천주 신앙을 대인 관계·대자연 관계에 구체적으로 적용하여 인간관계에서 사람을 섬기되 한울같이 하라고 가르쳤고, 자연계의 천지 만물에 대해서는 나무 하나 풀포기 하나라도 모두 시천주자라고 설교했으며, 범천론적인 시천주 사상을 몸소 실천한 지도자라 할 수 있다. 그 밖에도 해월과 관련하여 천주 직포(天主織布), 어린이 애호, 손님 접대, 생물 애호, 천주성(天主聲) 등의 이야기가 있다.

『들불』에서는 최시형이 살아 있는 실존자로서 현장 실천을 통해 그의 사상을 자연스럽게 보여준다. 즉 『들불』에서 동학의 2대 교주 해월 최시형은 스승의 도(道)를 전수받고, 도의 깨달음, 포교 실천자, 교리 편찬자, 북접 지도자로서의 노선과 관련지어 실체적으로 등장한다. 수운이 교를 창시하고 효수당한 후, 수제자인 해월이 교를 이어받아 팔도 방방곡곡에서, 백성들이 앞다투어 교인으로 입도하게 만들어 낸 성과와 수십만 명을 포덕시킨 성과 등도 나온다. 소설의 한 장면을 보자.

> "정신이 문제지 그게 문제니? 아까 내가 얘기했지? 지금 교주라는 해월이란 분. 그 사람은 원래 조실부모하고 남의 집 머슴살이를 하면서 자랐기 때문에 글을 배우지 못해서 까막눈이었다더라." "그런 사람이 어떻게 될 수 있어?" "그 사람은 그래도 장성하여 수운을 따라다니며 도를 닦았고 나중에는 수제자가 되었단다. 수제자가 되었는데도 역시 글을 모르는 무식꾼이었다. 그저 말로 외우고 도를 닦는 것이지. 나중에는 동학의 교리를 책으로 만드는데 그 사람이 수운이 말한 것을 다 외워 내어 글 아는 다른 제자들이 받아서 책을 만들었다니까 글을 알고 모르고 별게 아닌 거여. 나도 이제 삼예에 가서 동학 교도가 되겠다고 마음먹었다. 삼예에는 동학포덕소라는 곳이 있다드라. 거기만 가면 되는 거지."
> - 『들불』, 93쪽

이 장면은 임여삼이 동학도들을 통해서 알고 있는 사실들을, 친구 곽무출과 나누는 대화 내용 부분이다. 특히 여삼은 해월이 원래 무식한 농투성이라는 사회적 신분에 관심을 두었고 그런 사람이지만 결국 대오 각성하였기에 그의 감화를 받아 자신도 동학에 입도하겠다는 의지를 보인다.

결국 해월 최시형은 『들불』에서 도의 전수자요, 교리 편찬자요, 도의 각성자로서, 포덕을 통해 수많은 교인을 길러 내는 인물로 등장한다. 무엇보다 해월이 스승인 수운의 사상을 널리 실천하며 경전을 간행하고 포덕하는 데 매진하는 자세가 부각되었다고 볼 수 있다.

3) 남북접 지도자의 노선

　동학혁명의 주체 세력은 주도층과 참가층으로 나눌 수 있으며, 주체 세력은 봉건 모순과 민족 모순의 직접적 피해자로서 자신들의 역사적 역할을 담당하고 추진했다. 여기에서 주도층은 주변 지도부와 핵심 지도부로 나눌 수 있고, 참가층은 적극 가담자와 단순 가담자로 나눌 수 있다. 적극적 주도층인 몰락 양반과 향반층은 향권에서 소외된 경우나, 새로운 신분 상승의 통로가 막힌 경우, 국가권력이나 수령에게 불법 수탈의 대상이 된 경우에, 반봉건 항쟁에 나섰다고 볼 수 있다. 또 경복궁 쿠데타와 2차 봉기 무렵 항일 의식이 고양되어 접에 대거 참여하면서, 이들은 주체 세력의 동력을 끌어내거나 조직화하여 농민 전쟁을 유발해 내는 역할을 했다. 남접의 5대 지도자인 전봉준·김개남·손화중·최경선·김덕명의 신분은 향반 또는 그에 준하는 층이었으며, 경제 수준은 소작농인 전봉준을 제외하면 모두 중소 지주 출신이었고, 상당한 수준의 지식인[12]이었다.

　『들불』에서는 동학혁명의 주체 세력인 전봉준·김개남 등 남접 지도자의 노선과 손병희의 북접 지도층 노선, 그리고 교주 해월 간의 입장 차이를 드러낸다. 한 장면을 보자.

> 문제는 방방곡곡의 동학도들이 모두 일치단결하여 일어나야 된다. 물론 전주성만 빼내면 유리한 위치에서 흥정할 수가 있다. 전봉준이 바란 것은

12　이이화, "지도부는 이렇게 형성되고 통합하였다", 『동학농민혁명과 농민군 지도부의 성격』, 서경문화사, 1997, 9쪽.

다만 그뿐이 아니었다. 그보다 더욱 중요한 효과를 기대한 것이다. 그것은 우왕좌왕 결단을 내리지 못하고 있는 북접(北接)의 동학 지도층이다. 손병희(孫秉熙)를 비롯한 북접의 강경파는 일시에 함께 거사하여 전봉준과 보조를 맞춰야 된다고 주장했지만 교주 최시형을 비롯한 대부분의 지도자들은 미온적인 태도였고 사세를 관망하여, 지나친 표현을 빌리자면 유리할 때 일어나야 된다는 태도였다. 이와 같은 북접들의 태도에 남접의 두령들은 모두 불만이었다.

- 『들불』, 264쪽

  이 부분은 남접인 전봉준의 노선과 북접 지도자인 최시형과 손병희의 노선에 차이가 있는 것으로 드러난 장면이다. 동학 지도부에서 전봉준은 중도 좌파, 김개남은 강경파, 손화중은 온건 우파로 구분되는데, 손화중·김덕명·최경선 등 전라우도의 지도자들은 대부분 전봉준의 영향 아래 있었다.[13] 1894년 3월 남접이 기포하자 북접 교단은 교도들이 남접에 호응하여 기포하지 못하도록 단속했는데 이러한 입장은 기포를 결정한 9월까지 지속[14]되었다. 이러한 상황이 중요한 역사적 대세에 역행하는 남북 분열 현상으로 보이는 측면도 있으나, 이는 신종교에서 흔히 나타나는 현실 인식과 위기의식, 그리고 동학 내부적으로 탄압에 대응하는 자세의 차이에서 생긴 결과이며, 최시형의 지도적 권위가 손상받았을 따름이지 동학 자체가 무너진 것은 아니라[15]고 볼 수 있다.

13 이이화, 위의 논문, 12쪽.
14 배항섭, "충청도지역 동학농민전쟁과 농민군지도부의 성격", 『동학농민혁명과 농민군 지도부의 성격』, 40쪽.
15 장영민, "최시형과 서장옥"-남북접 문제와 관련하여, 『동학농민혁명과 농민군 지도부

또한 『들불』에서 최시형 교주의 동의를 얻어 손병희·손천민 등의 북접 지도자가 남접의 봉기에 맞추는 장면을 보면, "이보다 먼저 전봉준은 북접에 갔던 두령들의 보고를 듣게 되었다. 최시형 교주의 동의를 얻어 손병희·손천민·전규석 등의 북접 지도층이 남접의 궐기에 맞추어 일시에 거병하겠다는 내락을 받아 온 것이다."(『들불』, 349쪽)에서 잘 드러난다.

또 최시형과 손천민이 참석한 남북접 모임에서 회의가 벌어지고 있는 한 장면을 보자.

> "시천주 조화정 영세불망 만사지" 주문 외는 소리는 하늘에 덮였고 '보국안민(輔國安民)' '오만년수운대의(五萬年受運大義)' 등의 깃발과 각 포의 오색 깃발이 바람 맞은 숲처럼 흔들렸다. 이튿날이 되자 보은대도소에서 최시형(崔時亨) 교주와 북접 대표인 손천민이 한내벌에 들어섰다. 예순여덟의 노령에도 건장한 모습으로 교주가 나타나자 십만의 동학 군사들은 열광했다. 지금까지 무력 항쟁을 반대해 온 교주였다. 그러나 이제는 달랐다. 전국의 동학도들의 뜻이 무력을 사용해서라도 도탄에서 백성을 구하고, 기울어진 나라를 바로 세울 수만 있다면 최선을 다하라고 격려하기 위해 온 것이었다.
> -『들불』, 354쪽

위의 부분은 북접 최시형이 결국 남접과 뜻을 같이하는 장면이다. 비록 남접이 그의 지도 노선에서 벗어났을지라도, 최시형은 북접 지도자일 뿐만 아니라 동학 전체의 지도자로서 종교적 권위를 유지할 수 있었다. 그도

의 성격』, 134쪽.

현실의 모순과 민중의 고통을 모르지 않았고, 외면하지 않았다. 그러나 우주적인 대변화를 기대하는 초월적이며 종교적인 자세는 자연히 그 고통의 인내와 새로운 세계의 기다림을 강조할 수밖에 없었으며, 이러한 태도도 결국 동학농민전쟁이라는 거대한 역사의 흐름 앞에서는 바꾸지 않을 수 없었던 것이기에 천운(天運)[16]이라 해석한 것으로 볼 수 있다.

소설 『들불』에서 동학농민혁명 당시 농민 지도부 층은 남접의 전봉준·김개남·손화중 계열과 북접의 최시형·손병희·손천민으로 양분되어 있었으나, 결국 그들의 지도 이념에 따라 십만 대군의 동학 군사가 최시형·손천민 등의 북접 지도자와 만나서 큰 역사적 물줄기로 펼쳐지게 된다. 이는 동학혁명 당시 동학 지도부가 전봉준·김개남·손화중 등의 남접 강경파와 최시형·손병희 등 북접의 온건파가 노선의 강도는 다르지만 당대 백성들과 사회를 개혁할 수 있는 역사적 물꼬를 터서 통합 전진해 나간 것으로 볼 수 있다.

이상과 같이 보면 유현종은 소설 『들불』에서 동학의 사상 문화를 수운 최제우의 대각, 해월 최시형의 실천 교리, 남북접 지도자의 당대 사회에 대한 철학적 변혁과 역사적 변혁의 갈망을 심오하게 드러낸 것이다.

2. 동학의 영혼 문화

동학 지도자들의 사상 문화가 지식인이나 동학 지도층에 지도 논리·실천 논리·철학적 배경 논리로 초점이 맞추어졌다면, 동학의 영혼 문화는 지식인과 백성 모두를 복합적으로 수용한 정신 양상을 띠면서 집단의 논

---

16 장영민, 위의 논문, 147쪽.

리로 나타난다. 이 측면에서는 집단의 응집된 힘을 이끌어내는 지도 논리로 개벽 세상, 인내천 종지, 시천주 주문과 궁궁을을(弓弓乙乙) 부적 등이 언급된다.

1) 개벽 사상

수운의 개벽 세상은 실학에서의 현실 비판 개혁 의지와 신념을 발전시켜 민중 위주의 이상 사회 건설로 연결시키고자 한 것이다. 특히 수운의 개벽 사상은 인류 문화의 혁신과 창건을 의미하며 천지개벽에 비유할 만한 인문개벽을 실현함으로써 지상천국을 실현시키라는 실천적 과제로 정신개벽・민족개벽・사회개벽[17]이 강조된다. 즉 개벽 세상에 대한 기대는 절망적인 당대 민중의 탈출구로서의 의식에 대한 열망이 반영된 것이라고 볼 수 있다.

『들불』에서는 천지개벽이 백성들의 탈출구로서 양이(洋夷)와 왜국 침략의 독주에 저항하고, 동학쟁이 수천 명의 교조 신원을 요구하며, 삼예 땅의 민란을 일으키는 대의에 동조하면서 펼쳐진다. "지친 백성은 오늘도 없고 내일도 없었다. 아니 있다면, 바라는 것이 있다면 기적뿐이다. 그 기적은 천지개벽이어야 한다. 현실은 지나가면서 언제나 속여 왔을 뿐이다. 현실을 믿고 살아 보아야 오늘도 없고 내일도 없다. 근본적인 천지개벽이 되어야만 살아날 수 있다."(『들불』, 120쪽)에서 보이듯이 백성들의 입장에서는 그들의 탈출구로서 천지개벽이 요청되었다. 계속되는 흉년과 탐관오리들의 탐학, 그리고 계속되는 민란에 지친 백성들의 기적은 천지개벽뿐이었다. 그들의 근본적인 천지개벽은 새 세상에 대한 갈망이었고, 백성들

---

17 이현희, 앞의 논문, 49-58쪽.

의 한과 원은 『정감록』의 풀이가 동학과 결부되어 나타났다고 작가는 보았다.

또한 천지개벽은 젊은 지식인 이진악이, 동학도들이 천지개벽으로 삶을 전환하는 장면을 목격하는 것에서도 드러난다.

> 이들이 바라고 있는 것은 천지개벽이다. 그토록 수탈하고 고혈을 빨며 짓밟아 온 왕조를 두둔한다면 천지개벽이란 말을 쓰지는 않았을 것이다. 이진악은 전주성 외에서 만났던 농투성이의 분노와 결심에 가득 찼던 얼굴을 떠올린다. 죽더라도 새 세상이 오는 날을 위해 끈질기게 살아 보겠다고 하며 그는 피난을 떠나는 게 아니라 난리가 난 쪽으로 가고 있었던 것이다. 무엇이 그토록 그들의 발길을 거꾸로 돌리게 했을까? 그들을 포섭하면 절대로 지지해 줄 것이라고 대원군도 김병순도 믿고 있었다.
>
> -『들불』, 189-190쪽

위에 나오는 이진악은 농투성이들의 혁명에 대한 실천 의지를 관찰하며 과거로 나아가려 했으나 부조리한 현실에 불만을 토로하면서 새로운 개혁 의식을 소유한 청년 지식인이다. 그가 바라본 동학도들의 천지개벽 의식은 농민들 생활의 비참함을 탈피하려는 분노와 결심이며, 개벽 세상은 절망한 백성들이 새 세상을 갈망하는 탈출구로서 새로운 비전이었던 것이다. 즉 이 청년 지식인을 통해 천지개벽되는 새 세상을 꿈꾸는 갈망을 바라보면서 당대 백성들에게 개벽 세상이 얼마나 절실했는지를 보여준다.

2) 인내천(人乃天) 종지

인내천이란 사람이 곧 한울이라는 뜻이다. 이는 손병희가 사람은 누구나 자기가 모시고 있는 한울님을 깨달으면 곧 자기 자신이 한울님이 될 수 있다고 한 사상으로, 수운의 오심즉여심, 천심즉인심에서 유래된 수운 사상[18]의 또 다른 표현이다. 특히 시천주 조화정 영세불망 만사지(侍天主造化定永世不忘萬事知)[19]에서 하느님을 모신다(侍天主)는 말은 하느님을 위한다(爲天主)는 말과 대체로 뜻이 같다. 조화는 하느님의 놀라운 위력을 뜻하며, 사람이 하느님을 지극히 위하면 하느님의 전능과 전지를 발휘할 수 있는 경지에 이를 수 있다[20]는 논지다. 인내천 사상의 대종지는 사람이 한울님을 모시라(侍天)는 사실로부터 시작하여 시(侍)의 세 가지 뜻으로 귀결되는데, 첫째, 안에 신기로운 영이 있고[21], 둘째, 밖에 기운 화합이 있으며[22], 셋째, 온 세상 사람이 각각 옮기지 못한 것을 깨닫는다[23]는 의미로 나누어 볼 수 있다. 즉 인간 생명의 주체인 영(靈)의 유기적 표현과 인간과 우주의 자연적 통일, 그리고 인간과 인간의 사회적 통일, 인간과 사회의 혁명적 통일이 시(侍) 한 글자 속에 통일되어 있다[24]고 볼 수 있다.

이러한 측면이 소설 『들불』에서는 삼예 땅 전라도 길목에 전라도 각군의 동학 군사가 밀려오고, 십만 군사가 몰려든 상황에서 동학군에게 인내천 종지가 설파된다. 한 장면을 보자.

"삼예 장터 객줏집에서 만난 동학꾼도 그 비슷한 말을 혔어. 헌데 동학은

---

18 유병덕, 앞의 책, 445쪽.
19 하느님을 모시면 조화가 체득되고 하느님을 길이 잊지 않으면 만사가 깨달아진다.
20 유병덕, 앞의 책, 250쪽.
21 內有神靈.
22 外有氣化.
23 一世之人各知不移者.
24 윤노빈, 앞의 논문, 146쪽.

우리나라 사람이 우리 정신을 찾자고 세운 거니 우리교라 할 수 있다. 더구나 그 교리가 인(人) 무슨 내천(乃天) 수심(守心) 무슨 정기(正氣)라 하여 사람이 곧 하늘이고 하늘이 곧 사람이라." "사람이 사람이고 사람이 하늘이라고?" "허허, 하늘이 사람이고 사람이 하늘이란다. 양반이고 상놈이고 원래 모두 하늘처럼 귀한 사람이란다."

- 『들불』, 92쪽

위의 부분은 친구 곽무출이 임여삼에게 해 준 말로 동학의 주체성이 인내천과 수심정기로 강조되고 있는 장면이다. 여기에서 인내천은 사람이 곧 한울이라는 인간의 존귀성으로, 수심정기는 수도 각성의 방법으로 피력되었다.

다음은 남접 지도자 김개남이 인내천 종지를 남원성 공격 시 남원 부사와 대치된 상황에서 강조하며 절규하는 한 장면을 보자.

"백성 없는 나라와 상감이 어딨으며 백성 없는 성의 부사가 어디 있더란 말이냐! 그래서 너 같은 놈들이 있기 때문에 동학이 필요했고 동학이 백성들의 전폭적인 지지를 얻고 있는 것이다. 네놈도 들었으리라. 우리 동학의 교리는 인내천(人乃天)이다. 사람이 곧 하늘이요 하늘이 곧 사람이라는 것이다! 아니다. 백성이 곧 하늘이요 하늘이 곧 백성이다." "이놈, 그따위 사교의 주문 같은 지껄임은 듣기도 싫다. 백성과 나라를 파멸시키려고 날뛰는 화적떼!"

- 『들불』, 324쪽

위의 장면은 남원 부사와 대적한 김개남이 인내천의 백성은 하늘이며,

하늘은 백성이라는 종지를 강조하며, 집강소 설치 반대자인 남원 부사를 효수하고, 동학군의 집강소 설치를 주장하는 부분이다. 여기에서 인내천 종지는 동학 민중과 동학 지도자 모두에게 인간의 주체성, 존귀성과 평등론으로 작용한다.

3) 시천주 주문과 궁궁을을(弓弓乙乙) 부적

동학 입도는 시천주를 통해 서민이 군자화되는 과정이고, 도성덕립의 속성 과정이며, 과거 지배층인 양반만의 전유물이던 보국안민의 과제를 널리 만인의 것으로 만들 수 있는 사상 계기를 마련해 준다. 또, 시천주의 주체로 자각하여, 봉건적 신분 차등이 부정되고 시천주의 주인으로서 만인 평등이 강조된다. 이렇듯 수운의 시천주 사상은 각 개인에게 천주가 내재됨으로써 인간관의 세속화에 성공했고, 사인여천의 인간 존엄성의 근대적 원리를 선각한 근대인의 발견[25]으로 볼 수 있다. 특히 시천주 관련의 주문과 직접 연결된 지기금지 원위대강(至氣今至願爲大降)[26]에서 지기(至氣)란 하느님의 정신의 기운인 영기(靈氣)[27]로 당대 실존인에게 생명의 구원수처럼 다가왔다.

부적과 관련된 궁궁(弓弓)은 그 형상이 태극으로 되어 있다. 태극은 천지가 분화되기 이전 혼원일기로 우주의 근원을 뜻하는 말이다. 즉 우주의 본원이 되는 태극은 영부의 형태이다. 궁궁은 술가(術家)에서 많이 사용되는 용어이지만, 이를 동학에서는 궁궁(弓弓)·궁을(弓乙) 등으로 마음과 같은

---

25 신일철, 앞의 논문, 20쪽.
26 하느님의 지극한 정신의 기운에 이르기를 지금 내가 원하오니 하느님의 영이 내게 크게 임하여 나로 하여금 하느님의 도를 깨닫게 하옵소서.
27 김진혁 편저, 앞의 책, 322-323쪽.

것으로 보며, 태극과 함께 우주의 본체로 본다. 그래서 우주의 본체를 이루는 한울님이라는 신이 지니고 있는 마음을 이르는 말이 되며, 한울님의 마음과 나의 마음을 일치·합일하려는 종교적 수행[28]이라고 볼 수 있다. 특히 천도의 그림인 영부의 형상이 태극과 같은 형상인 궁궁은 천도의 내용이 일성일쇠하며, 함이 없이 되는 이치에 의하여 성하는 새 것과 쇠하는 낡은 것이 서로 갈아드는 것으로 나타나고, 동양철학에서 만물화생의 기본 원리로 되어 있는 태극[29]을 인용해서 설명한 것이라 볼 수 있다.

소설 『들불』에서는 '시천주 주문'과 '궁궁을을 부적'이 크게 신군(神軍) 의식 불어 넣기라는 초월적 신력(神力)과 신무기를 가진 제국주의 위력에 밀리는 약육강식 논리 두 측면으로 드러난다.

(1) 신군(神軍) 의식과 불사(不死) 의식
"양반 상놈이 모두 하늘처럼 똑같이 귀하다니. 더욱 놀라운 것은 아버지가 외우던 주문을 암송하고 '궁궁을을(弓弓乙乙)' 자를 쓴 부적을 몸에 붙이고 그것을 태워서 먹으면 만병이 나을 뿐만 아니라 창칼이 다가와도 다치지 않고 그 무서운 조총의 탄알도 날아오다가 피한다는 것이었다."(『들불』, 92-93쪽)에서 볼 수 있듯이, 임여삼은 아버지가 가내(家內)의 주문으로 시천주 주문을 읊은 것을 상기하는데, 이것의 의미는 형이상학적 약으로 사용된 것을 알 수 있다.

다음은 전봉준의 동학군 지도 의식에서 시천주와 궁궁을을이 군인들의 의식 무장으로 쓰이고 있는 장면도 엿볼 수 있다. "수도장(修道場)이다. 이

---

28 윤석산, "동학 경전에 나타난 도교적 요소", 앞의 책, 245쪽.
29 백세명 편저, 『天道教經典解義』, 천도교중앙총부, 1963, 33쪽.

곳에는 직접 전봉준이 앉아서 천도교의 교리에 대한 대강을 강의하고 동학군은 신군(神軍)이란 신념을 불어넣는다. 즉 십삼자(十三字), 팔자(八字) 주문을 가르치고 외도록 하며 싸움에 임해서도 '시천주 조화정 영세불망 만사지'란 십삼자 주문만 외면 불사(不死)한다고 가르친다. 여기서 입도 의식을 하고 교육이 끝나면 부적을 나눠 준다. '궁궁을을(弓弓乙乙)', 이 부적만 몸에 가지고 있으면 탄환도 비켜 가며 모든 일이 소원대로 성취된다는 것이다. 이것은 거짓말일지 모르지만 거짓이라고 믿는 자는 하나도 없다."(『들불』, 209쪽)라는 장면은 무장 땅 수도장에서 전봉준이 동학군에게 이 신군 의식을 고취시키는 부분이다. 신군 의식은 동학도 하나하나의 군사들에게 정신의 집중력을 응집시키는 힘으로 작용한다. 한 장면을 보자.

우리 동학군은 신군(神軍)입니다. 하늘이 점지하고 하눌님이 내려 주신 귀신군대인 것이오. 시천주조화정영세불망만사지. 시천주조화정영세불망만사지. 이 십삼자 주문만 지성껏, 하눌이 감동할 만큼 지성껏 외면 무엇이든지 만사형통합니다. 그리고 궁궁을을(弓弓乙乙), 이 부적만 몸에 붙이고 있으면 총알도 피해 가는 것이오. 이 부적이야말로 신군이 되었다는 표적인 것이오. 우리가 맨주먹으로 황토치 싸움에서 이긴 것도 다 그 때문인 것이오. 이제 두고 보면 알게 되오. 우리가 그와 같은 신군의 표적을 받은 이상 관군과의 싸움에 두려워할 필요가 없는 것이오. 총알이 비 오듯 쏟아진다 해도 저들은 우리를 해칠 수가 없는 것이오. 이제 대세는 결정이 났소. 우리의 눈앞에 신천지가 보이고 있소. 우리에게 하눌님께서 신력(神力)과 부적을 내려 준 것도 다 천운이 도래하고 있다는 것을 나타냄이오. 우리는 하늘을 대신해서 흉악한 탐관과 인도에서 어긋난 천륜을 바로잡기 위해 하늘의 명으로 일어서게 된 것이오. 두려운 것은 아무것도 없습니다. 시천주 조화정영세불망만사지.

-『들불』, 230쪽

위의 글은 전봉준의 변설과 강론이 펼쳐지는 장면으로 동학군의 실체가 부각된 내용이다. 경군과 동학군이 정면으로 전면전을 펼치는 중에, 전봉준은 함평 관아를 점령하면서 동학군과 경군의 심리전이 벌어지는 가운데, 전주성을 향해 전군 북상령을 내리는 이때 역시 십삼자 주문이 사기 진작과 관련지어 강조된다.

그러나 김개남포는 월평리 전투에서 참패하여 전봉준의 신군 의식이란 말이 허위로 드러나게 된다. 이때 부적과 주문의 효력이 무효로 나타나기에 김개남은 개인의 신군 의지를 재단속하게 한다. 결국 남접 지도자 김개남 역시 주문 강조론을 펼쳐 전투 강화 노선에 궁궁을을 부적을 사기를 진작시키는 방법으로 썼고, 패전 수습 방법으로도 부적을 이용했다. 이는 관군과 두 번째로 싸우는 전투에서 신군 의식을 다시 고쳐시키고자 한 것이다. 또 다른 장면을 보자.

그도 그럴 것이 동학군은 누구나 죽지 않으려고 십삼자 주문을 쉬지 않고 외쳐 대고 있었던 것이다.
"시천주 조화정 영세불망 만사지."
"시천주 조화정 영세불망 만사지."
수천 명의 입에서 쏟아지는 주문 소리가 산비탈을 덮었다. 여삼은 선봉군의 보졸로서 제일 앞장선 채 기어 나가고 있었다.
"시천주 조화정 영세불망 만사지."
주문을 외면서 꽹과리를 두들겼다. 여삼은 아예 저고리를 벗어 등판을 가슴 복판에 와 닿게 돌려 입고 있었다. 대포알 아니라 무슨 탄알이 날아온대도 부적은 그것을 막을 수 있다는, 자신이 넘치고 있었다.

- 『들불』, 245쪽

이 장면은 동학군의 대승과 동학군의 사기 진작을 강조한 김개남의 패전 수습 방법에 부적이 이용되는 부분이다. 이때 동학 지도자 전봉준과 김개남은 부적과 주문의 이용 전법을, 역사의 소용돌이 현장에 백성들을 응집시키는 힘으로 이용했고 그것이 전투 의지나 관군과의 싸움에서 효력을 발휘했다. 이렇게 볼 때 동학의 주문과 부적은 농민군을 무장시키는 정신적 사기 진작 방법으로, 초월적 힘을 드러내는 데 신군(神軍) 의식과 불사 의식(不死意識)의 의미로 유용되었음을 알 수 있다.

(2) 제국주의의 신무기 앞의 죽음

그러나 시천주 주문과 영부는 제국주의와 대치된 상태에서 무참하게 무너지게 된다.

대포의 위력과 주문이 관련된 부분을 보면, "황토치에서는 승전했지만 이번 월평리 싸움에서는 여지없이 깨졌던 것이다. 그것도 죽은 자의 거의가 대포알에 맞아 급사했던 것이다. 문제는 심각해졌다. 몸에 부적을 달고 십삼자 주문만 외면 불사한다고 가르친 전봉준의 말이 거짓이라는 게 드러났던 것이다. 게다가 전봉준 자신이 가장 걱정하고 있던 대포의 위력을 실제 눈으로 확인할 수 있었다."(『들불』, 242쪽)에서 전봉준의 고뇌와 김개남의 해결책으로 내세운 주문과 영부가 일시적인 집단 신군 의지로 나타났을 뿐, 대외적 실상에서는 불사 의식과 정반대로 나타났다. 즉 강력한 신무기 앞에 집단적 초월 의식은 궤멸되어 버린 것이다.

대포 앞에서 주문이 무기력해지는 한 장면을 보자.

> 그러나 부적도, 십삼자 주문도 대포와 양총 앞에서는 무력하기 이를 데 없었다. 장성 접전과도 또 달랐다. 그만큼 지대가 높고 험준했으며 관군의 수도 이미 삼천여 명이 넘는 듯했다. 임여삼은 기총으로서 오 명의 보졸을 데리고 김개남을 따라 다가산 공격에 가담하고 있었다. 다시 한 번 완산 칠봉에서 유연대(油然臺) 다가산 골짜기에 이르기까지 흰옷 입은 군사로 덮였다. 십삼자 주문 외치는 소리가 골짜기 골짜기를 덮었다. 처절한 싸움이었다.
> -『들불』, 272쪽

위의 장면에서는 관군 순변사 이원회의 지략과 동학 군대를 해산하라는 명령이 발포된 왕의 교지 부분으로 전봉준의 절망이 무참히 드러난다.

검두봉 탈환 작전에서도 주문은 역시 무너졌다. "여삼은 부하들에게 계속 기어올라야 한다고 절규했다. 모두 죽지 않으려고 부적을 어루만지며 십삼자 주문을 외치고 있었다. 그러나 여전히 죽어 넘어지는 것은 동학군의 군사들이었다."(『들불』, 278쪽)와 "대포 앞에서는 무력해질 수밖에 없었다. 한나절을 싸웠으나 제자리걸음이었고 십삼자 주문을 외는 동학 군사만 처참하게 죽어 갔다."(『들불』, 372쪽)라는 장면에서 보이듯이 결국 십삼자 주문은 죽음과 맞닥뜨리게 된다. 결과적으로 김개남의 후퇴 명령은 우금치 전투에서 침탈당했고, 일본의 우수한 신무기 앞에 농민군의 정신력 대치는 너무 미약했고, 왜병의 학살은 계속되어 갔고, 동학 가족은 무참하게 참살되고 만다.

결국 '시천주 주문'과 '궁궁을을 부적'은 신무기를 앞세운 제국주의 앞에 가녀린 의지였으나 관군과의 싸움에서는 이겨 낼 수 있는 힘이 있었다. 즉 대내적 힘을 모아 이끄는 데에는 초월적 신군 의지인 불사(不死) 의식으로, 반대로 대외적 힘 앞에서는 철처히 궤멸되는 이중성이 드러났다. 그러나 불의, 봉건, 탐관오리 등을 떨쳐 내려는 집단 의지는 엿볼 수 있다.

3. 동학의 상무(尙武) 문화

동학 지도자의 사상 문화, 지식인과 농민군의 동학 영혼 문화에 이어, 소설『들불』에서 세 번째 동학의 영혼 양식으로 상무(尙武) 문화가 표출된다. 주로 〈검가(劍歌)〉 부르기와 관련지어 나타난다. 〈검가〉는 〈검결〉이라고도 부르는데, 검무(劍舞)라는 춤 동작과 직결되며 동학의 의식(儀式)에서 주로 사용된 노래이다. 이는 동학의 종교적 의식의 하나로 칼이 지닌 상징적 의미와 동학이 지향하는 후천개벽의 새로운 사상을 구현하기 위해 구체적이고 직접적으로 나서겠다는 일련의 의지[30]를 드러낸 노래이다. 동학의 〈칼노래〉는 수운의 중요한 종교적 체험인, 한울님이라는 신의 계시에 의해, 서양의 침략을 막는다는 종교적 주술 기능과 함께 쓰인 노래이며, 동학의 중요한 종교적 의식에서 불리던 노래라는 것을 알 수 있다. 〈검결〉은『용담유사』의 가사 작품들과 다르게, 종교적 성취감의 극대화를 좀 더 극적으로 표현하고, 시천주의 정신, 나아가 이러한 정신의 고양된 상태를 매우 상징적으로 노래한 작품이다. 나아가 더 능동적인 모습으로 새로운 시대를 열어 가고자 하는 개벽 사상의 또 다른 표현이며, 이러한 개벽 사상은 동학이 지향하는 궁극적인 목표인 보국안민(輔國安民), 광제창생(廣

---

30 윤석산, "동학가사「검결」 연구", 앞의 책, 166쪽.

濟蒼生)을 달성하기 위한 것이요, 동시에 근대적 각성에 근거한 동귀일체(同歸一體)의 세상을 열어 가고자 하는 모습[31]이라 할 수 있다.

『들불』에서 〈검가〉가 나오는 한 장면을 보자.

"시호시호(時乎時乎) 부재래(不在來)라 만세일지장부(萬世一之丈夫)로서 오만년지시(五萬年之時)로다. 용천검(湧天劍) 쳐든 칼을 아니 쓰고 무엇하리 아니 쓰고 무엇하리. 용천검 날쌘 칼은 일월(日月)을 희롱(戲弄)하고 게으른 무신장수(舞神長袖) 우주(宇宙) 안에 덮여 있네. 자고명장(自古名將) 어데 있노, 장부당전무장사(丈夫當前無壯士)라 …." 어쩌고 하는 주문을 곡조에 붙여 읊조리는 것이었다.

- 『들불』, 90쪽

위의 장면은 임여삼의 아버지 임호한이 〈검가〉를 읊조리는 부분이다. 임여삼은 아버지의 주문 소리를 친구 곽무출에게 물어본다. 곽무출이 얘기한 임호한은 동학의 당원이었고 비록 여진 민란이 실패했지만 한 여진 지역의 소지도자로서 평소에 내면화된 〈검가〉를 읊조리는 작은 실천을 보였던 것이다.

이어 또 다른 부분에서 〈검결〉이 나오는 장면을 보자.

"시호(時乎), 시호(時乎), 부재래(不在來)라 만세일지장부(萬世一之丈夫)로서 오만년지시(五萬年之時)로다. 용천검(湧天劍) 드는 칼 아니 쓰고 무엇하리! 용천검(湧天劍) 날랜 검(劍)은 일월(日月)을 희롱하고 게으른 무신장수(舞神

---

31 윤석산, 위의 논문, 182쪽.

長袖) 우주(宇宙)에 덮여 있네! 자고명장(自古名將) 어디 있노 장부당전무장사(丈夫當前無壯士)라 ….”

하늘을 우러르며 십만의 대군이 〈검가(劍歌)〉를 외치는 소리는 오십 리 안팎을 뒤흔들고도 남았다. 그것은 지금까지 참아 온 분노의 포효였다. 의식이 끝나자 최시형 교주와 북접 대표자들은 전봉준을 비롯한 남접(南接)의 두령들과 회의를 가진 뒤 그 밤으로 보은 땅을 향해 떠났다. 전략 회의였다. 전봉준은 비로소 자신을 얻었다. 이제 그전처럼 전라도 일원의 남접만이 고군분투해야 될 상황은 아니었던 것이다. 전국 방방곡곡의 동학도가 일치단결하여 일어나고 있었던 것이다.

- 『들불』, 355쪽

위의 장면에서 십만 대군이 〈검가〉를 읊조리는 것으로 나오는데 개인의 도의 실천과 십만 대군의 응집력 과시에 〈검가〉가 쓰인 부분이다. 여기에서 남접 지도자와 북접 지도자 모두 모여 동학도의 전국적인 일치단결과 힘의 의지인 동귀일체로 〈검가〉를 통해 농민군 전체의 '들불의 의지'가 대표출되었다고 볼 수 있다. 즉 상무 문화 절정의 표출이라 할 수 있다.

III. 나가며

유현종의 『들불』은 동학 관련 소설이지만 동학의 정신이 동학 문화로 편만화된 문화적 지평을 사상 문화, 영혼 문화, 상무(尙武) 문화까지 보여준 소설이다. 동학의 초점을 동학 지도자 수운 최제우, 해월 최시형과 남북접 지도자의 사상 문화, 지식인과 농민군의 개벽 세상과 인내천 종지,

시천주 주문과 궁궁을을 부적의 영혼 문화, 동귀일체로써 〈검가〉의 상무 문화로 조망해 보았다.

첫째, 동학의 사상 문화에서는 1대 수운 최제우와 관련된 문화로 수운의 저술을 통해 강조, 심주화했는데, 작가의 목소리와 소외된 양반 지식인과 동학 지도자에 의해 수운 최제우의 사상이 정확히 인식되어 그 종지가 설파된다. 그것은 만민 평등론, 포덕론, 천도 개창론 등이다. 그들은 정확한 시대 인식 앞에 난세를 개혁할 수 있는 사상적 기반으로 수운의 사상을 원용했다. 그리고 해월 최시형은 당대 민중에게 살아 있는 실존자로 스승의 사상 실천을 현장에서 보여주며, 또 해월과 접한 지식인과 접주들은 그 사상에 동조된 측면에서 언급되어 한울님 주문의 위대함과 인내천 사상에 집중되어 있다. 또한 동학의 남북 지도자의 정치 노선이 역사적 변혁 읽기와 함께 피력되었다.

둘째, 동학의 영혼 문화에서 볼 때, 개벽 세상에 대한 기대에는 절망에 가득 찬 당대 백성의 탈출구로서의 열망이 반영되어 있으며, 민중들과 지식인들의 세상 개혁에 대한 강렬한 바람이 담겨 있다. 인내천 종지와 시천주 주문과 궁궁을을은 생존 방법과 위기의 구원 등으로 누적된 모순에 갇힌 사회에서 그들이 진정 바라는 마음으로 다양하게 접목되어 나온다. 궁궁을을은 부적의 효험과 무효성이라는 이중성을 표출하면서 방패 주문으로 쓰였는데, 특히 이 면은 동학군에게 정신 일체 의식의 일환으로 신군 의식 불어넣기로 나타나나, 제국주의 세력의 신무기 앞에서는 패배되고 마는 이중성을 드러낸다.

셋째, 동학의 상무(尙武) 문화로 볼 때 〈검가〉는 도인들이 정신을 무장하거나, 개벽 세상으로 열릴 미래에 대한 기대 등 단합된 힘을 보여줄 때 불렸다. 즉 동학 도인들의 집단적 모임에 이르기까지 정신의 통일적 주술이나 동귀일체로 쓰였다.

이상과 같이 볼 때, 유현종의 『들불』은 조선 후반기 갑오년인 1894년 즈음 양반의 학정과 부패, 그에 부속된 다양한 관속들의 먹이사슬적 착취 구조 속에 숨 막혀 하며 살아가는 민중들·방외인형 지식인들·약자들인 실존인들이 개벽의 목소리와 만민 평등사상에 강하게 동조하는 면을 드러냈다. 왜냐하면 청년 지식인·동학 지도부·민중들의 탈출구로서 동학의 사상 문화, 동학의 영혼 문화, 동학의 상무 문화에서 주체적 길을 찾을 수 있었기 때문이다. 그런 면에서 『들불』은 동학이 이끌어 온 사상의 생명력, 영혼의 생명력, 상무(尙武)의 생명력이 흔들리는 조선 강토에 그나마 주인의식인 주체성과 존귀성이라는 영혼 양식을 잘 표명했다고 볼 수 있다. 즉 동학의 정신인 영혼 양식이 '한울사람'으로서 지도자에서 민초까지 그 생명성을 도도하게 표출시킨 주체적 생명의 역동성을 드러낸 데 큰 의의가 있다. 이는 동학이 동양 정신의 사유로서 한국적 풍토에서 동학적 개벽 세상, 인내천 종지의 의미 맥락을 21세기까지도 새로운 비전 철학으로 제시할 수 있는 철학적 배경이 될 수 있다. 소설 『들불』은 종교적인 측면에서 보아도 도도한 대생명력의 역동적 의지를 민족 주체적인 측면에서 펼친 삶의 현장 마당이란 점에 큰 의의가 있다.

3장 박태원의 『갑오농민전쟁』 연구*

* 졸고, "박태원의 『갑오농민전쟁』 연구", 『동학학보』 제6호, 동학학회, 2003. 12, 435-469쪽에 수록되었다.

Ⅰ. 들어가며

문학의 제재로 선택된 동학은 동학혁명이 주요 내용이다. 해방 이후 한국문학사에서 동학은 갑오동학혁명이 지닌 역사성 때문에 강조되어 왔다. 이는 어떤 면에서 남북한 문학계에서 공통되는 현상이다.

박태원(1909-1986)은 1930년대 후반기 세태 소설에서 구인회 활동과 새로운 기법을 소설 창작에 수용하다가 1950년 북한으로 월북해서, 1960년 작가로 복귀하여, 1963-1964년 '혁명적 대창작 그루빠'의 통제 아래 역사소설 『계명산천은 밝아오느냐』를 집필하였다. 이 작품에 '갑오농민전쟁' 전편이란 부제를 붙여 동학혁명 전후의 시대상을 폭넓게 형상화하려는 의욕을 보이다가, 1부는 1977년에, 2부는 1980년에, 3부는 건강이 악화되어 그를 대신하여 그의 부인 권영희가 완결하여 1986년에 출간[1]되었다.

본고에서는 박태원의 『갑오농민전쟁』(1977-1986)을 동학의 정신사 측면에서 다루고자 한다. 지금까지 박태원의 『갑오농민전쟁』에 대한 논의는 김승종·정현숙·서덕순·채길순에 의해 비교 연구, 인물 중심의 연구, 세계 인식과 창작 기법의 연구, 다각도의 견해로 나누어 볼 수 있다.

먼저 김승종은 「『녹두장군』과『갑오농민전쟁』의 비교 연구」를 통해 역

---

[1] 채길순, 「동학혁명의 소설화 과정 연구」, 청주대 박사논문, 1999. 8, 163-164쪽 참조.

사적 사실의 채용과 그 해석의 문제, 인물 형상화의 원리와 풍속 및 세태 묘사, 서술 양식상의 차이를 비교하였다. 특히 그는 『갑오농민전쟁』에 대해 동학농민전쟁이 지니는 역사적 성격을 규명하는 데 실패했고, 작가의 계급 사상이나 주체사상을 드러내기 위한 수단으로 이용되었다[2]고 보았다.

또한 정현숙은 「『갑오농민전쟁』론」에서 역사의식과 인물을 중심으로 문학적 의미를 중심으로 논의했다. 이 논문에서 변혁 주체와 문학적 진실, 반민중적 인물과 민중적인 인물로 양분시켜 계급투쟁의 사회주의 이데올로기를 잘 반영했으며, 근대화의 문턱에 서 있는 다양한 인물들의 다양한 변동기의 생활 양태도 반봉건과 척왜척양이라는 농민 전쟁의 목표에만 주효하도록 묘사되었다[3]고 보았다.

이어 서덕순은 「박태원의 『갑오농민전쟁』 연구」에서 인물 성격론, 주동 인물과 반동 인물, 보조 인물, 구성의 분석을 장의 분절과 공간의 이동, 이질적 양식의 삽입, 역사와 허구의 교합, 담론 체계로 내적 대화성과 작가의 개입의 의미로 북한 문학과 남한 문학의 연계 가능성을 제시했고, 사회주의 리얼리즘을 떠나서라도 미학적으로 평가 가능한 부분이 존재하기에 남북한 문학 미학의 공통분모를 추출하는 소중한 단초를 제공해 준다[4]고 보았다.

채길순은 「동학혁명의 소설화 과정 연구」에서 구조적 특성과 인물, 역

---

2   김승종, 앞의 논문.
3   정현숙, 「『갑오농민전쟁』론」, 『현대소설연구』 제2호, 1995. 6.
4   서덕순, 「박태원의 『갑오농민전쟁』 연구」-세계 인식과 창작 기법으로 중심으로, 경희대 박사논문, 1996. 8, 251쪽.

사의식, 동학사상⁵을 중심으로 서술했다. 특히 채길순은 동학혁명을 소재로 한 역사 소설의 전개 과정에서 민족 의식의 각성기에 등장한 소설인 안도섭의 『녹두』, 문순태의 『타오르는 강』, 박태원의 『갑오농민전쟁』을 함께 다루고 있다.

> 박태원의 『갑오농민전쟁』에서 첫째, 소설의 구조에 대해, 1) 국왕과 왕비, 그의 척족으로부터 아래로는 수령과 양반 지주에 이르는 지배 세력의 수탈적 행위 2) 이들에 의해 억압과 수탈을 당하면서 지배 세력에 맞서 농민 봉기를 수행하며 나아가는 민중 세력 3) 그 시대의 특징으로 청·일을 비롯하여 미·영·러시아 등 열강 제국들의 교활한 외교술에 의한 정치 경제적 침략 등을 지적하고 있다. 둘째, 인물에 대해서는 선악의 구별이 뚜렷하며, 사회주의 리얼리즘의 전형적 인물과 반동에 놓이는 인물의 구별이 뚜렷하여 종교적인 인물에 대한 비중이 약화되거나 가능한한 등장하지 않는다. 사회주의 행동이나 사고라는 큰 틀에서 벗어나지 않는 사회주의적 전형적 인물이라고 보았다. 셋째, 역사의식은 철저한 민족주의의 소설에서 허구적 인물을 통하여 내부의 모순 및 외세에 대한 항쟁을 겪도록 함으로써 일정 부분 허구화 또는 왜곡의 과정을 거친다고 보았다. 넷째, 동학사상은 동학 및 천도교의 교리가 사회주의 체제에 걸러져 주체적 관념적으로 추상화되었고, 충의계 일심계, 활빈당과 같은 허구적 인물들이 활약하는 조직의 역할을 강하게 나타난다고 보았다. 또한 칼노래는 사회주의 혁명사상의 전형으로 제시, 동학 사상이 사회주의적 교시로 응용된 셈이라 보았다.

---

5   채길순, 「동학혁명의 소설화 과정 연구」, 앞의 논문, 162-173쪽.

기존의 『갑오농민전쟁』 관련 논문에서는 계급투쟁 일변도, 역사의식과 인물의 문학적 의미, 남북한 문학적 미학의 추출, 동학의 관념적 추상화 등의 연구가 진행되었다.

　이 글에서는 박태원의 소설 『갑오농민전쟁』에 반영된 동학과 관련된 정신사 측면을 살펴보고자 한다. 특히 동학의 종교적 지도자와 실천적 지도자들을 통하여 동학의 정신이 어떻게 구현되고 있는가를 살펴보겠다. 그 결과 동학이라는 거대한 정신사가 북한에서 출간된 소설에서는 구체적으로 어떻게 표출되었는가를 살펴볼 수 있는 계기가 될 것이다.

　박태원의 『갑오농민전쟁』이 평양 문예출판사(1985)에서 출판되었기에, 다시 남쪽에서 출판된 깊은샘 본(1989)을 분석 텍스트로 삼는다.

II. 『갑오농민전쟁』에 수용된 동학의 정신사

　박태원의 『갑오농민전쟁』은 총 4부 8권(1부 3권, 2부 2권, 3부 2권, 4부 1권)으로 이루어진 대하장편소설이다. 1부 『계명산천은 밝아오느냐』(1-3)와 2부 『칼노래』(1-2), 3부 『타오르는 불꽃』(1-2), 4부 『새야새야 파랑새야』로, 1부와 2~4부 사이에는 30년의 시간적 격차가 있다. 1부에서는 1860년대를 시간적 주축으로 농민들이 탐관오리들에 의해 심한 고통을 받고 있고, 그러한 학정에 신음하던 전라도 익산 지방에서 민란이 일어나고, 그 주동자는 모두 효수된다. 아버지 전창혁과 같이 효수 현장에 있던 어린 전봉준의 이야기라든가, 익산 민란의 주동자인 오덕순의 아들 오수동이 관군을 피해 다니면서 연명을 하는 이야기가 주로 전개된다. 2~4부에서는 30년이 지나 1890년대에 이르지만, 조선의 상황은 제국주의 열강들의 주구의 현장이 되어 있고, 지방 관리들의 탐학의 강도는 더욱 심해진 상황이 극치에 치닫고 있다. 그러한 현실에 대해 이미 전봉준은 남접의 핵심 지도자들과 더불어 제국주의 세력에 대항함과 아울러 탐관오리들에 저항하는 수많은 농민들을 규합해 봉기하고, 전주성을 함락하는 등 승리를 거둔다. 그 후 충청도 공주 지역에서 남북접이 총봉기하지만 관군과 연합한 일본군의 근대적 신무기 앞에 패배하고 동학군들은 해산하게 된다. 전봉준은 다시 훗날을 기약하지만 수하 집장의 밀고로 체포되어, 결국 역사 앞에 제물이 되어 사라지고, 다시 농민군 후손들은 훗날을 기약하는 것으로 대미를 장식한다.

이러한 대하장편소설에서 필자는 동학의 정신사에 초점을 맞추려 하며, 특히 종교적인 지도자인 동학의 창시자 최제우와 그의 후계자 최시형에 초점을 맞추어 분석하고자 한다. 아울러 동학의 실천적 지도자인 전봉준을 중심으로 동학의 두령들을 묶어 살펴보고, 중도파 오지영의 입장을 규명하고자 한다. 하지만 전라도 지역의 농민군 일가 3대(익산 민란의 주동자 오덕순-일심계의 두령 오수동-전봉준 휘하의 농민군 총검대장 오상민)는 두드러진 활동을 펼친 주요 인물이지만 동학과는 거리가 있기에 다루지 않기로 한다.

본고에서는 종교적 지도자의 사회사상과 실천적 지도자들의 사회 개혁 운동으로 대별하여 다루고자 한다.

1. 종교적 지도자들의 사회사상

먼저 박태원의 『갑오농민전쟁』에서 종교적으로 연결된 인물은 동학을 개창한 1대 수운 최제우, 도를 전수받은 2대 해월 최시형이다. 이들과 관련된 의식을 살펴보기로 하자.

1) 수운 최제우(1824-1864)의 광제창생과 포덕천하 사상

동학의 사상은 인간주의 사상, 사회사상, 정치사상, 교육 사상, 미래 종교상, 도덕적 성격 문제, 민족 사상 등 다양한 맥락에서 접근할 수 있다. 박태원은 소설『갑오농민전쟁』에서 최제우의 사상 중 사회적 측면의 사상을 두드러지게 쟁점으로 삼았다.

동학의 1대 교조 수운 최제우는 동학의 사회사상 중 광제창생과 포덕천하와 관련지어 생각해 볼 수 있다. 당시 정치·사회·종교·사상적으로 극도의 혼란과 어려움에 처해 있어서 수운은 이에 대해 뼈저린 책임 의식을 느껴 광제창생(廣濟蒼生)의 욕구가 불타올랐다. 이런 어려움을 해결하기 위해 상제의 권능과 힘이 필요했고, 그 힘을 얻기 위해 그는 수많은 고행과 기도의 구도 생활 끝에 도를 이루었다.[6] 이러한 수운의 의식과 관련지어 볼 때 동학의 사상은 민족주의 색채가 강하다. 그러한 민족주의적 요소는 제국주의를 추구한 서구 및 일본의 세력이 어느 때보다 직접적인 위협으로 등장한 근세기에 와서 민족주의적 맥락을 더욱 강화 유지시켜 나갈 수 있는 계기가 되었다. 그런 맥락은 수운이 지은 경전『동경대전』과『용담유사』의 도처에서 척왜척양의 기본 정신[7]과 일맥상통하게 나타난다.

먼저 박태원의 소설『갑오농민전쟁』(총 8권) 중 1부인『계명산천은 밝아오느냐』를 보자. 이 부분에서는 시간적 배경이 1860년대인데, 주막집을 운

---

6 柳炳德 편저, 앞의 책, 441쪽.
7 노태구, "동학의 정치사상"-세계사적 의의를 중심으로-, 申一澈 외,『東學思想과 東學革命』, 청아출판사, 1984, 176-177쪽.

영하면서 훈장을 하는 박 첨지가 삼짇날 모인 농군들에게 얘기하는 대목에서 최제우가 간접적으로 나온다.

> 최 씨가 이에 크게 느낀 바 있어 재래의 유·불·선 삼교(儒佛仙三敎)에서 각각 부족한 점은 버리고 나은 점은 취해서 가장 원만한 '새 교'를 창시해 놓으니 이것이 바로 동학이라고 하면서 이필제는,
> "동학이 내세우는 것은 '광제창생 포덕천하(廣濟蒼生 布德天下)'의 여덟 자요. 자아 보십시다. 지금 창생은 병이 들었지? 천하에는 도(道)가 없어진 지 오래지? 그러니 달리 무슨 도리가 있소? 병든 사람은 고쳐 주어야 하겠고, 길 잃은 사람은 바로 인도해 주어야만 안 하겠소? 동학은 사람에게 윤리(倫理)와 기강(紀綱)을 옳게 지키며 성심으로 하느님을 공경하라고 가르치고 있소. 그럼 하느님이란 무엇이냐? 천주학에서도 하느님 하느님이지만 그 하느님은 허공에 따루 있어. 전지전능은 그런 게 아니고 우리 사람들이 가지고 있는 영지영각(靈智靈覺)을 말하는 것이오. 그러기에 그 어른은 인내천(人乃天)이라 - 사람이 곧 하느님이라고까지 말씀하고 계신 것이 아니겠소?…" 하고 열변을 토했었다.
> - 박태원, 『갑오농민전쟁』 1, 58쪽

위의 대목과 관련지어 보면 광주 너더리 지역에서 사는 박 첨지는 이필제에게 동학 이야기를 들었음을 알 수 있다. 그가 들은 내용은 1860년경 동학을 창시한 경주 사람 최제우는 재래의 유불선 삼교에서 부족한 점을 버리고 나은 점만 취해 새 교를 창시했으며, 동학이 내세운 것이 포덕천하와 광제창생, 천하를 건지고 백성을 편안하게 한다는 점이다. 즉 예전에 들은 내용을 박 첨지는 최제우 관련하여 동학의 창시, 광제창생과 포덕천

하, 윤리와 기강, 인내천 등 동학 창도자 관련 사상에 대해 삼짇날 자신의 주막에 모인 농군들에게 다시 이야기하게 된다.

박 첨지가 드러내는 최제우 관련 다른 측면을 살펴보자.

> 내사 무얼 아능기요? 그저 남들이 요새 동학이락 하는 거 생겼는데 그걸 믿으면 십 년 고질도 낫는닥 하기에 불원천리하고 경주까지 안 갔능기오? 그래 최 선생이락 하는 이를 만났더니만도 무슨 부작이락 하는 걸 한 장 줍디더. 그 선생이 말하기로 그걸 불에 태와 그 재로 물에 타서 묵고, 또 '시천주 조화정 영세불망 만사지'인 둥 무언 둥 주야 앉아 외우락 합디더. 그래 내사 집에 와서 종이도 태와 묵고 꼬닥 세 이레 동안 시천준 둥 신첨진 둥 안 외웠능기요? 백주에 낫지도 안능 거로 잠도 몬 자고 안 외웠능기요? 헤헤 참 기가 차서 … 그래 십 년 두고 짜드라 약을 써도 몬 곤쳐 온 병을 '신첨지 조 한 섬 영 떼묵고 만다지' 하며 천만 번 외운다고 낫을 게 뭐잉기요? 쪽은 내가 어리석지르 ….
>
> - 『갑오농민전쟁』 1, 59-60쪽

위의 장면처럼 이필제가 최제우와 만난 과거의 예화에서 동학의 신비성의 효험이 발생했다고 전하지만, 박 첨지는 광제창생과 포덕천하의 표방이 동학의 정도이지, 주문과 선약은 정도가 아니라고 부인한다. 또한 박 첨지는 자신의 주막에 묵은 풍기 사람이 최 선생을 만나 부적을 받고 주문을 외웠으나 고치는 병도 있고 못 고치는 병도 있으니 동학을 믿으면 병이 낫는다는 말은 허무맹랑한 수작이라 했던 말을 상기하며 전한다. 그러면서 그는 농군 천 서방에게 동학이든 서학이든 다 허무맹랑하니 믿지 말라 한다.

이와 같이 『갑오농민전쟁』에서 박태원은 동학의 신비적인 요소인 주문과 영부 등 종교적 측면에 대해서는 매우 부정적인 입장으로 피력했고 박 첨지라는 인물의 설정 역시 그 연장선에 있다고 생각한다. 동학의 종교성에 대해 허무맹랑한 현실이라고 말하는 대목은 이 작품이 사회주의 국가인 북한에서 출간되다 보니 박태원이 동학의 종교성에 대해서 매우 부정적인 입장으로 피력했을 것이라고 짐작해 볼 수 있다.

또한 최제우가 간접적으로 등장하는 대목은 지방에 포교하려는 그의 행로를 미리 알고 관헌이 체포하려 한 계획과 관련지어 나타난다.

"저어 영남서 도학이 높으신 선생님 한 분이 제자 몇 분을 데리구 그간 선산(善山)·상주(尙州)·문경을 차례루 들러 충주까지 오셨다는데, 내친 걸음에 천안엘 들러 가시기루 되어서, 그 어른 뫼시구 말씀을 듣겠다구 여럿이 모이기루 되었다나요? 그래 그날은 회양산 대장만이 아니라 노루개와 가문이고개 괴수들까지 다 천안으루 나오기루 되었다는구먼입쇼."

옳지 알겠다. 영남서 온 도학 높은 수학 선생이란 곧 동학의 창시자 최제우를 말하는 것일 게다. 노루개 괴수 노방숙이나 가문이고개 괴수 전양길이나 또는 천안 삼거리 주막 주인 이만길이나 모두 회양산 있을 때에 이필제와 함께 우연히 경주 최 씨를 만나서 그의 감화를 받고 동학을 신봉하기 시작한 사람들이다. 최 씨가 제자들을 데리고 이번에 나서기는 포교(布敎)하기 위함일 터인데, 천안에는 교도들이 있으니까 아주 다녀가기로 한 모양이다.

- 『갑오농민전쟁』 1, 87쪽

위의 장면에서는 박 첨지의 행동책에게 천안에서의 포교 계획과 관련하여 최제우가 간접적으로 표출된다. 천안에서 최제우가 희양산 대장 이필제 등과 만나기로 했고, 기찰이 그곳으로 가는 것을 미리 알려 주면서 최제우의 노정이 드러난다. 노루개 괴수, 가문이 고개 괴수, 이필제 등이 우연히 경주 최 씨를 만나 감화받고 동학을 신봉하게 된 것[8]이라는 사연이다. 즉 이번에 최 씨가 포교차 천안 교도들이 모인 곳에 다녀가는 사실을 미리 연통하여 최제우의 체포를 미연에 방지하려는 상황에서 최제우가 간접적으로 언급된다.

다음 장면은 보은 집회를 위해 동학도 몇 만이 모여 주문을 외우고 교조 신원 운동을 준비하는 즈음에 5권 『칼노래』에서 작가의 서술적 목소리로 최제우와 관련되어 언급된다.

> 일찍이 경주 사람 최제우가 하루아침 하느님의 계시를 받았다면서 유교·불교·도교를 합친 새로운 종교를 창시하였다. 이것이 이른바 동학이란 것이다. 동학이 주장하는 바는 간단해서 하늘을 우러르고 하늘에 순종하며 주문을 외우면서 부적을 쓰면 무슨 병이고 다 고칠 수 있다는 것이다.
>
> 최제우는 이것으로 만백성을 구원하고 덕을 천하에 펴겠다고 나섰다. 이것이 죄로 인정되어 그는 대구 감영에 잡혀 1864년 마침내 처형당했다. 그리고 그와 함께 동학은 나라에서 금하는 바 되고 만 것이다.

8 "전하는 말에 의하면 수운 선생이 득도하기 이전 사방에 주유할 때 문경 조령 산중에서 대적의 무리를 만난 일이 있었는데 그 때 그 적도들은 수운 선생의 인격을 흠모하여 서로 맹약을 둔 일이 있었다고 하며 그 후 그 적도들은 비밀히 경주에 와서 수운 선생께 도를 받고 돌아간 일이 있었다고 하는데 그 적괴가 곧 이필(이필제)이라고 하는 것이다." 吳知泳, 『東學史』, 李章熙 교주, 박영사, 1974, 66쪽을 참조하여 박태원은 소설에서 오지영 글의 대목을 차용해서 피력하고 있다.

그러나 동학은 없어지지 않고 도리어 그 수는 늘어만 갔다. 최제우의 제자 최시형이 '최보따리'라는 별명을 들어 가며 각지로 돌아다니면서 비밀히 동학을 퍼뜨려 놓았기 때문이다. (중략)

어떻게 하면 이 화를 면할 수 있을까? 달리는 도리가 없었다. 이리하여 지난해 12월 삼례역말에 모인 수천 명의 도인들은 전주 감영으로 몰려가서 전라 감사에게 최제우의 원통함을 풀어 주며 각 읍에서 도인들을 침해하지 못하게 해 달라고 탄원하였다.

- 『갑오농민전쟁』 5, 16-17쪽

위의 장면과 같이 최제우는 새로운 종교 동학을 창시했고, 포덕천하와 광제창생을 부르짖다가 대구 감영에서 1864년 처형되었고, 그 후 동학은 금지되었고, 제자 최시형에 의해 각지에 동학이 퍼져 나가고 있다고 나온다. 삼례 집회에서는 최제우의 신원 운동을 벌이는 대목에서, 동학 교도들에게 이 운동이 얼마나 중요한가와 관련하여 교조 최제우가 언급된다.

이상과 같이 볼 때 『갑오농민전쟁』에서 동학의 교조 수운 최제우는 훈장, 괴수, 농민, 작가의 서술적 목소리에 의해 간접적으로 표출된다. 이를 통해 최제우는 동학을 창시했고, 광제창생과 포덕천하를 주창한 자로 등장하고, 지방에 포교하는 대목, 주문·부적과 관련된 대목, 수운이 1864년 대구 장대에서 처형당했던 대목, 동학도들의 교조 신원 운동과 관련되는 대목 등 간접적으로 역사적 사실에 근거한 부분이 주종을 이룬다.

반면 수운과 관련하여 종교적 신비와 관련된 영부와 주문에 대해서는 매우 부정적으로 나온다. 즉 월북 작가 박태원이 그린 수운 최제우 관련 의식을 중심으로 살펴본 결과, 동학의 종교적 측면보다는 사회주의 국가 북한에서 작품이 출간되었다는 한계성 때문에 종교성을 배제하고 사회사상과 민족의식 측면을 강조했다고 볼 수 있다.

2) 해월 최시형(1827-1898)의 교조 신원 운동의 제창

동학의 2세 교주 해월 최시형(1827-1898)은 수운의 뜻을 이어, 지명 수배된 몸으로 평생을 숨어서 지하에서 동학을 포교하다가 체포되어 1898년 교수형에 처해졌다. 또한 해월은 1892년 전라도 삼례에서 수천의 동학 신도들이 모여 교조 신원 운동을 전개하자, 교조의 억울한 죄명을 씻어 달라는 내용의 청원서를 올린다.[9] 해월이 전개한 신원 운동(伸寃運動)이란 교조 최수운이 당시 혼란한 인심을 쇄신·통일하여 안으로 소위 태평성세를 만들고 밖으로 서교에 대항하려는 순결 무하(純潔無瑕)한 태도로 창건하였음에도 불구하고, 도리어 천주라는 두 글자로 오해를 받아 서교의 모방이라는 판단 아래 사형에 처해진 것은 교도의 궁천극지(窮天極地)에 분한 일이며 선사의 눈이 지하에서 감기지 못할 일이라 하여 그 죄안(罪案)을 씻고자 한 운동이다.[10]

박태원의 소설 『갑오농민전쟁』에서 동학의 2대 교주 해월 최시형은 금령 해제와 교조 신원 운동과 관련하여 간접적으로 그려졌고 농민 봉기를 앞두고 남북접 회의와 관련하여 직접적으로 그려졌다. 그와 관련된 일화로 '최보따리'라는 별명으로 최제우의 도를 각지로 퍼뜨려 놓은 공로라든지 노끈을 꼬고 있는 모습으로 간략히 소개되어 있다.

먼저 최시형이 1890년대 남북접 봉기를 앞두고 있는 상황이다. 충북 보은 장내리에 몇 만의 교인들이 모여 있고, 해월 역시 척왜척양의 깃발 아

---

9 柳炳德, 앞의 책, 442-443쪽.
10 金庠基, 『東學과 東學亂』, 한국일보사, 1975, 84쪽.

래 법헌의 자리에 있을 때, 최시형이 전봉준과 함께 나오는 대목을 보자.

> 전봉준의 심원한 말에 최시형도 생각에 잠기지 않을 수 없었다. 한낱 접주의 말로서는 너무나 뜻이 깊고 나라와 겨레에 대한 사랑이 담긴 큰 이야기였다. 그러나 최시형은 그의 주장을 받아들일 수는 없었다. 그것은 일본의 비위를 건드리기를 두려워하고 양놈들을 벗으로 인정하고 있는 왕과 민비의 노여움을 살 것이기 때문이다. 이것은 원래 최시형이 바라는 바가 아니었다. 그렇다고 전봉준의 말을 섣불리 물리쳤다가는 법헌의 체면을 깎을 수도 있었다. 그래 그는 손병희를 비롯한 북접의 몇몇 대두령들을 앞에 내세워 전봉준의 주장을 꺾어 보도록 하였으나 전봉준은 한 발자국도 뒤로 물러서려고 하지 않았다. 오히려 그의 주장을 찬성하는 사람들이 늘어만 갔다. 최시형은 전봉준의 의견을 받아들이지 않을 수 없었다.
> 이리하여 통문은 곧 돌려지고 마침내 경기, 충청, 전라, 경상, 강원 다섯 개 도 수백 고을의 수만 명 동학 교도들이 '척왜척양'의 기를 높이 들고 이곳 보은 장내리에 모이게 된 것이다.
> - 『갑오농민전쟁』 5, 25쪽

위의 장면과 같이 최시형은 전봉준과 대치된 상황에서 깊은 고뇌를 드러내며 북접의 대두령인 손병희, 손천민 등과 동학도들의 큰 모임을 의논하면서 전봉준의 뜻을 수용하게 된다. 처음에는 전봉준이 강하게 피력한 왜놈과 양놈을 우리 강토에서 몰아내야 한다는 의견에 반대한다. 그러나 최시형은 자신의 교조 신원 운동과 금령 해제에 대립된 전봉준의 척왜척양론과 결코 후퇴할 수 없다는 그의 의견을 결국 수용하게 된다.

다음 장면은 황토현 전투에 대한 해월의 입장이 표명되는 대목이다. 농민군이 황토현에서 관군과 싸워 이긴 사건은 탐학 무도한 양반 토호에게 시달린 충청도 농민에게 충격을 주었다. 충청도 농민 역시 회덕현과 진잠현에 진격해 가고, 이때 충청 감사는 양호 초토사에게 원병을 요청한다. 척왜척양과 보국안민의 제창을 옳게 여긴 농민 도인들이 많이 참가했고, 이러한 사태에 당황한 동학의 제2세 교주 최시형은 농민 도인들의 봉기에 당황하여 도인들을 설복시키는 글을 각 포에 전달하면서 도를 닦으라고 하는 내용을 아래 장면에서 볼 수 있다.

> 이보다 앞서 전국의 동학 교도들이 호남의 동학농민군의 재기에 호응하여 무장봉기의 기미를 보이게 되자 북접에 속하는 교주 최시형은 통유문과 11개 조목에 달하는 근신조목이라는 것을 만들어 전국 교도들에게 보내어 무장봉기를 무마하려 했다.
> 정부가 타협적으로 나오자 이렇듯 교주 최시형과 북접의 상층 간부들은 또 봉기하려는 교도들을 무마하기에 힘썼다.
> 삼례 회의가 있은 다음에도 최시형은 다시 통유문을 돌려서 각 포 두령들은 남접에 호응하는 교도들을 철저히 단속하라고 당부하였다.
> 북접 상층 간부들의 이러한 태도에 격분한 호남의 남접과 북접의 관계는 악화되었다. 이때 중도파 중의 몇몇 두령들 중에서 이것을 조화해야 하지 않겠느냐는 공론이 일어나게 되었다.
> 그리하여 두령 중의 하나인 오지영이 이 조화를 부탁받고 동학 내부의 위기를 해소하기 위하여 그때 삼례에 와서 유진하고 있는 전봉준을 찾았다.
> - 『갑오농민전쟁』 8, 153쪽

위의 장면과 같이 온건주의를 표방한 북접에 속한 최시형은 통유문과

11개 조목에 달하는 근신조목을 전국 교도에게 보내어 무장봉기를 무마하려 했다. 즉, 교주 최시형과 북접 상층 간부들이 정부가 타협적으로 나왔으니 봉기하려는 교도를 무마하려 힘썼으나 북접 상층과 남접의 관계는 악화 일로를 달리게 된다. 결국 중도파 두령 오지영이 조화하려고 나서서 일은 마무리된다.

이상과 같이 볼 때 박태원은 『갑오농민전쟁』에서 동학 지도자 해월 최시형을 금령 해제와 교조 신원 운동의 전개자로 또는 본연의 도인 역할을 강조하는 자로 그렸다. 그러나 전봉준과 대치된 상황인 농민 봉기를 앞두고 남북접 회의에서의 태도는 미온적 지도자로 그려냈다. 특히 전봉준의 능동적 실천적 개혁 운동에 대립하여 나약한 지도성을 가진 종교 지도자로 표출한 것이다. 그러나 최시형의 교조 신원 운동 역시 동학의 사회사상이다. 다만 전봉준의 사회사상이 당대 농민의 첨예한 실존 현실에 초점이 맞추어져 있다면, 최시형의 사회사상은 교조의 사회적 복권에 초점이 맞추어져 입장이 서로 다르게 나타났다고 볼 수 있다. 북한에서 나온 작품이기에 최시형의 종교 사회 사상은 당대의 첨예한 현실을 바라보는 사회사상에 대해 온건한 태도를 취한 것으로 평가해 부정적으로 나타나 있다.

2. 실천적 지도자들의 사회 개혁 운동

박태원은 종교적 지도자 수운과 해월의 사회사상에 이어 전봉준과 오지영의 사회 개혁 운동을 드러냈다. 박태원은 『갑오농민전쟁』에서 전봉준을 가장 비중 있게 그려냈다. 특히 전봉준은 실천적 지도자로서 압제에 시달리고 있는 농민의 현실 입장에서 사회 개혁 운동으로 이끄는 인물로 그려 냈다. 이어 오지영은 중도파 지도자로 그려냈다. 두 인물을 중심으로 살펴보자.

1) 전봉준의 실천적 전개와 세계 인식

전봉준(1855-1895)은 갑오농민전쟁과 떼어 놓고 생각할 수 없을 정도로 그는 농민 전쟁의 불꽃을 위해 살았고, 또 그 속에서 살다 갔다. 그가 떠나자 농민 전쟁의 불꽃도 사라졌다. 즉, 갑오농민전쟁과 하나가 된 인물[11]이라고 볼 수 있다. 농민 전쟁을 이론적, 전략적으로 추진한 전봉준은 일정한 한계를 지니고 있으면서도 주체적인 사회 개혁을 지향하는 반봉건적 평등사상과 봉건적 구조를 부정하고 민주적인 통일국가 형성을 추구하는 자주독립의 민족 사상을 지닌 혁명적 사상가였으며, 그의 사상의 근저에 민중의 안녕이 있었고, 그것을 쟁취하기 위하여 민중의 혁명적 에너지에 의거한 점에서 민중 속에서 태어나고 길러진 사회 개혁 운동가라 할 수 있다.[12] 전봉준은 34세 되던 해(1888)에 동학에 입도하여, 그 두목들과 교의를 두터이 하면서 법헌 최해월 선생의 시천주 신앙과 사인여천을 배웠다. 동시에 동학의 비폭력 운동으로 백성들의 힘을 키워 가는 실상도 체득해 갔다. 전봉준은 고부 등지를 중심으로 한 인접 군읍의 난민들을 예의 주시하고 또 체험해 갔던 것이다.[13]

박태원의 소설 『갑오농민전쟁』에서 전봉준은 종교적 측면보다는 사회 개혁을 추진하는 실천적 지도자로 비중 있게 다루어지고 동학의 접주로서

---

11 우윤, 『갑오 농민 전쟁 최고 지도자 : 전봉준』, 하늘아래, 2003, 187쪽.
12 橫川正夫, "전봉준에 대한 고찰", 노태구 엮음, 『동학혁명의 연구』, 백산서당, 1982, 147-148쪽.
13 李光淳, "甲午東學革命의 精神史的 意味", 申一澈 외, 『東學思想과 東學革命』, 청아출판사, 1984, 304쪽.

동학과 관련된 인물로 나온다. 동학 접주 이전인 유년기의 전봉준은 형장에서 익산 민란 효수자의 눈빛을 통해 분노와 원한의 빛, 영원히 꺼질 법이 없는 불길이 타오르는 것을 보며 농민과 동일시하고, 또 과거 시험을 거부하는 의식의 소유자로 피력된다. 이 논문에서는 동학 접주 이후인 성인기의 전봉준에 초점을 맞춰 분석하고자 한다.

성인기의 전봉준은 최제우의 보국안민과 광제창생을 가장 구체적이며 능동적으로 당대 현실에 구현하는 실천적 지도자인 사회 개혁 운동가로 그려지고 있기에 네 측면으로 나누어 살펴보고자 한다.

첫째, 동학 접주 이후로 같은 지식인에게 시야를 넓혀 주려 하는 교육자로서 전봉준, 둘째, 당대 조선의 정세를 통찰해 내어 실천적 의지를 표명한 반제국주의 항거자로서 전봉준, 셋째, 전라도 지역 농민군과 연합된 노선의 힘을 도출한 보국안민과 척왜척양의 실천자로서 전봉준, 넷째, 역사적 대세 앞에 패배하는 한 조선인으로서 조선을 침탈하는 외세를 읽는 국제 정세 인식론자로서 전봉준 등으로 나누어 볼 수 있겠다.

(1) 교육자로서 전봉준

먼저 소설 『갑오농민전쟁』에서 전봉준의 지식인으로서의 모습을 살펴보자. 소설 제4권인 『칼노래』에서는 전봉준의 유년기에서 30년이 지난 1890년 무렵이 그려지는데 여기에서 전 선생이란 호칭으로 불린다.

교육자로서 전봉준이 나오는 대목은 이 진사의 서자인 상무에 의해서 표출되는 상황에서 찾아볼 수 있다. 이상무는 글을 공부하는 중에 책을 구하고, 가르침을 얻기 위해 전 선생을 찾아가는데 이미 전봉준은 전주 구미리에서 고부 양교리에 이사 와 살며 외면적으로는 서당에서 글을 가르치고 있고, 실상은 큰 뜻을 품고 살아가고 있다. 그래서 고부뿐만 아니라 전라도 원근 지역에서 사람들이 그의 가르침을 받으러 온다. 관련된 대목을 보기로 하자.

> 그것은 '의청소통서얼소'—첩의 자손을 차별 없이 등용하소서 하고 연암이 임금에게 제의해 보려고 올리지 않고 만 상소문이었다.
> 아니, 그럼 첩의 자손들에게는 벼슬길도 막혀져 있단 말인가? 그리로만 나가면 어머니와 자기가 이 굴욕스러운 처지에서 영영 벗어날 수 있으리라 굳게 믿었던 그 길은 이제 알고 보니 자기에게는 처음부터 막혀져 있었던 것이다. (중략)
> "앞으로 어떻게 살아야 할 것이냐? 그것을 알려면 먼저 세상을 바로 보는 눈부터 마련해야 하겠지 …."
> 하고 전 선생은 그때 그에게 일러 주었다.
> - 『갑오농민전쟁』 4, 218-219쪽

위의 장면은 책을 빌리러 간 상무에게 『연암선생문집』을 빌려주면서 가르쳐 주는 대목이다. 상무는 이 문집에서 연암의 '의청소통서얼소'라는 글을 통해 첩의 자손도 차별 없이 등용되게 해 달라는 내용의 올리지 못한 상소문을 접하면서, 자신의 과거길이 막힌 것을 알고 울분을 느낀다. 이때 전봉준으로부터 세상을 바로잡는 눈을 길러야 한다고 배우게 된다.

상무는 가난한 선비인 촌 훈장을 접하며 보국안민을 실현하기 위해 동학도들의 접주로서 지내는 전 선생의 가르침을 받게 되지만, 3년 전 전 선생을 뵙고 아직도 실행하지 못한 자신의 우유부단함을 깨닫는다. 그러나 인식의 전환이 이루어진 후에 상무란 인물은 뛰어난 전략가로 전봉준의 뜻에 동참하며 농민 봉기에 큰 기여를 하다 비극적 최후를 마친다.

이상에서 전봉준의 교육자로서의 정체성을 볼 수 있다. 고뇌하는 지식인 상무에게 실천하는 지식인으로 한 걸음 떨쳐 나갈 수 있도록 중요한 정신적 스승이 된 이가 바로 전봉준이다. 이 모습은 교육자로서의 전봉준을 볼 수 있는 측면으로 동학의 정신과 관련되기보다는 전봉준의 원래 신분의 역할에 어울리는 대목이라 볼 수 있다.

(2) 반제국주의 항거자로서 전봉준

다음으로 반제국주의 항거자로서의 전봉준을 볼 수 있다. 전봉준은 조선이 제국주의 열강의 주구의 현장이 되어 있는 현실에서 제국주의 세력에 대해 척왜척양이라는 강한 기치를 내건다. 한편 이런 측면은 최시형의 금령 해제와 교조 신원 운동과 다른 의견이라 할 수 있다.

소설 『갑오농민전쟁』에서 전봉준은 조선의 현실이 동학 지도부에서 주장하는 금령 해제와 교조 신원 운동을 위한 항거만으로는 안 되며, 척왜척양으로 싸워야 한다고 주장한다. 한 장면을 보자.

> 태인 동골서 형세를 관망하던 전봉준도 이때를 놓치지 말고 일어나야 하지 않겠는가 하고 생각했다. 그러나 그는 다른 사람과 같이 '금령 해제'와 '교조 신원' 즉 동학에 대한 금령의 해제와 교조인 최제우의 그 억울한 죄명을 벗기는 것을 목적으로 이번 싸움을 해서는 안 된다고 생각했다. 지금 나라 형편이 그것을 허락하지 않았다. 정사는 극도로 어지러워 민생은 도탄에 빠져 있는 데다 가중한 왜놈과 양국 오랑캐들이 저마다 기어들어 와서 남의 나라를 통째로 먹으려고 호시탐탐 기회만 노리고 있지 않은가? 실로 나라의 존망이 조석에 달려 있는 이때 설혹 동학에 대한 금령이 해제되고 교조인 최제우의 죄명이 벗겨진다고 한들 그것이 무슨 소용이 있는가? 우

선 왜놈들과 양놈들을 우리 강토에서 몰아내고 볼 일이다. 왜놈도 양놈도 우리와는 한 하늘을 이고 살지 못할 원수들이다.

-『갑오농민전쟁』 5, 18쪽

위에 나오는 의식에 앞서 전봉준은 일본의 7년간 임진왜란, 명치유신 후 정한론과 운양호 사건 조작, 강화도조약의 불평등 내용 등 역사적 맥락과 당대의 국제적 정세를 모두 파악하고, 미국과 일본, 프랑스 등의 제국주의 야욕을 크게 인식한다. 그 결과 전봉준은 척왜척양의 기를 높이 들고 싸워야 한다고 주장하며 남접의 두령들인 태인 대두령 김기범(김개남), 무장 대두령 손화중을 자기의 뜻에 동참시킨다. 또 다른 장면을 보자.

"다시 생각해 보니 당초에 일이 잘못된 것 같네. 처음 내 주장에 논박할 말이 없어 법헌이 '척왜척양'의 깃발을 내걸게는 하였지만 본심은 어디까지나 '교조 신원'이나 '금령 해제'를, 그것도 탄원의 방법으로 해 보자는 것이지 진정으로 '척왜척양'을 하자는 것이 아니었네그려. 그러니 일이 되겠나. 이 바쁜 농사철에 수만 명 사람들을 모아 놓고 공연한 소란만 피웠지 손이 맞아야 일을 할 게 아닌가?" (중략)

"뉘 영이라고 거역하겠나? 그러다가는 정말 남접, 북접이 갈라지고 마네. 우리 전라도를 남접, 충청도를 북접이라고 하는데 이건 누가 지어낸 말이지 … 아까 법헌이 남북을 갈라 말씀할 때 나는 정신이 다 아뜩하데. 단합해야 할 판에 남북으로 힘이 갈라져서야 되겠나?"

-『갑오농민전쟁』 5, 41쪽

위의 장면과 같이 남북접 봉기에 대해 전봉준은 나약한 동학 지도부를 인식하며, 존망의 위기에 처한 나라를 구원하려고 보은 모임을 이용하려는 노력을 했으나 그 보람이 없음을 감지하게 된다. 그 구체적 상황을 보면, 전봉준과 남접 지도자 손화중이 척왜척양의 깃발을 들고, 최시형과 북접 두령들에게 담판을 지으려 하나, 북접 측에서는 관령 거역과 난민이라는 소리가 듣기 싫어 감행하지 못하고 있어 전봉준은 지도부에게 한심함을 느낀다. 그뿐만 아니라 전라도 남접과 충청도 북접이 함께 단합해야 할 판에 남북으로 힘이 갈려 나가고 수만 명의 도인의 단합된 모습을 보이지 못하는 안타까움을 느끼나 남북 분열을 가져와서는 안 된다며 최시형의 뜻을 받아들이고 서울로 떠나게 된다.

동학 지도부에게 절망을 느낀 전봉준은 보은 군수와 대면한 후, 동학 교도들이 해산한 후 서울에 올라오니 서울의 정황에서는 동학도들이 오랑캐를 치러 올라온다는 소문이 파다함을 접하게 된다. 또한 소년 시절 글 친구 신상모와 그를 통해 알게 된 유 도사를 통해 세상 이야기를 듣게 되고 일본인을 배척하는 글이 동학당 명의로 붙은 것 등도 발견한다. 일본 영사의 고시문 발표를 통해 전봉준은 원수놈들의 불안과 공포를 보며 척왜척양의 깃발을 내린 최시형에게 불만을 다시 갖게 된다. 또 고종이 원세개에게 청군을 요청한 사실도 알게 되고, 우리 강토에 남의 군사를 끌어들인 것에 다시 울분을 토로하게 된다. 한 장면을 보자.

> 전봉준은 왕이 이번 일에 청국에게 군대까지 빌려 온다고 했다는 말이 처음에는 곧이 들리지 않아 한동안 친구의 얼굴만 물끄러미 쳐다보다가 마침내 그것이 사실임을 알게 되자 온몸의 피가 일시에 끓어올랐다. 저희 강토에 남의 나라 군사를 끌어들이는 것은 곧 나라를 망치는 길인데 저희 백성을 죽이려, 그것도 나라를 구하기 위해 '척왜척양'을 외치고 나선 의로운

> 백성들을 쳐죽이려고 남의 나라 군사를 끌어들이려 하다니 이런 법이 어디 있느냐? … 전봉준은 정말 참을 수 없었다.
> - 『갑오농민전쟁』 5, 60쪽

> 전봉준이 '척왜척양'을 주장해 나선 것은 결코 한낱 동학도들의 구호로 삼기 위해서가 아니었다. 온 나라 백성들의 한결같은 심정을 대변하기 위해서였다. 그는 서울에 올라와 보고 자기의 주장이 옳았다는 것과 함께 나라의 존망이 실로 조석에 달려 있다는 것을 통절히 깨달았다.
> - 『갑오농민전쟁』 5, 65쪽

위의 장면과 같이 전봉준은 침략자들과 화평하려는 것, 운양호 사건, 병인양요와 신미양요로 경각에 처한 나라의 운명을 생각하고, 왕과 왕비가 외세에 매달리고 악정 학정을 일삼고 서울을 왜색으로 물들이고 자기들의 부귀영화와 정권을 유지하기 위해 백성을 수탈하는 것을 보면서 나라의 존망이 기로에 놓여 있음을 절실히 깨닫는 것으로 그려진다.

이상과 같이 볼 때 『갑오농민전쟁』에서 두 번째로 전봉준은 반제국주의의 항거자로서 동학 지도부의 종교적 측면의 교조의 명예 회복과 달리 현세를 인식하는 인물로 피력되었다. 서울에 올라가 서울의 정황을 직접 목격하거나 정부 관리를 통해 정황을 알게 되며, 조선 정부의 외세 의존에 울분을 토하기도 하며, 제국주의 세력인 일본과 미국의 실제적 주구의 구체적 현장을 감지한다. 이러할 때 척왜척양의 깃발만이 이 나라를 건질 길임을 전봉준은 절감했던 것이다. 당대 조선 현실에서 동학이 강조하는 척왜척양의 노선이 다시 중요하게 생각되며, 바로 이 면이 전봉준을 반제국주의 항거자로 볼 수 있는 점이다.

(3) 보국안민과 척왜척양 실천가로서 전봉준

『갑오농민전쟁』에서 이미 교육자로서 전봉준이나 반제국주의 항거자로서 전봉준은 세 번째로 보국안민과 척왜척양의 실천가로 볼 수 있다. 그는 전라도 지역 농민군의 생생한 목소리를 관망하고 대변한다. 또 누대로부터 탐관오리의 학정에 시달리는 이들과 함께하기로 한다.

고부 관가에 청원을 올리는 장두로 전봉준을 세웠으나 전봉준의 부친 전창혁(67세)은 장부로 태어나 값진 일을 하다 죽겠다며, 청원서 장두에 전창혁을 적어 고부 농민 대표 60명과 함께 고부 관아에 가 청원을 올렸으나 도리어 조병갑에게 욕을 당하고 다시 전주 감영으로 올라가게 된다. 이런 상황을 보며 고부 백성들은 고부 민란으로 그쳐서는 안 된다고 여겼고, 전봉준은 전라도 지역만이라도 나라를 멸망에서 구하고 백성들을 도탄에서 구할 길은 척왜척양뿐이라고 강변했다. 전봉준의 부친 전창혁의 죽음 이후 전라 감사는 난민들을 그냥 두어서는 안 된다 하고, 이에 참을 수 없는 고부 백성들은 일어나자며 통문의 초안을 잡게 된다.

전봉준이 결단을 내린 보국안민과 척왜척양의 깃발과 관련된 대목을 보자.

> 나라를 멸망에서 구하고 백성들을 도탄에서 건질 일은 달리는 없다. 고을마다 농민들이 모두 들고 일어나 힘을 합쳐 안으로는 탐관오리와 양반 토호들을 처단하며 밖으로는 왜놈 양국놈을 쫓아 버리고 어지러운 정사를 바로잡는 오직 그 한 길뿐이다. 태인이나 고부에서 '민란'이 일어났다는 소식을 들으면 그길로 정한순은 활빈당, 오수동은 '일심계' 사람들을 거느리고 남도로 달려 내려올 것이다. 그래서 전봉준과 함께 '보국안민' '척왜척양'의 깃발을 높이 들고 남도의 전체 농민들과 더불어 나라를 구하는 성스

러운 싸움에 떨쳐나설 것이다.
- 『갑오농민전쟁』 5, 281-282쪽

위의 장면에서 고부 봉기를 앞두고 전봉준은 남접 지도자 최경선과 함께 총포대와 창검대를 데리고 말목으로 나와 읍에서 해산을 시키나 고부 민란의 후속이 계속 일어나지 않아 안타까워하는 모습을 볼 수 있다. 즉 관측의 민심 교란 전에 전봉준과 농민군 총검 대장 상민은 농민군들이 해산하는 것을 막기 위해서 일어나야만 한다고 주장한다.

또 전봉준은 남접 두령 최경선과 나라의 병집을 뽑고 세상을 바로잡는 일이 중요하다고 이야기를 나누며 안핵사가 오기 전에 농민들을 흩트려 놓고 다시 재기의 기회를 보기로 하고, 황토현, 고부군의 군량고가 있는 백산에 가서 여러 고뇌를 펼친다. 이번 고부 민란으로 그칠 것인가? 굶주리는 백성들이 흉년에 어떻게 살아갈 것인가? 또 전봉준은 아버지가 익산 민란 효수장에 데리고 간 기억이 떠오르고, 아직도 아버지의 뜻을 이루지 못한 현실을 한탄한다. 또 황토현의 지형을 살펴보며 싸움을 구상하고, 결국 손화중과 김개남을 오게끔 한다.

이때 새로 온 안핵사는 동학군을 미워해 고부 민란을 동학군 장난으로 보며 압박하는데 장흥에서 동학군에 당한 자신의 경험으로 인해 동학을 이단으로 보고 동학군의 씨를 지우겠다 한다. 그러면서 그는 역졸들과 민란에 나섰던 가족, 동학군의 부모 처자까지 도륙하라는 내용을 사또의 분부라며, 온 동네를 불로 온통 태우고 무고한 백성들 죽이기를 감행하여 피비린내를 진동시켰다.

전봉준은 고부 민란 후 고부 백성들을 동학 도인이라 우기면서 동학의 씨를 도륙했다는 것, 안핵사 이용태의 잔인 무도함과 참변 소식 등, 골수에 맺힌 원한을 풀어야 한다며, 백성들이 다시는 참변을 당하지 않게 아주 세상을 뒤집어 놓아야 한다고 작심하고, 남접 지도자들인 손화중·최경선 등과 결정을 논의하며, 고부 농민을 선봉으로 만든다. 또 척왜척양과 보국안민의 깃발을 내세울 것과 전봉준, 손화중, 김개남 이름으로 호남창의소를 설치할 것을 정한다. 그러면서 불구대천의 원수인 안핵사와 군수 등 하늘에 사무친 한을 풀기로 하며 남도가 전부 호응해 줄 것을 결정, 결국 태인 관가를 쳐 척왜척양, 보국안민의 깃발을 세운다.

농민 봉기군은 태인 관가를 들이치고, 전봉준은 두령들과 함께 총포 대원을 거느리고 나타난다. 전봉준은 고부 백산에다 호남창의소의 본부를 두면서 관군과의 첫 싸움을 통해 척왜척양과 보국안민의 뜻을 성취해 내기로 한다. 결국 관군과 농민군의 황토현 대전투를 승리로 이끌게 된다.

그 후 전봉준은 전주 입성을 상의하는데, 인명 피해와 백성의 재물 피해가 없게 조용히 입성하자는 의견을 내는 장면을 보자.

"안될 일은 아닌데 꼭 한 가지 걱정이 있소. 충청도 농민들이 남도의 농민군과 합심만 하면 될 일인데 소위 충청도의 동학 북접이 그것을 방해하는 것 같소. 이제 전봉준이가 그걸 어떻게 처리하는가에 달려 있소."
-『갑오농민전쟁』 7, 241쪽

위의 장면은 동학농민군의 전주 입성 후, 입대자 입도자가 늘어 가고, 관군은 초토사 홍계훈이 완산 칠봉에 진을 치고 있는 상황에서, 전봉준이 관군과 싸울 것을 의논하는 부분이다. 이때 충청도 동학도들도 들고일어났다는 소식이 전해 온다. 한편 일본 제국주의자들은 자국 거류민 보호라는 미명 아래 들이닥치고, 민씨 일파는 특권적 지위를 이용하여 외국 군대를 끌어들인다. 전봉준은 청국과 일본의 군대가 상륙했다는 소식을 듣고 서울을 진격하면 왜놈들에게 구실을 주는 것이라며 고뇌한다. 결국 초토사 홍계훈이 전봉준에게 휴전을 요구해 왔고 화의를 맺는다면 청국 군대와 일본 군대가 무력을 개입할 구실이 없어질 것이라고 판단하여 휴전 요구를 받아들이게 된다.

동학군과 관민 사이에 화의가 이루어지고, 정부 측은 농민군 측에 폐정 개혁안을 제출케 하여 이를 실시하겠다고 한다. 농민군은 전주성에서 물러가기로 약조하고, 전라도 53개 군에 집강소를 설치하여 민간의 서정을 처리하기로 하고 폐정 개혁안 12조를 선언한다. 관찰사 김학진이 전봉준을 초청하여, 전봉준은 전라우도를 호령, 김개남은 남원에 웅거하며 전라좌도를 호령하였다. 남접 지도자인 김덕명, 손화중, 최경선 등은 전주 화약 후 동학농민군의 주도권을 쥐고 실질적 행정을 담당하게 된다.

농민군은 전주 화약 후 폐정 개혁에 힘쓰며 청일 간의 국제 관계를 관망해 오다, 대군을 몰고 와서 왕궁을 점령하여 친일 정부를 세운 일제가 최대의 원수라는 것을 깨닫고 나라 존망의 위기가 목전에 왔다는 것을 의식하게 된다.

전봉준은 북접 손병희와 여러 곳에 격문과 사람을 보내고 삼례에 대도소를 정하고 4천 명의 직속 부대를 거느리고 삼례로 가서 농민군의 재기를 둘러싸고 남북접 회의도 갖는다. 또 남접 지도자들의 주전론, 북접 상층 간부들의 화평론 사이에서 옥신각신하던 중 결국 무장 재기를 결정하게 된다.

이상과 같이 『갑오농민전쟁』에서 전봉준은 전라도 지역의 대다수 농민들이 압제와 악정에 시달리는 현실 앞에서 보국안민을 꾀하고 일본군과 청나라 군대의 진입을 막기 위해 척왜척양을 주장하는 실천가로서의 모습을 보인다.

(4) 국제 정세 인식론자로서 전봉준

마지막으로 전봉준은 『갑오농민전쟁』에서 국제 정세 인식론자로의 면모를 보여준다.

남북접이 총봉기한 우금치 전투는 결국 패배하게 되고 농민군은 해산하게 된다. 그들이 재기하기 위해 후퇴하는 현장에서 전봉준은 조선의 전근대적 현실을 뼈저리게 인식하며 다시 재기를 다짐하지만 부하의 배반으로 체포되어 법정에 선다. 그때 전봉준의 최후 진술에서 당당히 제국주의자들의 모순을 지적하는 장면을 보자.

> "네 듣거라! 도 없는 우리나라에 도학을 세우는 것이 무엇이 잘못이며 좋건 그르건 남의 나라의 도학만을 추세하고 의뢰하는 것이 어찌 옳은 일이냐? 외방으로부터 들어온 유, 불, 선도나 서학에 대해서는 오히려 말이 없고 우리나라에서 주창하는 동학만을 유독 배척함은 네 무슨 뜻이냐? 동학은 자국의 소산이라 싫다는 것이냐? 동학은 '인내천', 사람이 곧 하늘이라 하니 그 뜻이 싫다고 금하는 것이냐?"
> - 『갑오농민전쟁』 8, 321쪽

왜놈 영사가 지껄이자 전봉준이 그의 말허리를 잘랐다.

"진정 통상을 원할 뿐이라면 왜 그러겠느냐. 그러나 일본, 너희 놈들은 군사를 거느리고 서울에 들어와서 개화를 일으키며 조선을 꼬이더니 갑자기 대군을 몰고 왕궁을 점령하여 친일 정권을 세우고 청나라와의 까닭 없는 싸움을 도발하면서 개혁이라는 미명하에 우리나라의 모든 것을 파괴하

> 고 침략하니 우리 민족의 최대의 원수가 너희 일본이 아니고 무엇이냐! 그래 초야의 사민들이 충군 애국하는 마음으로 너희들을 쳐 없애려고 거사한 것이다!"
> -『갑오농민전쟁』 8, 324쪽

> 슬프다. 그의 나이 마흔한 살 … 인내천, 광제창생, 보국안민 원대한 포부를 실현하지 못한 채 그 뜻을 안고 교수대의 이슬로 그는 사라져 갔다.
> -『갑오농민전쟁』 8, 351쪽

위와 같이 전봉준은 조선 정부 앞에 서서 첫 심문을 받는다. 동학당은 나라에서 금하고 있는데 대역불괴의 범죄를 범한 것이라 하는 것에, 전봉준은 법관을 노려보며 도 없는 나라에 도학을 세우는 것에 무슨 잘못이 있느냐? 유불선과 서학에 대해서는 말이 없고 동학만 배척하는 이유가 무슨 뜻이냐 자국의 소산이라 싫으냐 동학은 인내천, 사람이 곧 하늘이며, 동학은 잘못된 세상을 바로잡고 탐학 관리를 없애고 바로잡는 것이다. 너희는 외적을 이용하여 자기 나라를 해하는 무리인데 도리어 나를 죄인이라 하는가? 나라와 백성을 위하여 한번 죽고자 한다. 외국 세력을 몰아내자는 것이 한 사람의 뜻이겠느냐? 일본 너희들이 군사를 거느리고 서울을 개화시키고 조선에 들어와 왕궁을 점거하며 친일 정권 개혁이라는 이름으로 파괴하고 침략하니 초야의 사민들이 충군 애국하는 마음으로 너희들을 없애려 거사한 것일 뿐이라고 설파한다.

너희들은 오래지 않아 멸망할 것이다. 농민들은 가만히 있지 않을 것이며, 흘린 피가 헛된 것이 아니다. 너희들을 쳐 없애고 나라를 바로 하여 백성들을 편안케 할 그날을 위해 성벽을 쌓는 하나의 주춧돌이 될 것이라며 교수대에 오른다. 전봉준은 인내천과 광제창생, 보국안민 등 원대한 포부를 실현하지 못한 채 교수대의 이슬로 사라진다.

이상과 같이 볼 때 『갑오농민전쟁』에서 전봉준은 국제 정세 인식자로서의 모습을 보여준다. 그의 인식은 최후 법정 진술에서 정부의 이중성과 모순성을 지적하면서 자신의 뜻은 영속될 것이라고 설파한다.

2) 중도파 지도자 오지영의 남북접 화해 역할

실천적 지도자 전봉준에 이어 또 다른 실천적 지도자로 오지영을 들 수 있다. 『동학사』 저술가로 알려진 오지영은 소설 『갑오농민전쟁』에서 남북접 회의 시 농민 봉기에 대해 의견이 일치되지 않고 갈등을 보이자, 의견을 중재하고 통합하는 화해 역할자로 등장한다. 이 인물도 동학포의 한 교인으로 나온다.

먼저 오지영은 동학 내부의 위기를 해소하기 위해 삼례의 전봉준을 찾아간다. 무장포 오지영은 남북 간의 조화를 찾기 위해 왔다고 하며, "의를 거함도 도를 위함이요 또한 난으로써 하지 말라 하는 것도 도를 위한 것이 아니오니까? 그러니 우리가 도를 위하여 다투다가 도리어 도를 해롭게 하는 것은 취할 바가 아닌 줄 압니다."(『갑오농민전쟁』 8, 154쪽)라고 말한다. 또 보은 교주 어른께 전 선생의 뜻을 전하겠다며 일심계 인물 오수동과 다시 최시형을 찾는다. 이때 오수동은 "도인끼리 생사를 같이하고 안 하고 간에 나라가 위기에 처해 있는데 힘을 합해 싸움 대신 남접이요 북접이요 하고 다투고 있으면 어쩌자는 게요. 참, 한심하오. 그러지 말고 오 형! 나와 함께 교주 어른께 갑시다."(『갑오농민전쟁』 8, 155쪽)라고 한다. 이러한 과정을 통해 오지영은 활빈당계 오수동이란 자와 함께 최시형을 만나게 된다.

이들은 담판을 지으며 나라를 구원하는 것이 잘못이냐 원수가 쳐들어와

도 도인은 손을 묶고 앉아 있냐? 전봉준은 영웅이고 뜻 높은 사나이이며 나라가 망한 뒤 도는 말라비틀어진 것이냐, 힘을 합쳐 외세를 물리칠 때라 할 때 손병희도 결국 중재를 도와준다. 결국 남북접이 조화하여 최시형의 참전 명령에 따른다. 한 장면을 보자.

> 오지영이 계속했다.
> "의를 거함도 도를 위함이요 또한 난으로써 하지 말라 하는 것도 도를 위한 것이 아니오니까? 그러니 우리가 도를 위하여 다투다가 도리어 도를 해롭게 하는 것은 취할 바가 아닌 줄 압니다. 그래 저는 아는 것은 없으나 장래의 도를 위하여 남북 간 관계를 조화코저 찾아왔습니다. 선생의 뜻이 어떠하신지요?"
> 전봉준이 얼굴에 반가운 빛을 띠우며 조용히 말했다.
> "고맙소이다. 우리가 모두 한 선생의 제자로, 일이 이렇게 된 것은 유감천만이로소이다. 오 형의 뜻이 그러하시니 나는 반갑기 그지없소이다."
> "그럼 제가 곧 보은 교주 어른을 만나 뵙고 선생의 의사를 그대로 전하여도 무방할는지요?" 하고 오지영이 급히 따져 묻는다.
> - 『갑오농민전쟁』 8, 154쪽

> 이리하여 남북접의 조화가 이루어지고 최시형의 참전 명령이 내리었다. 그러나 북접 두령 손병희가 군사들을 이끌고 논산에 와서 합세하기까지는 한 달이 걸렸다.
> - 『갑오농민전쟁』 8, 158쪽

위의 장면에서 중재자인 오지영과 손병희가 그려지며 오지영에게 남북

조화책이 맡겨지는데 그가 남북접에 구애가 없기 때문이라고 설파한다. 결국 오지영은 대장소에 들어가 명함이 통하므로, 전봉준 역시 반갑게 영접한다. 이에 오지영은 남북접설을 꺼내면서, 우리가 어찌하여서 남북접의 당설이 있어서 서로 자미가 없이 내려왔음은 퍽 유감이라 한다. 그 이면에 서로 양해할 이유가 있으며 의를 드는 것도 도를 위하여 함이오, 난으로써 하지 말자고 하는 것도 또한 도를 위하여 함이다. 우리가 도를 위하여 다투다가 도리어 도를 해롭게 하는 것은 취할 바가 아니다. 전봉준이 우리가 한 선생의 제자로서 이 경지에 이르렀음은 크게 유감으로 생각한다. 오 형의 뜻이 진실로 감격스럽다. 해월 선생을 뵙고 이 사정을 고하여 전도대사를 원만케 하자 전 대장은 명령을 사방에 전하여 북접에 대하여 쟁란을 정식시킨다.[14] 오지영의 말에 유독 손병희 한 사람이 나서서 말하되 그 말이 옳다 하며 한편 통문을 거두게 하고, 벌남기(伐南旗)를 꺾어 버리고 보국안민의 깃발 아래 진퇴를 같이하기로 결정을 짓고 일어선다.[15]고 피력되었다. 이는 오지영의 저술 『동학사』의 서술을 박태원이 그대로 수용한 대목이기도 하다.

  이상과 같이 『갑오농민전쟁』에서 동학포의 한 도인인 중도파 오지영은 남접 지도자나 북접 지도자가 전봉준과 대의를 같이해야 한다는 입장으로 고뇌하는 중재자이자 화해의 역할을 맡은 자로서 표출된다.

---

14 吳知泳, 앞의 책, 160-161쪽.
15 吳知泳, 위의 책, 162쪽.

Ⅲ. 나가며

　박태원의 『갑오농민전쟁』은 1988년 월북 작가의 작품이 해금되자 남한에서 1989년 출판되었다. 본고에서는 이 소설에서 동학 종교 지도자들의 사회사상과 실천적 지도자의 사회 개혁 운동의 측면도 보여주었다고 보았다. 전자는 수운과 해월을 통해서 후자는 전봉준과 오지영을 통해서 보여주었다.

　첫 번째, 동학의 정신사는 동학의 종교적 지도자들의 사회사상 입장에서 1대 교조 수운 최제우는 종교 창시자로 포덕천하와 광제창생의 창도자로 그려졌다. 그리고 2대 교주 최시형은 금령 해제와 교조 신원 운동에 대한 의식으로 그려졌으나 비중은 약하게 그려진다. 그러나 두 지도자는 동학의 사회사상 측면에서 강조되었다.

　두 번째, 실천적 지도자들의 사회 개혁 운동은 전봉준을 통해 척왜척양, 보국안민을 실천하는 지식인으로 상당히 비중 있게 그려졌다. 교육자로서 전봉준, 반제국주의자로서 전봉준, 보국안민과 척왜척양 실천가로서 전봉준, 국제 정세 인식자로서 전봉준으로 서술되었다. 동학사상을 실천하는 자로 나오는 전봉준과 원래의 신분을 지닌 전봉준과 현실을 꿰뚫어보는 현실주의자로 그려지는 전봉준의 모습도 볼 수 있다. 또한 중도파 오지영은 남북접의 화해 역할을 펼친 자로 그려졌다. 이들은 사회사상을 직접 현실의 개혁으로 이끄는 사회 개혁 운동의 선봉자라 볼 수 있다.

　조선 후반기인 1860년대와 1890년대 양반의 학정과 부패, 그에 부속된 다양한 관속들의 착취 구조 속에서 숨 막혀 하며 살아가는 당시 농민들은 그들을 응징하는 전봉준의 보국안민과 척왜척양 개혁에 동참한다. 그들은 숨 막히는 현실의 장벽 속에서 일관되게 척왜척양을 외치며, 제국주의

가 이 땅에서 물러갈 것을 가장 우선으로 주장했다. 그런 면에서 박태원의 『갑오농민전쟁』에서는 100년 전 민족적 위기의 상황일 때 제국주의 앞에 무기력한 조선의 현실을 바라보면서 실천적 지도자를 비중 있게 다루었다. 한편 농민군들은 동학군이라는 누명을 쓰면서 전봉준의 실천적 전개에 함께 발을 맞추었다. 나라의 실존을 위해 집단 봉기하여 뭉쳐졌으며, 특히 관헌들의 폐해가 심했던 전라도 지역 농민을 중심으로 일체된 마음을 드러냈다. 당대 조선의 사회경제사적 현실, 국제 역학의 헤게모니적 현실 앞에 바로 서고자 하면서, 우리 것의 주장인 주체와 민족 입장에서 우리 자신을 바라보고자 했다. 종교적 현실은 배제시킨 채 동학에서의 사회사상을 부각시켜 사회사상과 사회 개혁 운동에 주안점을 두었다. 그러면서도 박태원은 종교 지도자의 사회사상보다는 실천적 지도자들의 사회 개혁 운동에 더욱 비중을 두었다. 이는 사회주의 국가의 현실에서 창작된 예술 작품에서 작가 의식이 주인공 의식에 그대로 투영되어 사회주의 이데올로기에 초점이 맞추어진 것이라 보여진다.

   그러면서도 제국주의 세력을 혁파한 공이 실천적 지도자들의 개혁 운동과 남북접 지도자와 농민군 모두에게 있다고 강하게 피력했다. 종교적 지도자들의 사회사상의 일면은 사실적으로 그렸지만 종교성의 부정성, 나약한 지도자성을 지적했다. 반면 전봉준은 최후의 법정 진술에서마저 당당한 반제국주의자로서 국제 정세를 인식한 자로 형상화하여 북한의 사회적 민족의식에 가장 높은 비중을 둔 반증이다. 이는 문학이라는 장르에서도 북한의 이데올로기가 무엇보다 중요하게 작용함을 보여주는 것이다.

제2부
동학 경전의 신화와 수사학

4장 동양의 신화와 동학 경전의 비교
—요순 신화를 중심으로

5장 목소리와 바위, 새와 저울의 현상학
—서구 신화와 동학 신화의 비교

6장 동양 신화의 경전 수사학
—동학 경전에 나타난 삼황오제 신화를 중심으로

4장 동양의 신화와 동학 경전의 비교*
―요순 신화를 중심으로

* 졸고, "동양의 신화와 동학 경전의 비교", 『동학학보』제10호, 동학학회, 2006년 8월호. 수정한 것이다.

Ⅰ. 수사학적 텍스트 읽기 - 신화의 비유

문학비평은 일정한 윤리적·신학적인 관점에서 비롯된 비평으로 완결되어야 한다. 문학의 위대성은 문학적인 기준에 의해서만 결정될 수 없다.[1] 문학비평은 하나의 작품에 새겨진 인간적인 각인, 즉 그 작품의 의미를 해독하기에 아주 적합한 방법이나 이론을 찾으려고 노력하는 분야이다. 이러한 해독의 과정, 한 작품의 의미에 대한 이해는 해석학의 초점이다. 해석학은 역사적인 이해 방식과 인문주의적인 이해 방식을 서술하려는 노력을 통해 성장하였다.[2] 해석이란 인간 사고의 가장 기초적인 작용이며, 살아간다고 하는 것은 바로 끊임없는 해석의 과정이다.

일상어가 주로 정보와 지식을 주는 데 관심을 기울인다면, 문학어는 정보와 지식에 못지않게 감동과 기쁨을 주는 데 주의를 기울인다. 이렇게 정보와 지식은 말할 것도 없고 감동과 기쁨을 주는 원천이 바로 수사학이다. 수사학은 예로부터 가르치고 감동시키고 즐겁게 하는 것을 가장 중요한 목표로 삼아 왔다.[3] "하늘 아래 새로운 것은 없다."는 『구약성서』「전도서」

---

1 T. S. 엘리어트, "종교와 문학", 『현대 문학과 종교』, 조만·고진하 편역, 현대사상사, 1987, 11쪽.
2 리차드 E. 팔머, 『해석학이란 무엇인가』, 이한우 역, 문예출판사, 1995, 27쪽.
3 김욱동, 『수사학이란 무엇인가』, 민음사, 2002, 41-42쪽.

저자의 말대로 문학이나 예술 작품은 이미 존재해 있는 작품과 어떤 식으로든지 관련을 맺지 않을 수 없다는 것이다. 다시 말해서 작가는 무(無)에서 유(有)를 만들어 내는 창조주라기보다는 유에서 유를 만들어 내는 사람에 지나지 않는다. 예술 창작 행위를 창조가 아니라 재활용의 관점에서 생각하려는 것이다. 인유법은 역사적으로 이미 잘 알려진 사건, 저명한 문학 작품의 문구, 옛사람들의 명언 따위를 끌어들여 말하는 수사법을 말한다.[4]

인간의 이해는 은유적으로 구조화되어 있다.[5] 인간의 사고 과정의 대부분이 은유적이며, 인간의 개념 자체가 은유적으로 구성되고 규정된다. 인간 개념의 체제에 대한 적절한 이론은 개념의 토대가 어떻게 형성되고 구조화되고 상호 관련되며 정의되는지를 해명해야 한다.

본 논문에서는 수사학적 텍스트 읽기를 중심으로 동양의 신화와 동학 경전의 비유를 대비시켜 보고자 한다. 특히 동양 신화 중 '요순 신화'를 살펴보면서 동학 경전인 『동경대전』, 『용담유사』, 『해월신사법설』, 『의암성사법설』에서 비유된 요순 관련 수사법을 중심으로 살펴보고자 한다.

II. 수운 · 해월 · 의암의 신화적 수사법

경전이 비유적 문학이라면 경전 저술가인 수운 최제우와 해월 최시형, 의암 손병희는 어떠한 저술 태도와 신화적 수사법을 갖고 재해석했는가?

문학의 창작 태도나 행동이라는 의미에서 문학에 나타난 의미작용이나

---

4 김욱동, 위의 책, 370-373쪽.
5 G. 레이코프, M. 존슨, 『삶으로서의 은유』, 노양진 · 나익주 옮김, 서광사, 2001, 4쪽.

방법을 추구해 보면 낯설게 하기, 유아독존론, 선배 작가의 상상적 일별로 변형된다.

창작 선배와 후배 사이에서 작품의 수정 비율을 여섯 단계로 제시하면 다음과 같다. 첫째, 선배로부터의 이탈 단계이며, 둘째, 자아로부터 등을 돌려 공격성을 내부로 돌리면서 자신을 꾸짖고 선배를 완성시키려 들어, 마치 선배가 충분치 못하다는 듯이 선배의 용어를 다른 의미로 쓰는 단계이다. 셋째, 예수가 하나님과의 신성한 관계를 끊듯이 자신을 비우는 고립 방어의 단계이다. 넷째, 선배의 장엄에 대해 자신의 장엄을 드러내는 단계이다. 다섯째, 자아로부터 등을 돌려 고립 속에서 자신을 정화하는 단계이다. 여섯째, 동일시의 성취 단계이다. 이처럼 후배 작가가 선배의 작품을 다시 쓴 듯이 선배의 음성이 후배의 작품 속에 담겨진다.[6]

이렇게 신화 창작 선배와 경전 창작 후배의 수정 비율에서 수운 최제우의 경우, 선배 세계의 완성, 동일시의 성취 단계, 자신의 장엄함을 드러내는 단계로 나타난다.

먼저, 최제우의 신화 재해석 기법에서 선배들의 작품 세계는 아주 다양한 군상으로 수정 또는 재창조되었다. 동양 사상과 문화 선배들과 정평이 나 있는 동양의 고전들, 인류의 지혜가 축적되어 있는 각종 종교의 경전이나 신화, 사상서의 변용 기법까지 다양한 색채를 띠며 드러냈다. 위대한 시대처럼 위대한 인간은 엄청난 힘이 비축되어 있는 폭발물이다. 이러한 인물은 역사적으로나 생리적으로나 아주 오랫동안 폭발을 위해 축적되고 비축되어 유지되어 온 것이다. 즉 오랫동안 폭발이 없었다는 것이다. 서민

---

6 권택영, "영향에의 불안, 그 시험적인 시도 김동리와 최인훈의 경우", 권택영, 『후기 구조주의 문학이론』, 민음사, 1990, 221쪽.

계층이 지나칠 정도로 고조되면 그때는 가장 우발적인 자극이 천재, 행위, 위대한 운명을 이 세상에 출현시키게 된다.[7]

신화 재해석을 이해하기 위해 수운 최제우의 신관 또는 우주관을 먼저 살펴보자. 동학의 신관은 지기일원론적 유기체 철학에 기초한 범재신관이므로, 존재세계를 요소론적·인과율적·환원론적으로 파악하는 기계론적 세계관이 아니라 유기체적·통전적·비환원론적으로 파악하는 전일적 세계관이다. 동학의 신관은 신의 초월성과 궁극적 실재의 내재성을 통전하여, 내재적 초월 또는 초월적 내재를 강조한다. 그리하여 지구촌 시대에 동학은 인간의 존엄성, 사회윤리의 정의로움에 대한 열망과 중요성, 우주적 존재의 신비 등을 동시에 강조할 수 있는 범재신관적 종교적 영성을 제시한다. 그러기에 동학의 시천주 체험과 천도교의 신관은 세계적 보편성과 우주적 가치를 지닌다.[8]

수운의 천주(天主)는 인격적 존재이긴 하지만, 인간을 화생해 놓고 그 안에서 살고, 인간에게 신령으로 경험되며, 강령과 강화의 가르침을 내리기도 하는 존재이다. 그러나 이 천주는 고정된 형체를 지닌 존재가 아니며, 우주를 초월해서 존재하는 창조주도 아니기에, 지기(至氣)와 구분되지 않는다. 굳이 따지자면 지기가 인간에게 인격적인 모습으로 경험되므로 천주라고 한다. 그리고 이 지기가 만물에 화생하는 법칙을 무위이화(無爲而化)라고 한다. 이는 천주의 조화(造化)이기에 천지의 화육을 돕고, 천지에 참여한다. 이렇게 되면 당시의 지배적인 우주론(宇宙論)인 성리학적 이기

7   Harold Bloom, 『시적 영향에 대한 불안』, 윤호병 편역, 고려원, 1991, 56쪽.
8   김경재, '수운의 시천주 체험과 동학의 신관', 오문환 편저, 『수운 최제우』, 예문서원, 2005, 100-101쪽.

론(理氣論)과 다른 우주론이 배태된다. 즉 우주의 궁극적 실재는 지기(至氣)이며, 이 지기가 인간에게 경험될 때는 천주라는 인격체로 경험되며, 이 지기의 작동 메커니즘이 무위이화의 이(理)가 된다. 즉 이(理)가 기(氣)와 구분되어서 존재하지 않고 이가 지기 안에 포함되게 된다. 그래서 수운은 이와 기를 구분하지 않고, 지기(至氣) 또한 혼원지일기(渾元之一氣)로 표현했다.[9]

그런 점에서 보면 최제우의 신관은 범재신관과 혼원지일기 세계관으로 정립되어 세상을 읽고 써 내려간 것이며, 이 맥락은 수운이 동양 신화를 재해석하는 태도에도 다양하게 투영되었다.

이에 반해, 해월과 의암은 수운 세계관의 태도를 계승하면서 그들만의 세계관으로 분화, 확장하는 차원으로 읽어 냈다고 볼 수 있다.

해월 최시형의 사상 역시 범신관적이라 볼 수 있다. 해월은 한울님의 의지적인 섭리를 믿는 입장이어서, 그의 신관은 수운이 가르친 시천주의 확대해석에서 유래했다고 볼 수 있다. 한울님을 모시는 것은 사람뿐만 아니라 만물이 다 그러하다는 것이다.[10] 또한 해월은 동학을 세운 사람이 아닌 동학을 믿는 사람으로서 주문 '열세 자'의 프로그램에 따라 온 생명을 걸고 더할 나위 없이 모범적으로 실천한 사람이다. 해월은 한울님의 조화라는 초자연적인 힘을 굳게 믿음으로써 그 종교적 삶의 기초를 굳게 다졌다. 이러한 기초 위에서 성실한 종교 실천을 통해 만사를 깨달으려고 최선을 다하였다.[11]

---

9 김용휘, 「시천주 사상의 변천을 통해 본 동학 연구」, 고려대 박사논문, 2004, 49-50쪽.
10 유병덕 편저, 『동학 · 天道敎』, 교문사, 1993, 245쪽.
11 최동희, "해월의 종교 사상에 대한 이해", 부산예대 동학연구소 엮음, 『해월 최시형과 동학사상』, 예문서원, 1999, 91-92쪽.

해월은 시천주를 사인여천의 실천윤리로 구체화하고 경물을 비롯한 삼경사상을 통해 공경을 삶의 중심으로 삼는 철학을 정립하였다. 또한 해월은 수운의 수도법을 그대로 계승하되, 좀 더 구체적인 실천적 지침을 마련하여 실제 동학인들이 생활 속에서 수도를 일상화할 수 있도록 하였다.[12]

이러한 맥락과 연결지어 볼 때 해월 최시형의 수사법에서는 만물 공경 세계관과 종교 실천 세계관을 기반으로 한 입장으로 신화를 재해석한 것을 볼 수 있다.

의암 손병희는 해월의 심즉천과 인시천을 계승하여 인내천을 중심으로 교리의 체계를 세워 나갔다. 특히 의암의 인내천은 수도의 단계에 따라 천과의 관계가 달라져야 한다는 것을 의미하며, 인간이 주체가 된 자력적 신앙을 강조하였다.[13]

손병희는 수운 최제우와 해월 최시형의 세계관을 수용하면서 자신만의 문명사적 세계관을 시대 인식에 덧붙여 보여주었다. 천도교를 대고천하(大告天下)한 천도교 시대의 의암 손병희는 천도교의 문명론 구조를 세계론, 문명론, 종교론으로 나누어 보여주었다. 세계론에서는 문명과 대벽(大闢)의 세계, 중화적 세계관의 극복, 진화와 경쟁, 부국강병의 방략을, 문명론에서는 보국안민 지도로서의 문명, 국가주의와 정치 개혁, 교육과 식산을, 종교론에서는 근대 문명의 상징으로서의 종교, 종교로서의 자의식, 종교의 자유와 정교분리 등을 규명했다.[14]

이러한 맥락과 관련지어 손병희의 수사법은 인간 주체적 자력 신앙 입

---

12 김용휘, 앞의 논문, 154쪽.
13 김용휘, 위의 논문, 154쪽.
14 고건호, 「한말 신종교의 문명론: 동학·天道敎를 중심으로」, 서울대 박사논문, 2002, 66-113쪽.

장과 세계 문명사의 진화적 세계관이 투영되어 신화가 재해석된 것이라 볼 수 있다.

이상 수운의 범재신관과 혼원지일기적 세계관, 해월의 만물 공경적 세계관과 종교 실천적 세계관, 의암의 인간 주체적 자력 신앙 세계관과 세계 문명 진화 세계관을 동양 신화인 '요순 신화'를 중심으로 그들의 저술 『동경대전』, 『용담유사』, 『해월신사법설』, 『의암성사법설』에 투영된 요순의 수사적 의미를 살펴보자.

III. '요순 신화'와 동학 경전의 요순 비유

'요순 신화'와 동학 경전의 만남은 신화와 종교의 만남으로 표출된다. 신화는 인류 정신문화의 모태이자 근원이다. 신화는 신성한 역사를 이야기하고 있으며, 원초의 시간, 태초의 신화적 시대에 일어난 신성한 역사에 관한 고사이다. 신화는 초자연자의 행위를 통하여 우주라는 모든 실재를 말하거나, 그 실재가 어떻게 해서 존재하게 되었는가를 말한다.[15] 그리하여 신화는 항상 창조를 설명하며, 어떤 존재가 어떻게 만들어졌는지 존재의 시초를 말한다. 즉, 신화는 신성한 이야기, 진실한 역사로 생각되어 온 것이며, 전통적인 사회의 집단생활에 대한 모든 현실적 체험을 거의 망라하는 것으로 주술적·종교적 신앙이며 풍속과 관습이며 생활양식이다.[16]

종교는 삶 자체의 중대한 문제이다. 순간의 삶을 살고 마느냐, 영원한

---

15 엘리아데, 『신화와 현실』, 이은봉 역, 성균관대출판부, 1985, 14-15쪽.
16 왕빈, 『신화학입문』, 금란출판사, 1980, 13-22쪽.

삶을 추구하느냐 하는 것은 삶의 중대사이다. 종교는 통상의 사고를 뒤엎고, 일상적 사고에서 쓸모없이 보이는 삶의 근원으로 우리를 돌아가게 하는 것에 그 필요성과 필연성이 있다. 종교적 요구야말로 종교란 무엇인가라는 종교의 본질에 관한 문제의 핵심이다. 우리가 무엇 때문에 존재하느냐는 의문에서 종교는 시작된다. 우리 밖의 것들이 필요성을 상실하고 그 효용성을 발휘할 수 없게 되어 그것들이 모두 쓸모없게 된 삶의 단계에서 비로소 종교가 필요하게 되며, 삶에서 종교의 필연성이 자각되는 것이다.[17] 그 전환은 자기중심적인 혹은 인간 중심적인 존재 방식, 즉 모든 것이 우리에게 어떤 의미가 있느냐는 태도에서, 우리 자신은 무엇 때문에 있느냐는 의문으로의 전환이다. 그러한 전환의 시점에서 종교란 무엇인가라는 물음도 참다운 물음이 될 수 있는 것이다.[18]

신화와 종교의 바탕이 된 동학 경전에서 펼쳐진 수사법의 관계를 따라 읽어 보자.

그럼 동학 경전 관련 세 스승이 독해한 동양의 신화인 '요순 신화'와 동학 경전에서 요순의 의미를 살펴보자.

1. 요순 신화 - 요순시대 세계관과 한울님의 인식관 대비

먼저 요임금은 근검과 절약, 그리고 소박한 성품으로 인해 후 세 사람들로부터 가장 이상적인 국왕으로 추앙받는 인물이다. 전설에 의하면 그는

---

17 왕빈, 위의 책, 23쪽.
18 니시타니 게이이치, 『종교란 무엇인가-종교와 절대무』, 정병조 옮김, 대원정사, 1993, 23-26쪽.

허름한 초가에서 살았으며 초가의 기둥과 서까래는 손수 산에서 잘라 온 나무를 사용했다고 한다. 거기에다 나물국과 거친 밥을 먹고 살았으며 옷이라고 해야 허름한 삼베옷 하나였고, 날씨가 춥기라도 하면 사슴 가죽으로 추위를 막을 정도였다고 한다. 그런 그였지만 백성을 사랑하는 열성만큼은 유달리 강했다. 요임금은 백성의 모든 잘못을 자신의 책임으로 돌렸기 때문에 그가 통치하던 1백 년 동안 한발과 홍수가 수없이 닥쳤어도 그를 원망하는 자가 아무도 없을 정도였다. 그렇기 때문에 그가 살고 있던 궁궐에는 하루에도 수십 번이나 상서로운 징조가 나타나곤 했다.[19]

중국 신화의 인물 중 이타적 인간의 전형적인 모습이자 성군 중의 성군이 요임금이다. 인류의 시대 최초 시기는 성군들이 통치한 태평성대였는데, 중국의 경우 요순·우탕·문왕·무왕·주공으로 이어지는 일곱 성군이 다스린 시대가 그러했다. 요순시대는 후세에 태평성대를 상징하는 용어가 될 정도로 잘 다스려진 시대였다. 성군들은 반신반인적 성격을 띤 비범한 존재들로서, 요임금은 신에 가까운 존재였다. 요는 임금이 되어서도 검소한 생활을 실천한 훌륭한 자질을 지닌 임금이었다. 요의 성군으로서의 모범적인 자질은 바로 덕행에 있었고, 마음으로부터 진정으로 백성들을 위하고 염려한 임금이었다.[20] 혹여나 어려운 일을 당면하면 요의 훌륭한 덕성과 명신들의 노력으로 모든 난관을 훌륭하게 극복하여 마침내 태평성대를 이룩할 수 있었던 것이다.[21]

동양 신화에서 요임금과 더불어 태평성대의 군주로 일컬어지는 성군 순

---

19 원가, 『중국의 고대신화』, 정석원 역, 문예출판사, 1989, 173쪽.
20 정재서, 『이야기 동양 신화』, 황금부엉이, 2004, 249쪽.
21 정재서, 위의 책, 252쪽.

임금 역시 인간이란 존재로서 도저히 감당할 수 없는 인내와 덕성으로 이겨 냄으로써 인간 승리의 모범이 되었다.[22]

몇 년 뒤 요가 죽자 순은 제위를 요의 아들인 단주에게 양보하려 했지만 다른 사람들이 찬동하지 않았다. 순은 제위를 물려받은 후 근로 소박했으며 백성들과 함께 노동했고 그들의 신임을 받았다. 이들과 관련된 이야기는 유교주의자들의 이상적인 군주, 이상적인 사회에 대한 꿈이 빚어낸 산물로 보아야 한다.[23]

이러한 요순이 동학 경전 『동경대전』, 『용담유사』[24], 『해월신사법설』, 『의암성사법설』에서 비유된 양상을 살펴보자.

2. 동학 경전에서 요순 비유

1) 수운의 요순: 무궁한 이율과 후천개벽 유토피아에 대한 갈망

동양 신화에서 태평성대의 군주이자, 인간 승리의 모범이 된 요순을 수운 최제우는 『동경대전』〈논학문〉과 『용담유사』〈교훈가〉〈안심가〉〈몽중노소문답가〉〈권학가〉〈도덕가〉에서 다양한 의미로 비유했다. 즉, 요

---

22 정재서, 위의 책, 259쪽.
23 정재서, 위의 책, 254-256쪽.
24 『용담유사』는 혼돈의 시대에 새로운 무극대도의 출현을 강조하므로, 이 도를 올바르게 믿어 올바른 삶을 영위하도록 가르침을 편 종교가사이며, 동시에 이와 같은 가르침을 보다 현실적으로 실현시키기 위해서 보다 철저히 19세기 중반이라는 조선조 시대 상황을 비판하고, 또한 인식했던 그러한 의식을 담은 가사 작품, 그러므로 『용담유사』는 현실인식을 바탕으로 서학에 대한 비판, 나아가 일본 등 인접국에 대한 비판적 성찰, 외세의 침공에 대한 위기 의식과 극복해야 할 당위성을 주요 내용으로 담은 개화기 초기의 자생적 개화의식을 담은 가사. 윤석산, 『동학사상과 한국문학』, 한양대출판부, 1999, 58쪽.

순시대의 백성에 대한 고뇌, 육친적 존재자로서의 요순, 요순 성세의 재도래와 관련지어, 세상의 욕망계와 대비해서, 사람의 심성에 비유하여, 도척의 세계와 대비해서 비유했다. 그 특성을 자세히 살펴보기로 하자.

첫째, 수운은 요순의 세상에서는 백성도 요순이며 백성의 품성도 요순이라는 품성 승격론을 거론하면서 한울님 품성을 지적했다. 이 부분은 『동경대전』〈논학문〉에서 보여준다.

> 日然則 何以降靈也니까 曰不擇善惡也니라 曰無害無德耶니까 曰堯舜之世에는 民皆爲堯舜이요 斯世之運은 與世同歸니 有害有德은 在於天主요 不在於我也니라 ――究心則 害及其身은 未詳知之 然而斯人享福은 不可使聞於他人이니 非君之所問也 非我之所關也니라.
>
> 묻기를 "그렇다면 어찌 강령이 됩니까?" 대답하시기를 "한울님은 선악을 가리지 않기 때문이니라." 묻기를 "해도 없고 덕도 없습니까?" 대답하시기를 "<u>요순의 세상에는 백성이 다 요순같이 되었고 이 세상 운수는 세상과 같이 돌아가는지라 해가 되고 덕이 되는 것은 한울님께 있는 것이요 나에게 있지 아니하니라.</u> 낱낱이 마음속에 헤아려 본즉 해가 그 몸에 미칠는지는 자세히 알 수 없으나 이런 사람이 복을 누리리라는 것은 다른 사람에게 듣게 해서는 안 되니, 그대가 물을 바도 아니요 내가 관여할 바도 아니니라."[25]
>
> - 〈논학문(論學文)〉 (밑줄-필자)

수운은 〈논학문〉에서 강령과 관련된 한울님의 선악 불택과 함께 요순시

---

25 수운 최제우,〈論學文〉,『東經大全』,『天道敎經典』, 천도교중앙총부, 1993, 39-40쪽.

대 세계관과 한울님 인식관을 대비하여 보여주었다.

1861년에 지은 〈논학문〉은 동학의 이론을 기술한 글로『동경대전』의 핵이라 할 수 있다. 〈논학문〉에서, 대우주의 본체 생명의 상대적인 작용에 의하여 만물이 화생(化生)하였는데 그 만물 가운데 사람이 가장 신령하다고 했다. 이어서 과거의 인간들이 자연계에 대해 잘못된 인식을 하여 인간의 가치가 땅에 떨어졌을 뿐만 아니라 인간의 무한한 능력을 부정하고 잘못된 신을 믿었음을 통박했다. 그리하여 수운이 깨달은 새로운 사상을 갖기를 원하고 또한 전래되어 온 서교에 대하여는 잘못된 이론 체계를 지적했다. 특히 이 글에서는 득도 과정 중에서의 한울님과의 대화를 계속 다루었는데 여기에서 동학의 기본 사상인 '내 마음이 네 마음'이란 것을 말하고 있다. 또한 천도교의 주문에 대해 상세히 설명하였는데 우주 만물이 화생하는 근본원리를 말하였고 인간 사회의 발전 법칙과 개인의 인격 향상을 위한 수련 방법을 제시했다.[26]

수운은 또한 〈논학문〉에서 강령의 문제, 해(害)와 덕(德)의 문제와 관련지어 한울님의 선악 불택을 제시했다. 특히 요순의 세상과 요순 같은 백성을 거론하면서 이상적인 통치자가 나와 다스리면 이상적인 백성이 되는 것처럼 통치자와 백성이 동일시되어 세상 운수 역시 세상과 같이 돌아간다고 지적했다. 이상적인 세상에는 덕이 되고 절망적 세상에는 해가 되는 것 역시 바로 한울님께 미친다는 것이다. 특히 요순과 백성의 동일시, 세상 운수와 세상의 동일시로 순환하고 있다고 지적하면서 해와 덕은 한울님께 있지, 수운 자신에게 있지 않다고 보았다. 즉 수운은 한울님 중심론의 우주관을 설정하여 수운의 인심(人心)의 문제가 아닌 한울님 중심론을

---

26 유병덕 편저, 앞의 책, 146쪽.

즉각적 연결로 나타내 강조했다. 비유컨대 한울님 품성에는 백성이 다 한울님 품성같이 되었고, 이 세상 운수의 호오와 희비의 이치가 그대로 한울님에 작용되어 운행된다고 유추해 재해석해 볼 수 있다.

둘째, 수운이 『용담유사』〈교훈가〉에 수사한 대목을 보면 요순 성현에게도 불초자식이 있듯이 그것을 해몽 못한 세상 사람들에 견주어 부(父)의 역할뿐만 아니라 스승의 역할까지 융합시켜 새로운 아버지상을 보여주었다.

> 열세자 지극(至極)하면 만권시서(萬卷詩書) 무엇하며
> 심학(心學)이라 하였으니 불망기의(不忘其意) 하였어라
> 현인군자(賢人君子) 될것이니 도성입덕(道成立德) 못미칠까
> 이같이 쉬운도를 자폭자기(自暴自棄) 하단말가
> 애달다 너희사람 어찌그리 매몰한고
> <u>탄식하기 괴롭도다 요순(堯舜)같은 성현(聖賢)들도</u>
> <u>불초자식(不肖子息) 두었으니 한(恨)할것이 없다마는</u>
> 우선(于先)에 보는도리(道理) 울울(鬱鬱)한 이내회포(懷抱)
> 금(禁)차하니 난감(難堪)이오 두자하니 애달해서
> 강작(强作)히 지은문자(文字) 구구자자(句句字字) 살펴내어
> 방탕지심(放蕩之心) 두지말고 이내경계(警戒) 받아내어
> 서로만날 그시절(時節)에 괄목상대(刮目相對) 되게되면
> 즐겁기는 고사(姑捨)하고 이내집안 큰운수(運數)라[27]
> - 〈교훈가(敎訓歌)〉 (밑줄-필자)

---

27 수운 최제우, 〈敎訓歌〉, 『龍潭遺事』, 앞의 책, 143-144쪽.

수운은 〈교훈가〉 대목에 나타났듯이 요순 같은 성현들도 육친적 실존체인 아버지로서 불초자식을 둔 점을 한탄하듯이 해몽 못 한 세상 사람들에게, '열 세자' 주문의 지극한 심학과 도성입덕(道成立德)으로 대비해 보여주었다.

　〈교훈가〉는 1860년에 수운이 자신의 후세에게 가르치는 형식을 갖추어 당시의 제자들과 후생들을 교훈한 글이다. 수운은 자기 가계의 훌륭함을 찬양하고 자기의 대(代)에 와서 몰락하게 됨을 탄식하면서 주유천하하다가 마침내 득도하게 된 동기를 자세히 기록했다. 그리하여 득도함으로써 조상에게 보답하게 된 것을 기쁘게 여기며 포덕에 나선다. 수운은 이러한 자신의 일생을 설명하면서 후손과 후생들에게 이 도를 믿으면 현인군자가 되고 도성덕립(道成德立)이 가능하다고 하며 이와 같이 쉬운 도를 믿지 않게 되면 자포자기의 일생을 마치게 될 것이라고 주장했다.[28]

　특히 위 대목과 같이 요순 같은 성현에게도 불초자식[29]이 있다면서 해몽 못 한 사람들에게 괄목상대하게 될 방법을 가르쳐 주는 부친 겸 스승상을 드러냈다. 특히 '열세 자' 주문을 지극히 하면 현인군자요, 주문이 지극하면 된다는 심학을 제시하면서 육친적 실존자인 요순을 뛰어넘어 한울님을 믿으면 도달할 수 있는 경지의 새로운 사부상(師父像)을 제시하며 펼쳤다.

　셋째, 수운은 『용담유사』〈안심가〉에서 다시개벽 후 요순 성세 재도래와 관련하여 난세(亂世)에 대한 고뇌를 연결하여 전망했다.

28　유병덕 편저, 앞의 책, 149쪽.
29　요는 왕위를 누군가 적합한 사람에게 물려주고 싶었다. 아들 '丹朱'는 아버지를 닮지 않아 성품이 거칠고 못되었다. 요는 인색을 물색하다가 '허유'라는 사람이 어질다는 추천을 받고 그를 찾았던 것이다. 정재서, 앞의 책, 255쪽.

가련(可憐)하다 가련하다 아국운수(我國運數) 가련하다

전세임진(前世壬辰) 몇해런고 이백사십 아닐런가

십이제국(十二諸國) 괴질운수(怪疾運數) 다시개벽(開闢) 아닐런가

<u>요순성세(堯舜聖世) 다시와서 국태민안(國泰民安) 되지마는</u>

기험(崎險)하다 기험하다 아국운수(我國運數) 기험하다

개같은 왜적(倭賊)놈아 너희신명 돌아보라

너희역시 하륙(下陸)해서 무슨은덕(恩德) 있었던고

전세임진(前世壬辰) 그때라도 오성한음(鰲城漢陰) 없었으면

옥새보전(玉璽保全) 뉘가할꼬 아국명현(我國名賢) 다시없다

나도또한 한울님께 옥새보전 봉명(奉命)하네

무병지란(無兵之亂) 지낸후에 살아나는 인생(人生)들은

한울님께 복록정(福祿定)해 수명(壽命)을랑 내게비네

내나라 무슨운수(運數) 그다지 기험(崎險)할꼬[30]

- 〈안심가(安心歌)〉 (밑줄-필자)

위의 〈안심가〉에서 보이듯 다시개벽의 도래 후 요순 성세와 국태민안을 연결지어 조선의 난세인 시대사를 통찰하며 전망했다. 임란 시절 조선의 선비 오성(鰲城) 이항복(李恒福, 1556-1618)과 한음(漢陰) 이덕형(李德馨, 1561-1613), 조선의 장수 김덕령(金德齡, 1568-1596)이 있어 옥새를 보전했듯이, 한울님의 옥새 보전과 한울님의 복록은 아국명현이 없어도 자신이 지키겠다고 강조했다.

〈안심가〉는 수운이 1860년에 지은 글로서, 자기의 부인을 안심시키는

---

30 수운 최제우, 〈安心歌〉, 『龍潭遺事』, 앞의 책, 159-161쪽.

형식을 갖추어 당시 사회에서 버림받은 여성들에게 자기가 득도한 도를 통하여 한울님의 뜻에 맞는 생활을 하면 행복하게 살 수 있다고 피력했다. 수운은 봉건사회 속의 여성들에게 인생의 참다운 모습과 여성의 참다운 가치를 자각시키고 나아가 여성의 지위는 한 가정에서뿐만 아니라 한 사회에 있어서도 절대적이라고 가르쳐 여성이 삶에 대해 자신감을 갖게 하였다.[31]

특히 수운은 난세의 수호자 명현이나 영웅호걸과 대비해서, 아국의 운수가 겪어 온 난세와 요순 세상의 반복 여정 중, 또 닥쳐올 수 있는 난세 시기를 다시 고뇌했다. 즉 옥새 보전과 복록을 위해 시대사 속 개인을 초월한 무궁한 이울 속의 한울님 지킴이가 되어, 국운(國運)을 초월한 요순 성세에 대한 갈망을 드러냈다.

넷째, 『용담유사』〈몽중노소문답가〉에서 수운은 이 세상과 대비된 세상을 요순의 시대와 세상과 대비하여 다시개벽에 대한 갈망으로 표현했다.

〈몽중노소문답가〉의 대목을 보기로 하자.

> 아서시라 아서시라 팔도(八道)구경 다던지고
> 고향(故鄕)에나 돌아가서 백가시서(百家詩書) 외워보세
> 내나이 십사세(十四歲)라 전정(前程)이 만리(萬里)로다
> <u>아서라 이세상은 요순지치(堯舜之治)라도 부족시(不足施)요</u>
> <u>공맹지덕(孔孟之德)이라도 부족언(不足言)이라</u> 흉중(胸中)에 품은회포(懷抱)
> 일시(一時)에 타파(打破)하고 허위허위 오다가서
> 금강산(金剛山) 상상봉(上上峰)에 잠간(暫間)앉아 쉬오다가

---

31   유병덕 편저, 앞의 책, 149쪽.

홀연히 잠이드니 몽(夢)에 우의편천일도사(羽衣蹁躚一道士)가
효유(曉諭)해서 하는말이 만학천봉(萬壑千峰) 첩첩(疊疊)하고
인적(人迹)이 적적(寂寂)한데 잠자기는 무삼일고
수신제가(修身齊家) 아니하고 편답강산(遍踏江山) 하단말가
효박(淆薄)한 세상사람 갚을것이 무엇이며
가련(可憐)한 세상사람 이재궁궁(利在弓弓) 찾는말을
웃을것이 무엇이며 불우시지(不遇時之) 한탄(恨歎)말고
세상구경 하였어라 송송가가(松松家家) 알았으되
이재궁궁(利在弓弓) 어찌알꼬 천운(天運)이 둘렀으니
근심말고 돌아가서 윤회시운(輪廻時運) 구경하소
십이제국(十二諸國) 괴질운수(怪疾運數) 다시개벽(開闢) 아닐런가[32]
- 〈몽중노소문답가(夢中老少問答歌)〉(밑줄-필자)

위의 인용문에서 보이듯 이 세상과 대비된 이상적 세상을 요순지치, 공맹지덕으로 보고, 수운은 세상을 디스토피아와 유토피아 이중의 세계로 나누어 보여주었다.

〈몽중노소문답가〉는 수운이 1861년 꿈속에서 늙은이와 젊은이가 주고받는 이야기의 형식으로 지은 글이다. 당시 조선의 상황을 자세히 설명하고 부패하고 타락한 이 세상을 건지기 위해서는 자신의 도를 펴야 된다고 말했다.[33] 특히 당시의 시대적 혼란은 요순과 같은 성군의 힘으로도 어쩔 수 없는 것이요, 공자나 맹자 같은 성인의 덕화(德化)로도 구할 수 없다고

---

32 수운 최제우, 〈夢中老少問答歌〉, 『龍潭遺事』, 앞의 책, 182-184쪽.
33 유병덕, 앞의 책, 150쪽.

한탄했다. 효박한 세상, 금수 같은 세상 사람이라고 표현할 정도로 지극히 혼란되어, 필연적으로 새로운 이념이나 시대를 구할 수 있는 새로운 종교가 민중들 사이에 요구되었다.[34] 이는 유학이 요순의 시대, 요임금과 순임금이 다스리는 태평성대를 그 전범으로 삼는 과거 지향적 유토피아 세계가 아닌, 선천이라는 낡고 병든 세상을 뛰어넘어 새롭게 다가오는 후천의 시대를 맞이하는 세상으로, 후천이라는 미래 지향적인 의식에 의하여 나타난 유토피아 의식[35]이라 볼 수 있다.

그러기에, 기존의 오랜 이념 세계며 치인의 질서인 유가의 가르침으로도 도저히 구제할 수 없는 요순지치, 공맹지덕도 부족하며 더 비전적인 세상, 다시개벽적 세계관을 요청하게 되는 것이다.

다섯째, 수운은 『용담유사』〈권학가〉에서 요순 성세는 사람마다 요순이라는, 사람의 심성에 비유하며 성선론적 존재로 미래의 성운(盛運) 시절을 위한 준비론으로 동귀일체를 비유시켜 보았다.

> 자고급금(自古及今) 촌탁(忖度)하니 요순성세(堯舜聖世) 그때라도
> 일천지하(一天之下) 많은사람 사람마다 요순(堯舜)일세
> 윤회(輪廻)같이 둘린운수(運數) 수원수구(誰怨誰咎) 아닐런가
> 아무리 이세상도 현인군자(賢人君子) 있지마는
> 진토중(塵土中)에 묻힌옥석(玉石) 뉘라서 분간(分揀)하며
> 안빈낙도(安貧樂道) 하지마는 뉘라서 지도(指導)할꼬

---

34 윤석산, 앞의 책, 66쪽.
35 윤석산, 위의 책, 80-81쪽.

시운(時運)을 의논(議論)해도 일성일쇠(一盛一衰) 아닐런가
쇠운(衰運)이 지극(至極)하면 성운(盛運)이 오지마는
현숙(賢淑)한 모든군자(君子) 동귀일체(同歸一體) 하였던가
어렵도다 어렵도다 만나기도 어렵도다
방방곡곡(方方谷谷) 찾아들어 만나기만 만날진댄
흉중(胸中)에 품은회포(懷抱) 다른할말 바이없고
수문수답(隨問隨答) 하온후에 당당정리(堂堂正理) 밝혀내어
일세상(一世上) 저인물(人物)이 도탄중(塗炭中) 아닐런가
함지사지(陷之死地) 출생(出生)들아 보국안민(輔國安民) 어찌할꼬[36]
- 〈권학가(勸學歌)〉 (밑줄-필자)

위 〈권학가〉에서 요순 성세의 사람에 대해 요순이라는 성선론적 비유를 윤회적 운수와 연관 지어 보여주었다. 그러면서 현인군자를 분간하지 못하고, 안빈낙도를 지도하지 못하고, 군자의 동귀일체, 함지사지 출생들의 보국안민이 이루어지지 않는 안타까움 등과 대비하면서 보여주었다.

〈권학가〉는 1862년에 전라도에 피신해 있으면서 제자들에게 도를 열심히 믿도록 가르친 글이다. 수운은 낡은 세상이 곧 가고 새로운 세상이 천리(天理)에 의해서 곧 돌아오게 되므로 나 자신이 한울님을 위하는 것은 곧 자기 자신의 확대요 천리를 따르는 것이므로 한울님을 지극히 정성스럽게 공경하면 반드시 좋은 시절을 만나 잘 살 수 있다는 것을 말해 준다.[37]

요순 성세에는 사람마다 요순이지만, 반요순 시절에는 소수의 현인군자

---

36 수운 최제우, 〈勸學歌〉, 『龍潭遺事』, 앞의 책, 205-207쪽.
37 유병덕 편저, 앞의 책, 150쪽.

가 있다 해도 은둔하고 있기에 안빈낙도를 가르칠 지도자로 나설 수 없다. 수운은 세상을 요순 성세라는 성운(盛運) 시절, 반요순 시절이라는 쇠운(衰運) 시절로 나누어 보면서, 다시 성운을 준비하기 위해 현숙한 군자와 동귀일체의 준비, 보국안민 등에 대한 걱정을 토로하고 있다.

여섯째, 수운은 『용담유사』〈도덕가〉에서 요순과 대비된 세계와 도척의 세계를 보여주었다.

> <u>요순지세(堯舜之世)에도 도척(盜跖)이 있었거든</u>
> 하물며 이세상에 악인음해(惡人陰害) 없단말가
> 공자지세(孔子之世)에도 환퇴(桓魋)가 있었으니
> 우리역시 이세상에 악인지설(惡人之說) 피(避)할소냐
> 수심정기(守心正氣) 하여내어 인의예지(仁義禮智) 지켜두고
> 군자(君子)말씀 본(本)받아서 성경이자(誠敬二字) 지켜내어
> 선왕고례(先王古禮) 잃잖으니 그어찌 혐의(嫌疑)되며
> 세간오륜(世間五倫) 밝은법(法)은 인성지강(人性之綱)으로서
> 잃지말자 맹세(盟誓)하니 그 어찌 혐의(嫌疑)될꼬
> 성현(聖賢)의 가르침이 이불청(耳不聽) 음성(淫聲)하며
> 목불시(目不視) 악색(惡色)이라 어질다 제군(諸君)들은
> 이런말씀 본(本)을받아 아니잊자 맹세(盟誓)해서
> 일심(一心)으로 지켜내면 도성입덕(道成立德) 되려니와
> 번복지심(飜覆之心) 두게되면 이는역시(亦是) 역리자(逆理者)요
> 물욕교폐(物慾交蔽) 되게되면 이는역시 비루자(鄙陋者)요
> 헛말로 유인(誘引)하면 이는역시 혹세자(惑世者)요
> 안으로 불량(不良)하고 겉으로 꾸며내면

이는역시 기천자(欺天者)라 뉘라서 분간(分揀)하리³⁸

　　- 〈도덕가(道德歌)〉 (밑줄-필자)

　위 〈도덕가〉에서 수운은 요순과 대척된 도척의 세계를 지적하고 세상의 이중 면모를 들면서 극복의 길을 보여주었다.

　1862년에 객지에서 지은 〈도덕가〉는 도덕이란 무엇인가에 대한 것인데 본체생명(本體生命)인 한울님의 의사에 합치되는 개인의 모든 행위를 올바른 도덕으로 규정하고 그 밖의 모든 인간의 행위를 죄악으로 규정했다. 여기에서 수운은 한울님과 천지·귀신·음양을 본체생명으로 통일시켰다. 천지 사이에 가득 찬 생명체가 음과 양으로 갈라져 상반된 작용에 의하여 만물이 화생(化生)케 된 것이므로 개체생명(個體生命)은 본체생명이 발전 성장하기 위해서 필요하게 된다. 그러므로 개체생명은 본체생명과 동일한 것이 되며 동일 원리에 의해서 성장 발전하는 것이라고 가르치고 있다.³⁹ 요순의 시대에도 도척과 같이 인륜에 벗어난 행동을 하는 사람이 있었고, 공자와 같은 성인도 음해한 사람이 있었는데, 세상 사람들이 음모와 음해를 하는 것은 세상일로 있을 수 있는 일이라고 수운은 생각했다. 옛 성인의 가르침인 인의예지를 지켜 내고자, 인의예지를 더욱 이상적으로 구현시키기 위해서는 사람들이 수심정기를 그 바탕으로 삼아야 한다고 판단했다. 수운은 당시 시대적인 위기를 극복하기 위해 유가의 덕목인 인의예지를 더욱 이상적으로 구현시킬 새로운 도덕률인 수심정기(守心正氣)를

38　수운 최제우, 〈道德歌〉, 『龍潭遺事』, 앞의 책, 220-222쪽.
39　유병덕 편저, 앞의 책, 151쪽.

들었다.[40]

그러면서 악인음해의 역리자, 비루자, 혹세자, 기천자가 아닌, 수심정기와 인의예지, 성경(誠敬)과 오륜(五倫), 일심으로 도성입덕 등이 중요하다고 제시했다.

이상과 같이 태평성세의 군주이고 과거 동양의 유토피아의 상징적 비유 인물인 요순을 빌려 수운은 『동경대전』의 〈논학문〉, 『용담유사』의 〈교훈가〉, 〈안심가〉, 〈권학가〉, 〈몽중노소문답가〉 등에서 다양하게 대비하여 자신의 세계관으로 재해석했다.

2) 해월의 요순: 성인의 덕화적 훈육 방법

동양의 '요순 신화'에 대하여 수운이 다양한 비유 어법을 통해 대비시켜 보여주었듯이, 해월 최시형 역시 『해월신사법설』의 〈개벽운수〉, 〈성인지덕화〉, 〈기타〉, 〈독공〉 등에서 성스러운 성현의 비유 존재인 요순의 훈육적 방법, '요순공맹'의 덕, 요순 행사와 관련지어 보여주었다. 그 특성을 자세히 고찰해 보기로 하자.

첫째, 해월은 요순을 『해월신사법설』의 〈개벽운수〉에서 '공맹'과 더불어 성스러운 인물 비유로 보여주었다.

> 吾道之運에 堯舜孔孟之聖材多出矣니라 吾道는 回復天皇氏之根本大運也니라 天皇氏 無爲化氣之根本을 孰能知之리오 知者鮮矣니라 人是天人이요 道是大先生主無極大道也니라.
>
> 우리 도의 운수에 요순공맹의 성스러운 인물이 많이 나리라. 우리 도는 천

---

40 윤석산, 『龍潭遺事 硏究』, 민족문화사, 1993, 122-123쪽.

황씨의 근본 큰 운수를 회복한 것이니라. 천황씨 무위화기의 근본을 누가 능히 알 수 있겠는가. 아는 이가 적으니라. 사람은 한울 사람이요, 도는 대선생님의 무극대도니라.[41]

- 〈개벽운수(開闢運數)〉 (밑줄-필자)

위〈개벽운수〉에서 해월은 성스러운 성현의 비유 존재자로서 요순을 공맹씨와 천황씨와 연결지어, 무극대도로 대비해서 보여주었다. 해월은 동학이 천지가 개벽하던 큰 운수를 다시 회복한다고 하였다. '다시개벽'의 운이란 포태의 수를 받아 일체 만물이 모두 다 새롭게 태어난다는 뜻이다.[42]

특히 해월은 우리 도의 운수와 '요순공맹', 성현지사의 많아짐과 관련지어 사람을 한울 사람, 대선생님의 무극대도, 성스러운 인물의 운수와 연결지어 보여주었다.

둘째, 해월은 요순의 덕화적 훈육 방법을 『해월신사법설』의〈성인지덕화〉를 통해 보여주었다.

聖人은 於凡人에 常以溫良和氣로 薰陶德聖하나니 諄諄然 眷眷曉諭하고 不出苛責之言이니라 聖人之德化는 捨己德人하고 凡人之私心은 利己害人이니라 堯舜之世에 民皆爲堯舜이나 民豈可以爲皆堯舜也리오 是堯舜之德化中 薰育矣니라.

성인은 세상 사람에게 항상 온화한 기운으로 덕성을 베풀어 훈육하나니, 거듭 일러 친절히 가르치고 돌보고 돌보아 알아듣게 타이르고, 가혹하게

---

41 해월 최시형, 〈開闢運數〉, 『海月神師法說』, 앞의 책, 328-329쪽.
42 오문환, 『다시개벽의 심학』, 모시는사람들, 2006, 52쪽.

꾸짖는 말씀을 입 밖에 내지 아니하느니라. 성인의 덕화는 자기를 버리어 사람에게 덕이 되게 하고, 세상 사람의 사사로운 마음은 자기만 이롭게 하고 사람을 해롭게 하느니라. <u>요순의 세상에 백성이 다 요순이 되었다 하나, 백성이 어찌 다 요순이 되었겠는가. 이것은 요순의 덕화 속에 훈육되었기 때문이니라.</u>[43]
- 〈성인지덕화(聖人之德化)〉 (밑줄-필자)

해월은 〈성인지덕화〉에서 온화한 기운과 덕성에 의해 친절하게 교육하는 요순의 덕화적 훈육 방법을 중심으로 설명했다. 여기서 해월은 꾸짖는 방법은 경계하며 성인 덕성의 방법은 자기를 버리고 타자에게 덕화를 미치고 있기에, 범인들의 사사로운 마음은 자기의 이익을 위해 타자에게 해를 끼치는 것과 다르다고 보았다. 즉 요순 세상에서 덕화적 훈육 방법으로 가르쳐 왔다는 점을 강조했다.

셋째, 해월은 『해월신사법설』〈기타〉에서 '요순공맹'의 덕을 세상의 욕망계와 대비하여 보여주었다.

大神師 恒言하시되 此世는 堯舜孔孟의 德이라도 不足言이라 하셨으니 現時가 後天開闢임을 이름이라. 先天은 物質開闢이요 後天은 人心開闢이니, 將來 物質發明이 其極에 達하고 萬般의 事爲 空前한 發達을 遂할지니, 是時에 在하여 道心은 더욱 微하고 人心은 더욱 危할지며, 더구나 人心을 引導하는 先天道德이 時에 順應치 못할지라. 故로 天의 神化中에 一大開闢의 運이 回復되었나니, 故로 吾道의 布德天下 廣濟蒼生은 天의 命하신 바

---

43 해월 최시형, 〈聖人之德化〉, 『海月神師法說』, 앞의 책, 318쪽.

니라.

<u>대신사께서 늘 말씀하시기를 이 세상은 요순공맹의 덕이라도 부족언이라 하셨으니 이는 지금 이때가 후천개벽임을 이름이라.</u> 선천은 물질개벽이요 후천은 인심개벽이니 장래 물질 발명이 그 극에 달하고 여러 가지 하는 일이 전례 없이 발달을 이룰 것이니, 이때에 있어서 도심은 더욱 쇠약하고 인심은 더욱 위태할 것이며 더구나 인심을 인도하는 선천도덕이 때에 순응치 못할지라. 그러므로 한울의 신령한 변화 중에 일대 개벽의 운이 회복되었으니, 그러므로 우리 도의 포덕천하·광제창생은 한울의 명하신 바니라.[44]

- 〈기타(其他)〉 (밑줄-필자)

위와 같이 해월은 〈기타〉에서 요순공맹의 덕을 후천개벽과 대비해서 보여주었다. 특히 이 부분은 수운의 〈몽중노소문답가〉에서 '<u>아서라 이세상은 요순지치(堯舜之治)라도 부족시(不足施)요 공맹지덕(孔孟之德)이라도 부족언(不足言)이라 흉중(胸中)에 품은 회포(懷抱)</u>'로 시작되듯이, 해월에 의해 해석이 확장되며, 세계관이 확장되었다고 볼 수 있다.

과거의 이상 정치가 아닌 후천개벽 세계에 이르며, 한울님의 신령한 변화로 포덕천하와 광제창생의 중요성을 제시했다. 즉 요순공맹의 덕으로 세상을 다스리는 것이 부족할 때가 바로 후천개벽을 해야 할 때이며, 한울님의 신령한 변화로 일대 개벽의 운을 회복하여, 우리 도를 통해 포덕천하·광제창생 하자는 의미가 내포되어 있다.

넷째, 해월은 『해월신사법설』〈독공〉에서 요순지치, 공맹지심의 비유를

---

44 해월 최시형, 〈其他〉, 『海月神師法說』, 위의 책, 416-418쪽.

통해 요순공맹의 덕을 보여주었다.

> 余 少時 自思에 上古聖賢은 意有別樣異標矣러니 一見大先生主하고 心學以後에는 始知非別異人也요 只在心之定不定矣니라 行堯舜之事하고 用孔孟之心이면 孰非堯舜이며 孰非孔孟이리오 諸君은 體吾此言하여 自强不息이 其可矣哉인저 吾雖未貫이나 唯望諸君之先通大道也로라.
>
> 내가 젊었을 때에 스스로 생각하기를 옛날 성현은 뜻이 특별히 남다른 표준이 있으리라 하였더니, 한번 대선생님을 뵈옵고 마음공부를 한 뒤부터는, 비로소 별다른 사람이 아니요 다만 마음을 정하고 정하지 못하는 데 있는 것인 줄 알았노라. <u>요순의 일을 행하고 공맹의 마음을 쓰면 누가 요순이 아니며 누가 공맹이 아니겠느냐. 여러분은 내 이 말을 터득하여 스스로 굳세게 하여 쉬지 않는 것이 옳으니라. 나는 비록 통하지 못했으나 여러분은 먼저 대도를 통하기 바라노라.</u>[45]
>
> - 〈독공(篤工)〉 (밑줄-필자)

위와 같이 해월은 〈독공〉에서 요순공맹의 덕을 대도를 통해 보여주었다. 해월은 1860년 수운 대선생과의 만남을 한순간도 잊지 못했으며 그 믿음이 흔들리지 않았다고 스스로 확언하였다. 해월은 요순과 공맹같이 마음을 써서 누구나 성인이 될 수 있다고 믿었다.[46]

요순과 함께 자주 거론되는 공맹의 비유를 보면, 유학자들의 사회 개혁의 이론적 근거로 인정(仁政)이나 왕도(王道) 정치라는 말로 대표되는 유가

---

45 해월 최시형, 〈篤工〉, 『海月神師法說』, 위의 책, 313-314쪽.
46 오문환, 앞의 책, 127쪽.

의 이상 정치의 이념을 지향했다는 것을 알 수 있다. 공자가 제시한 인정이란, 한 집안의 가장이 인애(仁愛)의 덕으로 가족을 이끌어 나가는 것과 같이 군주도 금령(禁令)이나 형벌로 백성을 다스릴 것이 아니라 인(仁)을 중심으로 한 덕과 예로 다스려야 한다는 것이다. 맹자는 이런 공자의 인정을 왕도정치라는 표현으로 더욱 확고히 했다. 왕도는 덕으로 인을 행하는 정치를 일컫는 것으로, 결과적으로 백성이 마음속으로부터 기뻐하며 복종하게 되는 정치이다. 교화를 펴서 사람들에게 인륜의 도리를 가르쳐 인간다움을 실현하게 함으로써 왕도정치를 완성한다는 것이다.[47] 이런 공맹을 해월은 요순의 행사와 더불어 마음을 믿고 자강불식하는 것으로서 중요하게 드러냈다.

이상과 같이 해월은 『해월신사법설』의 〈성인지덕화〉, 〈독공〉, 〈개벽운수〉, 〈기타〉에서 요순의 수사법을 '공맹' 비유와 아울러 스승 수운의 '요순관'을 감안하면서 성현의 비유 존재, 훈육적 방법, 덕화적 존재, 일용 행사의 도와 관련지어 해석했다.

3) 의암의 요순: 교회의 덕화와 삼위일체적 덕화

의암 역시 스승 수운과 해월에 이어 요순의 세계를 비유하여 강조했는데, 『의암성사법설』의 〈삼전론〉, 〈신앙통일과 규모일치〉, 〈몽중문답가〉, 〈시문〉을 통해 이를 보여주었다.

첫째, 의암은 〈삼전론〉에서 순후함의 성품을 성도치지의 요순과 대비해 강조했다.

---

47 장숙필, "유교적 이상과 개혁", 한국사상연구회, 『조선유학의 개념들』, 예문서원, 2002, 538-539쪽.

太古之無爲兮여 其氣也未發이요 三皇之基礎兮여 道本乎心이요 五帝之孩提兮여 施措於治法이라 人氣也淳厚하니 民皆爲堯舜이요 敎導以聖道하니 世莫非堯舜이라 人道之將泰兮여 人各有人心이라 惟彼軒轅時之蚩尤와 虞舜世之有苗가 背化而作亂하니 豈可無善惡之別乎아.

태고의 '무위' 시대는 그 기운이 아직 발하지 않은 때요, 삼황이 세상의 기초를 세움이여, 도를 마음에 근본하였음이요, 오제가 문물제도를 시작함이여, 정치와 법을 바르게 폄이라. <u>사람이 순후하니 백성이 다 요순이요, 성도로써 가르치니 세상이 다 요순 아님이 없느니라.</u> 인도가 커지면서 사람은 각각 인심이 있는지라, '헌원씨' 시대에는 '치우'가 작란하고, '우순씨' 세상에는 '유묘'가 교화를 배반하고 작란하니, 이런 일을 본다 해도 어찌 선악의 차별이 없다고 하겠는가.[48]

- 〈삼전론(三戰論)〉 (밑줄-필자)

위 〈삼전론〉에서 사람의 순후한 성품의 비유로 요순, 성도치지자로서 세상과 요순 세상을 그려 냈다. 특히 의암은 삼황오제와 더불어 보여주었다. 여기에서 덕화 훈육법, 사람의 품성론, 성인지덕화, 치우,[49] 유묘 등과 대비시켜 보여주었다. 해월은 〈성인지덕화〉에서 "<u>요순의 세상에 백성이 다 요순이 되었다 하나, 백성이 어찌 다 요순이 되었겠는가. 이것은 요순의 덕화 속에 훈육되었기 때문이니라.</u>"[50]라고 하며 온화한 기운과 덕성에 의한 친절한 교육을 통해 요순의 덕화적 훈육 방법을 중심으로 성인의 훈

---

48 의암 손병희, 〈三戰論〉, 『義菴聖師法說』, 앞의 책, 625-626쪽.
49 구리의 머리에 쇠의 이마를 했다고 하는 무서운 싸움 신인 '치우'. 훗날 황제의 통치에 반기를 들고 황제와 치열한 전쟁을 하게 됨. 정재서, 앞의 책, 139쪽.
50 해월 최시형, 〈聖人之德化〉, 『海月神師法說』, 앞의 책, 318쪽.

육 방법을 보여주었다. 난세 시대 '헌원씨'와 '우순' 시대 '유묘씨'를 대비하여 성인의 덕성은 자기를 버리고 타자에게 덕화를 미치게 한다는 점을 강조하며, 요순 세상은 덕화적 훈육 방법으로 가르쳐 왔다는 점을 역사적 대비법을 통해 강조했다.

둘째, 의암은 요순의 덕화 부지자를 『의암성사법설』의 〈신앙통일과 규모일치〉에서 교회의 덕화 부지자와 대비해서 보여주었다.

> 敎人으로서 敎會의 德化를 不知함은 堯舜之世에 堯舜의 德化를 不知함과 如하니라 我의 目的한 바와 諸君의 目的한 바가 이미 同一하고 諸君의 目的 한 바와 大神師의 目的한 바가 또한 同一한 것이니 同一한 目的을 達成하려면 精神이 一致해야 하나니라 吾人의 本來精神이 꼭 一致하고보면 天下를 驅하여 動코자 하여도 敢히 動치 못하나니라.
> <u>교인으로서 교회의 덕화를 알지 못함은 요순 때에 요순의 덕화를 알지 못함과 같으니라.</u> 내가 목적한 바와 여러분이 목적한 바가 이미 같고, 여러분이 목적한 바와 대신사가 목적한 바가 또한 같은 것이니, 같은 목적을 달성하려면 정신이 일치해야 하느니라. 우리의 본래 정신이 꼭 일치하고 보면 천하가 달려들어 움직이고자 해도 감히 움직이지 못하느니라.[51]
> - 〈신앙통일과 규모일치(信仰統一과 規模一致)〉 (밑줄-필자)

위 〈신앙통일과 규모일치〉에서 의암은 교화의 덕화를 모르는 이가 요순의 덕화 부지자(不知者)라며 대비해서 보여주었다. 더욱이 교회의 덕화에서 의암 자신이 목적함과 교인이 목적함이 같아야 하고, 또 같은 목적을

---

51 의암 손병희, 〈信仰統一과 規模一致〉, 『義菴聖師法說』, 위의 책, 710-711쪽.

위해 정신 일치가 되어야 하고 본래 정신의 일치까지 되는 것이 중요하다고 설파했다. 즉, 대신사의 목적, 정신 일치, 본래 정신과 의암의 정신, 교인의 정신 모두가 일치해야 되는 인간이 주체가 된 자력적 신앙을 강조하였다.[52] 덕화의 부지자에게 천하를 지켜 내는 삼위일체적 요순의 덕화 방법으로 정신 통일의 방법을 제시한 것이다.

셋째, 의암은 『의암성사법설』의 〈몽중문답가〉에서 유토피아 시절의 요순을 빌려 만물이 회생하는 조화 이치를 깨달은 오만년 회복운수와 대비해 보여주었다.

> 좋은 시절(時節) 정(定)할테니 어찌아니 좋을소냐
> 요순세계(堯舜世界) 다시와도 이와같진 못할테요
> 삼황오제(三皇五帝) 다시온들 이에서 지날소냐
> 좋을시고 좋을시고 오만년(五萬年)의 회복지운(回復之運)
> 희호세계(熙皞世界) 분명(分明)하다 불망기본(不忘其本) 그이치(理致)를
> 염념불망(念念不忘) 잊지말아 한탄(恨歎)말고 있게되면
> 너의소원(所願) 이루리라 축문(祝文)지어 현송(現誦)하며
> 불고사생(不顧死生) 맹서(盟誓)해서 삼재인륜(三才人倫) 다시정(定)해
> 다짐맹서(盟誓) 하는줄을 내가어찌 모를소냐
> 이대로만 하게되면 돌아오는 그때에는
> 음양조화(陰陽造化) 다알아서 주찰천하(周察天下) 할터이오
> 소원(所願)대로 행(行)할테니 한탄(恨歎)말고 돌아가서
> 너의사장(師丈) 교훈(敎訓)받아 일사위법(一事違法) 하지말고

---

52 김용휘, 앞의 논문, 154쪽.

차제도법(次第道法) 밝혀내어 순리순수(順理順受) 하였어라

수작(酬酌)하는 그거동(擧動)을 잠심(潛心)하여 보다가서

봉황(鳳凰)의 울음소리 홀연(忽然)히 잠을깨니

불견기처(不見其處) 되었더라

전후좌우(前後左右) 살펴보니 침상일몽(枕上一夢) 그뿐일세[53]

- 〈몽중문답가(夢中問答歌)〉 (밑줄-필자)

〈몽중문답가〉는 수운의 〈몽중노소문답가(夢中老少問答歌)〉를 연상시킨다. 이 가사에서는 유토피아 시절의 요순을 비유하면서 병행하여 삼황오제도 비유했다. 오만년 회복지운이 순리순수하며 지켜지는 그 세계에 대한 인식의 재발견이라 볼 수 있다. 즉 만물 회생의 조화 이치, 한울님 공경의 뜻에 순종하여 음양 이치의 조화 기운과 우주의 순환 근본의 혜택 등 한울님의 뜻을 위해 맹세할 것과 천리 순종에 대해 피력했다.

넷째, 의암은 『의암성사법설』 〈시문〉에서는 귀신 유무와 연관시켜 '요순지치'와 '걸주지난'과 대비된 세상 비유를 보여주었다.

有鬼神則 堯舜治　　無鬼神則 桀紂亂

鳳凰臺役鳳凰遊　　天心守處天心開

귀신이 있으면 요순의 다스림이요, 귀신이 없으면 걸주의 난이니라.

봉황대를 지어야 봉황이 놀고, 천심을 지키는 곳에 천심이 열리더라.[54]

- 〈시문(詩文)〉 (밑줄-필자)

53　의암 손병희, 〈夢中問答歌〉, 『義菴聖師法說』, 앞의 책, 723-725쪽.
54　의암 손병희, 〈詩文〉, 『義菴聖師法說』, 위의 책, 768-769쪽.

위 〈시문〉에서는 귀신 유무와 연관시켜 '요순지치'와 '걸주지난'으로 대비된 세상 비유를 보여준다. 귀신이 없었던 '걸주'는, 동양의 부정적 통치자의 전형이다. 특히 걸은 신화 속의 악의 화신으로 온갖 잔인하고 끔찍한 행각을 저지르는 악행으로 이름을 날리는 인물인 폭군 걸이다. 그는 백성들의 고혈을 짜 화려한 궁전을 짓고, 남성 파트너인 간신과 여성 파트너인 애첩을 두고 나라를 망치는 중요한 배역을 담당했다.[55] 해월은 "사람이 동하고 정하는 것이 마음이 시키는 것이냐, 기운이 시키는 것이냐? 기운은 주가 되고 마음은 체가 되고 귀신은 용사하는 것이니 조화란 것은 귀신의 좋은 재능이니라. 귀신이란 것은 무엇인가? 음양으로 말하면 음은 귀, 양은 신이요, 성심으로 말하면 성은 귀, 심은 신이요, 굴신으로 말하면 굴은 귀, 신은 신이요, 동정으로 말하면 정은 귀, 동은 신이니라."[56]라고 보았다. 그러면서 요순 세상과 '걸주'의 난세를 귀신 유무로 대비시켜 보여주었다. 선령의 가치관이 주가 되었던 시대를 강조하며 천심을 지키는 곳에 천심이 열리는 것 역시 부각시켰다.

이상과 같이 의암은 요순의 수사법을 『의암성사법설』의 〈삼전론〉, 〈신앙통일과 규모일치〉, 〈몽중문답가〉, 〈시문〉에서 보여주었다. 그것은 성품과 성도지치의 요순으로, 요순의 덕화 부지자로, 유토피아 비유의 시절과 요순과 병행 비유된 삼황오제로, 세상을 비유하여 보여준다.

---

55 정재서, 앞의 책, 293-295쪽.
56 해월 최시형, 〈天地人・鬼神・陰陽〉, 『海月神師法說』, 앞의 책, 265-266쪽.

IV. 후천개벽 유토피아와 패러다임의 전환 수사법

이상에서 세 스승의 비유를 통해 동양의 '요순 신화' 재해석을 살펴본 결과를 정리하면 다음과 같다.

수운 최제우는 요순 신화를 여섯 가지 비유로 재해석했다.

첫째, 요순과 백성의 동일시, 세상 운수와 세상의 동일시로 순환했다고 보면서 수운은 인심(人心)의 중심이 아닌 한울님 중심론의 우주관을 설정하여 강조했다.

둘째, '열세 자' 주문이 지극하면 된다는 심학론을 기초로 하면 육친적 실존자인 요순을 뛰어넘어 새로운 사부상(師父像)으로 자리매김하고 있다고 보았다.

셋째, 수운은 난세 시대의 수호자들을 거론하면서, 또다시 난세 시기를 상정하여, 옥새 보전과 복록을 시대사 속 개인을 초월한 경지로 피력했다. 즉 무궁한 이울 속의 한울님 지킴이가 되어, 초월한 전망을 요순 성세인 영속적인 유토피아에 대한 갈망으로 드러냈다.

넷째, 세상은 요순지치, 공맹지덕으로도 부족하기에 다시개벽적 세계관을 요청하게 된다. 즉 수운의 유토피아 세계관은 수신제가의 중요성, 윤회시운의 세상, 후천개벽에 대한 갈망으로 귀결하여 나타난다.

다섯째, 요순 성세라는 성운(盛運) 시절, 반요순 성세라는 쇠운(衰運) 시절로 세상을 이분하여 인식하면서, 다시 성운의 준비로 동귀일체의 준비와 보국안민에 대한 걱정, 안빈낙도의 중요성이 기반이 된 윤회적 운수를 중시하는 것으로 나타난다.

여섯째, 수운은 시대적인 위기를 극복할 대안으로, 악인음해의 역리자·비루자·혹세자·기천자가 아닌, 수심정기와 인의예지, 성경(誠敬)과

도성입덕 등이 전망의 방법이라고 제시했다.

수운에 이어 해월 최시형은 요순을 네 가지 비유로 재해석했다.

첫째, 해월은 우리 도의 운수와 요순공맹, 성현지사의 많아짐과 아울러 대선생님의 무극대도와 성스러운 인물 운수를 연결지어 보여주었다.

둘째, 성인 덕성은 자기를 버리고 타자에게 덕화를 미치게 하는 것이라며, 요순 세상에서는 덕화적 훈육 방법으로 가르쳐 왔다는 점을 강조했다.

셋째, 과거 세계관의 한계로 후천개벽에 이르게 되었으며 인심개벽과 포덕천하, 광제창생이 중요함을 설파하고 있다. 즉 요순공맹의 덕으로 부족할 때가 바로 후천개벽 때임을 강조, 한울님의 신령한 변화로 일대 개벽운의 회복을 지향하고 있다.

넷째, 해월은 요순의 행사와 공맹의 마음을 믿고 자강불식하는 것을 중시하고 있다.

해월에 이어 의암 손병희는 요순을 네 가지 비유로 재해석했다.

첫째, 성인 덕성은 자기를 버리고 타자에게 덕화를 미치게 하는 것이며, 요순 세상은 덕화적 훈육 방법으로 가르쳐 왔다는 점을 다시 강조했다.

둘째, 대신사의 목적, 정신 일치, 본래 정신과 의암의 정신, 교인의 정신이 모두 일치해야 되는 인간이 주체가 된 자력적 신앙을 강조하면서, 천하를 지켜 내는 정신 통일의 방법으로 제시했다.

셋째, 오만년 회복지운의 이치를 재인식했다. 즉 만물 회생의 조화 이치와 한울님 공경의 뜻에 순종하여 한울님의 뜻을 위해 맹세할 것과 천리 순종할 것을 피력했다.

넷째, 요순지치와 걸주의 난세를 귀신 유무로 대비시켜, 선령의 가치관이 주가 되었던 시대의 요순지치를 강조하고 천심이 지켜지는 곳에 천심이 열림을 부각시켰다.

이상으로 수운·해월·의암의 요순 비유를 통해서 볼 때 동학적 이상향에는 여러 요소가 다층적으로 복합되어 있음을 알 수 있다. 수운의 경우 혼원지일기적 세계관과 범재신관이 내재되어 있으며, 무엇보다도 그만의 새로운 수사법(修辭法)을 동원하여 새롭게 세상을 펼쳐 보였다. 그것이 바로 수운이 새롭게 읽어 낸 한울님 중심의 우주관, 도성입덕을 안내한 스승님, 무궁한 이울 속의 한울님 지킴이로서 후천개벽에 대한 열망, 영속적 유토피아에 대한 갈망, 성운을 위한 동귀일체 준비, 새로운 도덕률인 수심정기였다. 해월의 경우 만물 공경적 세계관과 종교 실천 세계관이 밑바탕이 되어 대선생님의 무극대도, 성인의 덕화적 훈육 방법, 후천개벽 후 포덕천하와 광제창생의 강조, 요순공맹심과 일용행사, 자강불식을 강조했다. 의암의 경우 인간 주체의 자력 신앙적 세계관과 문명 진보의 세계관의 맥락에서 덕화적 훈육 방법, 교회의 덕화와 삼위일체적 덕화, 만물 회생의 조화 이치 재인식, 선령의 가치관과 천심의 개안을 드러내며 강조했다.

이렇게 볼 때 '요순 신화'를 비유하여 재해석한 동학 경전에 쓰인 비유법은 과거 이상주의에 대한 회귀만이 아닌, 한마디로 후천개벽 유토피아를 지향하고자 당대에 익숙했던 이상주의의 비유인 요순의 비유를 동원하여, 새로운 세계관을 지향해 나갈 패러다임의 전환 수사법을 무엇보다 독특하게 보여주었다 할 수 있다.

5장 목소리와 바위, 새와 저울의 현상학*
―서구 신화와 동학 신화의 비교

* 졸고, "목소리와 바위, 새와 저울의 현상학"-서구 신화와 동학 신화의 비교」,『문학공간』제202호, 문학공간사, 2006. 9. 수정한 것이다.

Ⅰ. 현상학적으로 해석하기 - 신화 텍스트 대비

현상학은 본질에 대한 탐구이며, 본질을 다시 존재에로 되돌려 놓고 있는 철학이다.[1] 현상학이란 사유의 방식 혹은 양식으로서 실천되고 이해될 수 있으며, 또 그것은 철학으로서 완전한 자기 파악에 도달하기 전에 하나의 운동으로서 존재해 왔다.[2] 실존주의 현상학의 모든 철학적 전개에서 기초가 되는 중심적인 원리는 인간의 본질적인 본성을 세계-내-존재(世界-內-存在)로 이해한다는 점에 있다. 인간은 의미 부여자로, 모든 존재하는 사물은 의미를 지니고 있으나 그 의미는 인간에 의해 부여되어 의미를 획득함으로써 존재하게 된다는 말이다.[3] 현상학은 인식의 절대성을 지향하는 철학적 열정으로, 모든 인식의 가장 근원적인 지점을 찾아내기 위해 모든 편견에서 벗어나 의식에 비친 인식 대상에 충실하려는 시도를 보인다.

신화는 인류 정신문화의 모태이자 근원이다. 신화는 신성한 역사를 이야기하고 있으며, 원초의 시간과 태초의 신화적 시대에 일어난 신성한 역사에 관한 고사이다. 신화는 초자연자의 행위를 통하여 우주라는 모든 실

---

1 메를로-퐁티, 『現象學과 藝術』, 오병남 옮김, 서광사, 1983, 29쪽.
2 메를로-퐁티, 위의 책, 30쪽.
3 김진국 편저, 『文學現象學의 이론과 실제』, 명진사, 1980, 9쪽.

재를 말하거나, 하나의 섬 · 식물 · 특정한 인간 행동 · 제도와 같은 부분적인 실재이거나, 그 실재가 어떻게 해서 존재하게 되었는가를 말해준다.[4]

신화를 현상학적 입장에서 해석하는 시도를 한다면 하나의 신화에 새겨진 인간적인 각인, 즉 그 작품의 의미를 해독하기에 아주 적합한 방법이나 이론을 찾으려고 노력할 것이다. 이러한 해독의 과정이나 한 작품의 의미에 대한 이해는 현상학적 해석학의 초점이다.

본 논문에서는 신화 텍스트를 대상으로 삼아, 서구 신화와 동학 신화에 나타난 비유적 현상을 대비시켜 보고자 한다. 서양 문명권 신화인 그리스 신화와 성경 신화, 이집트 신화 속의 현상학적 의미와 동학 신화 속의 현상학적 의미를 대비시켜 보고자 한다.

경전이 비유적 문학이라면 경전 저술가이자 주체 당사자인 수운 최제우, 해월 최시형, 의암 손병희는 사물의 현상에 대해 어떠한 태도와 의미를 갖고 해석하고 있는가?

현상학적 의미를 이해하기 위한 수운 최제우의 신관 또는 우주관을 먼저 살펴보자. 동학의 신관은 지기일원론적 유기체 철학에 기초한 범재신관이므로, 존재세계를 유기체적 · 통전적 · 비환원론적으로 파악하는 전일적 세계관이다. 동학의 신관은 신의 초월성과 궁극적 실재의 내재성을 통전하여, 내재적 초월 또는 초월적 내재를 강조한다. 그리하여 지구촌 시대에 동학은 인간의 존엄성, 사회윤리의 정의로움에 대한 열망과 중요성, 우주적 존재 신비 등을 동시에 강조할 수 있는 범재신관적 종교적 영성을 제시한다. 그러기에 동학의 시천주 체험과 천도교의 신관은 세계적 보편

---

4   엘리아데, 앞의 책, 14-15쪽.

성과 우주적 가치를 지니고 있다.[5] 수운의 신관은 범재신관으로 정립되며 세상을 읽고 써 내려가는 것이며, 그것은 수운이 동학 신화의 당사자가 되어 주체적 경험을 표출하는 태도에 다양하게 반영되었다.

해월 최시형의 사상 역시 범신관이라 볼 수 있다. 해월은 한울님의 의지적인 섭리를 믿는 입장이어서, 그의 신관은 수운이 가르친 시천주의 확대 해석에서 유래했다고 볼 수 있다. 특히 해월은 한울님을 모시는 것은 사람뿐만 아니라 만물이 다 그러하다는 것을 강조했다.[6] 또한 해월은 동학을 세운 사람이 아닌 한울님의 조화라는 초자연적인 힘을 굳게 믿음으로써 그 종교적 삶의 기초를 굳게 다졌다. 이러한 기초 위에서 성실한 종교 실천을 통해 만사를 깨닫기 위해 최선을 다하였다.[7] 이러한 맥락과 연결지어 만물 공경 세계관과 종교 실천 세계관을 기반으로 한 입장이 그의 법설에 반영되었다.

의암 손병희는 해월의 심즉천과 인시천을 계승하여 인내천을 중심으로 교리의 체계를 세워 나갔다. 특히 의암의 인내천은 수도의 단계에 따라 천과의 관계가 달라져야 한다는 것을 의미하는 것이다. 의암은 인간이 주체가 된 자력적 신앙을 강조하였다.[8] 이러한 맥락과 관련되어 인간 주체적 자력 신앙 입장이 그의 법설에 투영되어 있다.

이상 수운의 범재신관, 해월의 만물 공경적 세계관과 종교 실천적 세계관, 의암의 인간 주체적 자력 신앙 세계관이 내포한 의미를 서양 신화와 대비하여 그들의 저술 『동경대전』에서 목소리, 『해월신사법설』에서 바위

5　김경재, 앞의 논문, 100-101쪽.
6　유병덕 편저, 앞의 책, 245쪽.
7　최동희, 앞의 논문, 91-92쪽.
8　김용휘, 앞의 논문, 154쪽.

와 새, 『의암성사법설』에서 저울의 현상학적 의미를 살펴보자. 특히 이들 동학 신화와 결부 지을 수 있는 서양 신화 중 모세 신화의 목소리, 시지프스 신화의 바위, 노아 신화의 새, 이집트 신화의 저울의 현상학적 의미를 중심으로 대비하여 살펴보자.

II. 목소리의 현상학 - 모세 신화와 수운의 천어

먼저 『성경』「출애굽기」의 모세 관련 신화와 수운의 천어(天語) 신화를 중심으로 목소리의 현상학적 의미를 대비시켜 살펴보자. 종교의 원형 상징은 말씀이다. 인간은 본질적으로 화자인 동시에 청자이며 사려가 깊어질수록 대화는 내향적이며 조응해 가며 더욱 내실이 가해진다. 내면의 귀를 넘어 은밀한 곳에서 속삭여 오는 조용한 음성으로 누가 말을 건네 올 때, 정신적 감수성이 있는 사람이라면 누구나 어떤 유의 느낌을 갖게 마련이다. 그래서 말씀, 즉 로고스는 윤리적 판단에 의미를 부여하는 올바름, 즉 당위를 상징하는 청각 심상이 되는 경우가 많다. 양심의 소리 혹은 성소(聖召) 등과 같은 어구가 나타내는 로고스의 청각적 심상 상징은 지속적으로 사용되고 있다.[9]

그렇다면 『성경』의 「출애굽기」에 나타난 하늘의 말씀과 동학 경전 〈포덕문〉 중에서 '하늘의 말씀[天語]'을 중심으로 현상학적 의미를 살펴보기로 하자.

먼저 모세의 경우는 양 무리를 치면서 광야 서편으로 인도하여 하나님

---

9   필립 윌라이트, 『隱喩와 實在』, 김태옥 역, 문학과지성사, 1983, 125-126쪽.

의 산 호렙에 이르렀을 때 경험하게 된다. 모세는 여호와의 사자가 떨기나무 불꽃 가운데 나타나 떨기나무에 불이 붙어 사라지지 않는 것을 목격하였다. 모세는 그 광경을 보며 떨기나무가 타지 않는 동시에 하나님이 떨기나무 가운데서 자신을 부르는 소리에 대답을 하게 된다. 하나님은 모세에게 서 있는 곳이 거룩한 땅이니 신을 벗고 가까이 하지 말라 한다. 그러면서 하나님은 모세 조상의 하나님인, '아브라함'·'이삭'·'야곱'의 하나님을 확인시킨다. 여호와는 이집트에 있는 자기 백성의 우고(憂苦)를 알고 그들을 이집트에서 건져 내 인도하여, 젖과 꿀이 흐르는 땅인 가나안 지방에 이르게 하겠다 한다. 또 여호와는 이스라엘 자손의 고통을 알고 있으니, 하나님이 모세를 이집트로 보내 이스라엘 자손을 인도하게 하리라 한다. 이러한 대화 중 특히 모세가 반문하는 대목을 보자. "하나님이 모세에게 이르시되 나는 스스로 있는 자니라 또 이르시되 너는 이스라엘 자손에게 이같이 이르기를 스스로 있는 자가 나를 너희에게 보내셨다 하라. 하나님이 또 모세에게 이르시되 너는 이스라엘 자손에게 이같이 이르기를 나를 너희에게 보내신 이는 너희 조상의 하나님 곧 아브라함의 하나님, 이삭의 하나님, 야곱의 하나님 여호와라 하라 이는 나의 영원한 이름이요 대대로 기억할 나의 표호(表號)니라. 너는 가서 이스라엘 장로들을 모으고 그들에게 이르기를 여호와 너희 조상의 하나님 곧 아브라함과 이삭과 야곱의 하나님이 내게 나타나 이르시되 내가 실로 너희를 권고(眷顧)하여 너희가 애굽에서 당한 일을 보았노라."[10]에서 두드러지게 나타나 있다.

「출애굽기」에 나오는 모세에게 들려온 '여호와 하나님'의 목소리에서 보았듯이, 네 조상의 하나님이며, 젖과 꿀이 흐르는 땅을 주겠다 하며, 스스

---

10 「출애굽기」, 『貫珠 聖經全書』, 대한성서공회, 1987, 85쪽.

로 있는 자이며 이름이 영원히 기억될 것이라 알려 준다. 전체적 문맥에서 특히 모세의 질문의 의도는 하나님이 자신을 숨기고 계신 것이 아니라 자신의 이름을 드러내고 있다는 것을 강하게 지지해 준다. 이스라엘은 자신들이 바로 이 시기의 사건을 통해 하나님이 누구인지, 그리고 그가 그들에게 어떤 존재가 되고자 하는지를 알게 되었음을 역사를 통해 보여주었다. 하나님은 자신의 이름을 드러냄으로써 자신의 존재를 인간에게 개방하고, 친근하게 그리고 구원자로서 자신에게 오는 길을 열어 놓았다는 것을 나타냈다.[11] 불붙은 떨기나무와 시내산에서의 율법 계시를 통해서 하나님 보기를 간구하고, 하나님은 진실로 존재 그 자체이며 스스로 존재하는 자이다. 하나님은 충만 그 자체이기에, 무한한 하나님은 우리의 눈으로 볼 수 없으며 이해할 수도 없다. 그는 인간의 모든 인식적 사고와 표현을 초월한 존재이며, 모든 감각적 지식과 지성적 인식을 넘어선 존재이므로 그를 안다는 것은 궁극적으로 불가능하다.[12] 이렇듯 모세가 신의 현현을 통하여 하나님의 본질을 알게 되었을 때, 그는 인간의 감각이나 이해력으로 알 수 있는 것은 실제로 존재하는 것이 아니라는 것을 깨닫게 되고, 유일한 참존재는 우주와 모든 존재의 근원이 되시는 하나님 한 분뿐이라는 사실도 깨달았던 것이다.

그렇게 「출애굽기」에 나타난 모세를 통해 하늘의 목소리로 구현된 '하나님의 말씀'과 대비되는 '동학 신화'는 〈포덕문〉 중에서 수운에게 들려온 '하늘 말씀[天語] 목소리'를 중심으로 살펴보도록 하자.

---

11 윌리엄 S. 라솔, 데이비드 앨던 허바드, 프레드릭 윌리엄 부시, 『구약개관』, 박철현 옮김, 크리스챤다이제스트, 2005, 212-215쪽.
12 닛사의 그레고리, 『모세의 생애』, 고진옥 옮김, 은성, 2003, 25-26쪽.

먼저 수운은 경신년에 전해 들은 서양 사람의 얘기를 거론한다. 수운은 서양 사람들이 부귀를 취하지 말라는 천주의 뜻을 따르지 않고 천하를 빼앗아 그들의 교당을 세우고 그들의 도를 행한다는 것에 의심을 가졌다. 그러던 차 수운은 사월에 마음이 선뜩해지고 몸이 떨려 집중할 수도 말로 형상하기도 어려울 즈음에 직면했다. 이때 수운의 귀에 어떤 신선의 말씀이 들려오게 된다. 그 말씀은 두려워 하지 말고 두려워 하지 말라면서 세상 사람이 나를 상제라 이르는데 수운에게 상제를 모르느냐고 묻는 것이다. 수운이 그 까닭을 물으니, 상제 또한 공이 없으므로 수운을 세상에 내어 사람에게 이 법을 가르치게 하니 의심하지 말고 의심하지 말라 한다. 그러면서 수운의 질문에 상제의 영부를 받아 사람을 질병에서 건지고 상제의 주문을 받아 사람을 가르쳐서 상제를 위하게 하면 수운 자신도 장생하여 덕을 천하에 펴리라는 하늘의 목소리를 듣게 된다. 이에 수운도 그 말씀대로 영부를 받아 정성을 드리니 효험이 나타나게 된다. 또 상제는 조선은 악질이 세상에 가득 차 백성들이 편안할 때가 없으니 상해의 운수라 하며, 서양의 힘은 강하다는 것을 인식하면서 보국안민의 계획을 걱정한다. 이어 상제는 세상 사람들이 시운을 알지 못하고, 도덕을 순종치 않아 개탄스러우니 교훈의 말씀으로 삼아 달라 이르게 된다.

〈포덕문〉에서 수운이 들은 상제의 '천어' 관련 핵심 대목을 보기로 하자.

有何仙語 忽入耳中하여 驚起探問則 曰勿懼勿恐하라 世人이 謂我上帝어늘 汝不知上帝耶아 問其所然하니 曰余亦無功故로 生汝世間하여 敎人此法하니 勿疑勿疑하라 曰然則 西道以敎人乎이까 曰不然하다 吾有靈符하니 其名은 仙藥이요 其形은 太極이요 又形은 弓弓이니 受我此符하여 濟人疾病하고 受我呪文하여 敎人爲我則 汝亦長生하여 布德天下矣리라.

어떤 신선의 말씀이 있어 문득 귀에 들리므로 놀라 캐어 물은 즉 대답하시기를 "두려워하지 말고 두려워하지 말라. 세상 사람이 나를 상제라 이르거늘 너는 상제를 알지 못하느냐." 그 까닭을 물으니 대답하시기를 "내 또한 공이 없으므로 너를 세상에 내어 사람에게 이 법을 가르치게 하니 의심하지 말고 의심하지 말라." 묻기를 "그러면 서도로써 사람을 가르치리이까?" 대답하시기를 "그렇지 아니하다. 나에게 영부 있으니 그 이름은 선약이요 그 형상은 태극이요 또 형상은 궁궁이니, 나의 영부를 받아 사람을 질병에서 건지고 나의 주문을 받아 사람을 가르쳐서 나를 위하게 하면 너도 또한 장생하여 덕을 천하에 펴리라."[13]

- 〈포덕문(布德文)〉 (밑줄-필자)

위의 대목에 나오듯이 세상 사람이 '나'를 상제라 이르거늘 '너'는 상제를 알지 못하느냐, '내' 또한 공이 없으므로 '너'를 세상에 내어 사람에게 이 법을 가르치게 하니 의심하지 말고 의심하지 말라. 사람을 가르쳐서 '나'를 위하게 하면 '너'도 또한 장생하여 덕을 천하에 펴리라는 교훈의 말씀으로 삼으라는 결론으로 강조했다.

이러한 수운의 종교체험은 본연적으로 마음에 모시고 있는 절대자인 '한울님'을 깨달음으로 해서, 이 '한울님'과 합일의 경지를 이룸으로써 겪게 되는 종교체험이다. 수운이 경신년 4월 5일 대도를 받아 동학을 창도하게 되는 가장 결정적인 종교체험이다. 수운이 겪은 종교체험의 순간은, 첫째, 몸이 떨리고 마음이 추워졌다는 심신의 변화와, 둘째, 신의 음성을 듣고 신과 대화를 했다는 사실로 드러난다. 즉 수운은 신과 대화를 하는 신

---

13 수운 최제우, 〈布德文〉, 『東經大全』, 앞의 책, 2001, 17-22쪽.

체험(神體驗)을 하게 된 것이다. 동학의 창도는 수운의 신 체험에서 비롯된 것이다. 수운은 지금까지 조선조 400년을 이끌어 왔고 또 자신이 지금까지 쌓아 온 가장 중요한 사유 방식이었던 유교와는 다른 동학을 창도하게 된 것이다. 즉 수운의 신 체험이라는 종교체험을 통한 동학의 창도는 지금까지 조선조를 유지해 온 유교적 이념과의 결별이며 동시에 새로운 이념, 새로운 사유, 새로운 신념 체계의 출발이라고 할 수 있을 것이다. 즉 수운은 경신년 결정적인 종교체험을 통하여 '한울님'과 하나 됨을 체득하게 되고, 영부와 주문으로 의미되는 무궁의 도를 깨닫게 된다. 나아가 이러한 신 체험과 깨달음을 바탕으로 하여 후천이라는 새로운 세상을 열어 갈 동학을 창도하게 되었던 것이다.[14]

모세의 천어나 수운의 천어 목소리를 대비해 보면 모세 신화에 나타난 하나님과 모세의 소통에서, 모세는 이스라엘 백성이 이집트의 노예로 살고 있는 즈음에 그들을 해방시켜 그들 본래의 땅 가나안으로 돌아갈 것을 주시하고 있다. 그것은 민족이 처한 상황에서 지도자로서의 역할과 하나님의 계보, 백성에게 미래의 비전을 제시하는 것으로 이어진다. 수운의 〈포덕문〉에서 조선 후반기는 모든 이들에게 더 이상 삶의 비전을 줄 수 없었다. 그런 곳에서 수운은 모세처럼 저 땅, 즉 '외형적 땅'으로 이동하여 새로운 세상을 연 것이 아니라, 새로운 패러다임, 바로 '한울님'을 접하게 되어 '내면적 땅[心地]'으로 이동하여 '천어'의 목소리를 통해 받은 도를 구현한 것이다. 또, 모세처럼 조상들의 계보인 하나님을 찾는 것이 아니라, '한울님'을 만나 새롭게 세상을 창도하여 선천개벽과 다른 후천개벽을 선포한 것이다. 「출애굽기」에서 이스라엘인들의 국가 정체(國家政體)가 없었던

---

14   윤석산, 『동학교조 수운 최제우』, 모시는사람들, 2004, 105-106쪽.

것과 달리 〈포덕문〉에서 조선은 국가 정체가 있는 곳에 새로운 정신과 영성(靈性)으로 거듭나기를 바라는 전환적 사고를 촉구하는 것으로 나타난 것이다. 하늘의 천어('여호와 하나님'의 목소리, 상제를 통한 '한울님'의 목소리)가 두 지도자에게 들려왔지만 그 역할은 각각 다르게 나타났다. 그러나 민족 지도자 모세와 영적 창도자 수운은 모두 하늘의 목소리를 듣고 그 민족의 상황에 맞게 방향을 제시했다고 볼 수 있다. 그런고로 목소리의 현상학을 통해 볼 때, 하늘 말씀[天語] 목소리는 모두에게 절대적 진실이자 우주적 진실로 귀결될 수 있다. 다만 그들이 서 있던 나라와 시대에 따라 방편은 전혀 다른 입장으로 나타났다고 볼 수 있는 것이다.

III. 바위의 현상학 - 시지프스 신화와 해월의 〈독공〉

다음으로 그리스 신화 중 시지프스 신화와 해월 최시형의 〈독공〉에서 바위의 의미와 관련지어 살펴보자. 일반적으로 바위는 영속·안정·신뢰성·경직·차가움·딱딱함을 상징한다.[15] 힘든 인생의 비유에서 바위를 높은 곳으로 굴려 올리는 여정으로 보는데, 그것이 서양 신화와 동학 신화에 어떠한 양상으로 나타나는지 시지프스의 바위와 해월의 바위를 통해 현상학적 의미를 대비해 보자.

시지프스는 신들을 속인 불굴의 인간이며, 끊임없이 신에 도전한 프로메테우스 집안의 후손으로 오늘도 돌을 굴리고 있다. 그러한 이유로 첫째, 자기를 속인 여자를 거짓으로 유혹해 죽인 벨레로폰을 생각해 볼 수 있다.

---

15 진 쿠퍼, 『그림으로 보는 세계 문화 상징 사전』, 이윤기 옮김, 까치, 1994, 340쪽.

둘째, 죽음의 사신을 두 번이나 속여 수명을 연장한 것이다. 셋째, 벌을 받으면서도 계속해서 신을 능멸한 것이다. 그리하여 시지프스는 손과 머리로 바위를 굴려 언덕 위까지 옮기는 형벌을 받는다.[16] 신들조차 어찌할 수 없게 만들어 체면을 손상시킨 시지프스는 죽은 후, 지옥 타르타로스에서 가혹한 형벌을 받게 되고, 시지프스에게 무용하고 희망 없는 노동보다 더 끔찍한 형벌은 신들의 비밀을 누설했다는 것이었다.

이 신화에 일찍이 관심을 가진 프랑스의 작가 '카뮈'는 시지프스에 대해 그를 열정과 고뇌의 소유자이자 부조리한 영웅으로 보았다. 신들에 대한 멸시, 죽음에 대한 증오, 그리고 삶에 대한 열정은 아무것도 성취할 수 없는 일에 전 존재를 다 바쳐야 하는 형용할 수 없는 형벌이었다. 이것이 이 땅에 대한 정열을 위하여 지불해야 할 대가이다. 그토록이나 돌덩이에 바싹 닿은 채로 고통스러워하는 얼굴은 이미 그 자체가 돌이다. 나는 이 사람이 무겁지만 한결같은 걸음걸이로, 아무리 해도 끝장을 볼 수 없을 고통을 향하여 다시 걸어 내려오는 것을 본다. 이 신화가 비극적인 것은 주인공의 의식이 깨어 있기 때문이다. 신들 중에서도 프롤레타리아요 무력하고도 반항적인 시지프스는 그의 비참한 조건의 전모를 알고 있다. 아마도 그에게 고뇌를 안겨 주는 통찰이 동시에 그의 승리를 완성시킬 것이다.[17]

그렇다면 이 신화를 포함한 그리스 신화에 깔려 있는 세계관은 무엇인가? 신화와 현실이 초기 그리스 문학에서 어떤 의미를 갖고 있었는가를 보면서, 서사시는 신화를 이야기하고, 신화를 현실로서 받아들여 지상적인 층과 신적인 층인 두 개의 층으로 나누어 구축하고 있다. 여기에서 초

---

16 이경덕, 『하룻밤에 읽는 그리스 신화』, 중앙M&B, 2001, 265-267쪽.
17 알베르 카뮈, 『시지프 신화』, 김화영 옮김, 책세상, 1999, 182-186쪽.

지상적인 사태는 지상적인 것의 의미와 의의를 결정한다.[18] 신들이 만물의 척도인 점은, 그리스인들에게 세계는 질서 있는 세계이고, 엄격한 질서가 만물을 지배하고 있다는 것을 의미한다. 그리스인들은 신들의 배후에 생의 풍부한 내용과 의미 그리고 근거를 주는 한층 포괄적이고 보편적인 것이 존재한다는 것을 명확히 이해하고 있다. 그런 면에서 보면 지상층의 소속자가 신적인 층에 도전한 인간 시지프스를 보면서 질서 세계와 부조리 영웅의 공존 양상이 바로 인과응보적 모습으로 나타나 있다는 것을 알 수 있다.

그렇다면 시지프스가 굴리는 바위와 대비하여 해월은 〈독공〉에서 바위와 관련된 대목에 대해 어떠한 해석을 보여주고 있는가? 해월은 배움은 넓게 하고 물음은 자세히 하고 행함은 독실하게 하라 했다. 또 해월은 만일 3년에 도안이 밝지 못하고 마음 바탕이 신령치 못하면 정성이 없고 믿음이 없는 증거라 했다. 그러면서 정성과 믿음이 있으면 돌을 굴리어 산에 올리기도 쉽고, 정성과 믿음이 없으면 산에서 돌을 굴리어 내리기도 어렵다면서, 공부하는 것이 쉽고 어려움도 마찬가지라 했다. 해월은 스승 수운의 사후 관헌에 쫓겨 전국 산야에 은거하면서 도와 덕을 펼치는 삶을 살았다. 그러나 해월은 시지프스처럼 신에게 도전하는 삶이 아니라, 스승이 창도한 도에 따라 개인이 어떻게 실행하고 어떻게 정성을 다하는가에 더 의미를 두었다. 즉, 해월은 넓게 배우는 것, 정성이 있는 것, 믿음이 있는 것과 관련지어 바위 굴리기, 바위 내리기 양면을 지적하면서 인간의 마음을 물리적 작용만인 바위 굴리기로 보지 않고 바위에 투영된 인간의 정성과 믿

---

18 브루노 스넬, 『서구적 사유의 그리스적 기원 정신의 발견』, 김재홍 역, 까치, 1994, 179쪽.

음관을 결부 지어 해석했다.

해월이 설명한 바위 부분의 핵심적 대목을 〈독공〉에서 살펴보자.

> 此是無誠無信 有誠有信則 轉石上山可易 無誠無信則 轉石下山亦難矣 學之易難皆如是也
> <u>정성이 있고 믿음이 있으면 돌을 굴리어 산에 올리기도 쉬우려니와, 정성이 없고 믿음이 없으면 돌을 굴리어 산에서 내리기도 어려우니, 공부하는 것의 쉽고 어려움도 이와 같으니라.</u>[19]
> - 〈독공(篤工)〉 (밑줄-필자)

이와 같이 해월은 〈독공〉에서 바위 굴려 내리기/ 바위 굴려 올리기에 대해 시지프스와는 다른 해석을 보여주었다. 시지프스 신화에서 시지프스는 신에게 도전한 그 죄과로 인해 인간으로서 받아야 했던 인과응보와 관련지어 해석된다. 신들의 세계와 인간들의 세계로 이분화된 세계 속에서, 질서의 세계에 도전한 부조리한 영웅에게 물리적으로 바위를 굴려 올리고 다시 내려오는 것을 무한 반복시키는 노동의 형벌이 가해졌음을 보여준다.

즉, 시지프스의 경우 신과 인간의 관계에서 인과응보와 물리적 작용 '바위 올리기를 해석했다면, 해월의 경우 정성심리적 작용으로 떨어진 바위 올리기와 바위 내리기를 해석했다. 그러기에 시지프스의 물리적 바위의 인과가 아닌 정성심리의 바위로 해석함으로써 바위의 현상학을 통해 온전한 우주 진리를 구현하고 있다. 만물 속에 공존하는 바위나 인간 모두를

---

19 해월 최시형, 〈篤工〉, 『海月神師法說』, 앞의 책, 311-312쪽.

존중해야 할 대상으로 본 자는 바로 해월이다. 특히 해월은 무언(無言)의 물질인 바위마저 인간이 관여된 마음의 실천과 연관된다며 인간이 어떤 마음을 갖고 행하는지를 주요하게 생각했다. 그것은 정성과 믿음의 마음이라면 쉽다는 것이다. 궁극적으로 해월은 노동에 대한 정성심리를 대변하여 바위 올리기라는 우주 만물을 대하는 인간의 태도를 구현하면서, 인간이 갖고 있는 절대 믿음, 절대 공경, 절대 정성을 우주 진리로 구현했다.

IV. 새의 현상학 - 노아의 신화와 해월의 피조성 시천주지성

『성경』에서 노아의 신화 중 새와 해월의 〈영부주문〉 중 '피조성 시천주지성(彼鳥聲 侍天主之聲)'을 비교하여 새의 현상학적 의미를 살펴보기로 하자. 새는 초월, 혼, 영, 신의 현현, 공기의 정령, 죽은 자의 영, 승천, 신과의 교류 그리고 의식의 고양 상태에 이르는 능력을 뜻한다.[20]

새의 현상을 노아의 신화에서 잘 보여주는데, 이는 해월의 피조성 시천주지성과 대비해 해석해 볼 수 있다.

노아는 의인이며 당세에 완전한 자라 하나님과 동행하였다 한다. 「창세기」에서 하나님이 노아를 위한 구원 계획, 방주를 지음, 하나님의 마지막 지시, 마지막 주간 홍수의 시작, 방주에 들어감, 홍수 심판 150일 만에 물이 줄어들기 시작, 224일째 산이 보임, 264일째 까마귀와 비둘기를 내보냈는데 까마귀는 물이 땅에서 마르기까지 이리저리 날아다녔고 비둘기는 발 디딜 곳이 없어 그냥 돌아옴, 271일째 다시 비둘기를 내보내니 감람나무

20　진 쿠퍼, 앞의 책, 33쪽.

새 잎사귀를 물고 옴, 278일째 비둘기를 세 번째 내보내자 돌아오지 않음, 314일 만에 지면이 마름, 370일이 지난 후 노아를 부르심, 노아가 제사를 드림, 하나님의 맹세, 인류가 다시 번성함 등으로 내용이 전개된다.

 더 자세하게 말하면, 노아는 의인으로 하나님과 동행했다. 때에 온 땅이 하나님 앞에 패괴하여 강포가 땅에 충만하였다. 하나님이 노아에게 이르시되 모든 혈육 있는 자의 강포가 땅에 이르렀으니 그들과 땅이 함께 멸하게 하리라 한다. 그러면서 노아에게는 방주를 지으라 한다. 하나님이 홍수를 땅에 일으켜 생명을 천하에서 멸절하리니 땅에 있는 자가 다 죽을 것이므로, 노아는 하나님이 언약을 세우려 생명을 보존케 하겠다 한다. 여호와께서 노아에게 이르시되 사십 주야 땅에 비를 내려 모든 생물을 지면에서 쓸어 버리겠다 한다. 노아는 여호와께서 자기에게 명하신 대로 준행하였다. 땅 위에 움직이는 생물이 다 죽었다. 노아와 그와 함께 방주에 있던 자만 남았다. 물이 일백오십 일 후에 감하고 칠월 방주가 아라랏 산에 머물렀고, 산들의 봉우리가 보였다. 사십 일을 지나서 노아가 그 방주에 지은 창을 열고 까마귀를 내보내자 물이 땅에서 마르기까지 날아 왕래하였다.

 이어 '비둘기'가 나오는 대목이다. "그가 또 비둘기를 내어놓아 지면에 물이 감한 여부를 알고자 하매 온 지면에 물이 있으므로 비둘기가 접족(接足)할 곳을 찾지 못하고 방주로 돌아와 그에게 오는지라 그가 손을 내밀어 방주 속 자기에게로 받아들이고, 또 칠 일을 기다려 다시 비둘기를 방주에서 내어놓으매 저녁때에 비둘기가 그에게 돌아왔는데 그 입에 감람나무 새 잎사귀가 있는지라 이에 노아가 땅에 물이 감한 줄 알았으며, 또 칠 일을 기다려 비둘기를 내어놓으매 다시는 그에게로 돌아오지 아니하였더라. 육백일년 정월 곧 그 달 일일에 지면에 물이 걷힌지라 노아가 방주 뚜껑을 제치고 본즉 지면에 물이 걷혔더니, 이월 이십칠일에 땅이 말랐더라.

하나님이 노아에게 말씀하여 가라사대 너는 네 아내와 네 아들들과 네 자부들로 더불어 방주에서 나오고 너와 함께한 모든 혈육 있는 생물 곧 새와 육축과 땅에 기는 모든 것을 다 이끌어 내라. 이것들이 땅에서 생육하고 땅에서 번성하리라 하시매 노아가 그 아들들과 그 아내와 그 자부들과 함께 나왔고 땅 위의 동물 곧 모든 짐승과 모든 기는 것과 모든 새도 그 종류대로 방주에서 나왔더라. 노아가 여호와를 위하여 단을 쌓고 모든 정결한 짐승 중에서와 모든 정결한 새 중에서 취하여 번제로 단에 드렸더니…"[21]로 나온다.

모세 신화와 노아 신화에 나오는 하나님은 기독교 유신론의 기본 내용과 맥을 같이 한다.

1. 하나님은 무한하시고 삼위의 인격이시며, 초월하시고 내재하시며, 전지하시고, 주권자이시며 선이시다. 2. 하나님은 무에서 우주를 창조하셨으며 개방 체계 속에서 인과율의 일치체로 운행하도록 하셨다. 3. 인간은 하나님의 형상으로 창조되었으므로 인격·자기 초월성·지성·도덕성·사회성·창조성 등을 지니고 있다. 4. 역사는 직선적인 것이며 인간에 대한 하나님의 계획을 성취시켜 가는 의미 있는 사건들의 연속이다.[22] 성경의 세계관에서는 하나님과 노아를 중시하다 보니 노아 일가에 복음의 소식을 알려 준 새의 의미가 약화되어 나타난다.

이에 비해 해월은 '새소리가 바로 한울님 소리'라는 진리를 〈영부주문〉에서 보여주었다. 우리 사람이 태어난 것은 한울님의 영기를 모시고 태어난 것이고, 사람이 사는 것도 또한 한울님의 영기를 모시고 사는 것이니,

---

21 「창세기」, 『개역 한글판 연대기 성경』, 두란노, 1996, 8-10쪽.
22 제임스 사이어, 『기독교 세계관과 현대사상』, 김헌수 옮김, IVP, 2001, 31-51쪽.

사람만이 홀로 한울님을 모셨다 이를 수 있는가. 천지 만물이 모두 한울님을 모시지 않은 것이 없다 말한다. 만물이 낳고 나는 것은 마음과 기운을 받은 뒤에 생성을 얻고, 우주 만물이 모두 한 기운과 한 마음으로 꿰뚫어졌다고 밝혔다.

특히 '새소리가 한울님 소리'라는 대목을 〈영부주문〉에서 살펴보자.

> 吾人之化生 侍天靈氣而化生 吾人之生活 亦侍天靈氣而生活 何必斯人也 獨謂侍天主 天地萬物皆莫非侍天主也 彼鳥聲亦是侍天主之聲也
> 우리 사람이 태어난 것은 한울님의 영기를 모시고 태어난 것이요, 우리 사람이 사는 것도 또한 한울님의 영기를 모시고 사는 것이니, 어찌 반드시 사람만이 홀로 한울님을 모셨다 이르리오. 천지 만물이 다 한울님을 모시지 않은 것이 없느니라. <u>저 새소리도 또한 시천주의 소리니라.</u>[23]
> -〈영부주문(靈符呪文)〉(밑줄-필자)

위와 같이 해월은 '새소리가 바로 한울님 소리'라는 것을 보여주었다. 그뿐 아니라 해월은 〈삼경〉과 〈대인접물〉을 통해서도 보여주었다. "셋째는 경물(敬物)이니 사람은 사람을 공경함으로써 도덕의 극치가 되지 못하고, 나아가 물을 공경함에까지 이르러야 천지기화(天地氣化)의 덕에 합일될 수 있나니라."[24] 또 해월은 〈대인접물〉에서 "만물이 시천주 아님이 없으니 능히 이 이치를 알면 살생은 금치 아니해도 자연히 금해지리라. 제비의 알을 깨치지 아니한 뒤에라야 봉황이 와서 거동하고, 초목의 싹을 꺾지 아니

---

23 해월 최시형, 〈靈符呪文〉, 『海月神師法說』, 앞의 책, 293-294쪽.
24 해월 최시형, 〈三敬〉, 『海月神師法說』, 위의 책, 358쪽.

한 뒤에라야 산림이 무성하리라. 손수 꽃가지를 꺾으면 그 열매를 따지 못할 것이요, 폐물을 버리면 부자가 될 수 없느니라. 날짐승 삼천도 각각 그 종류가 있고 털벌레 삼천도 각각 그 목숨이 있으니, 물건을 공경하면 덕이 만방에 미치리라."[25]라고 하여 만물이 시천주 아님이 없음을 보여준다.

　노아의 신화에서 절대자 하나님을 강조하다 보니 새가 복음의 소식을 전한 기능적 역할로 그치고 있으나 후에 상징체계에서 감람나무의 새 잎사귀 의미까지 덧붙여 이 잎사귀를 물고 있는 비둘기는 죽음을 뛰어넘는 승리의 의미까지 상징하게 되었다.[26] 이에 비해 만물 공경적 세계관을 지닌 해월은 '새도 바로 한울님'이라 해석하여 만물 공경적 우주의 진리를 완성했다.

V. 저울의 현상학 - 이집트 오시리스 신화와 의암의 〈견성해〉

　이집트 오시리스 신화와 의암 손병희의 〈견성해〉를 비교해서 저울의 현상학적 의미를 살펴보자. 저울은 죽은 자의 혼을 생전의 선행과 악행을 비교해서 평가하는 도구다. 이집트의 상징체계에서 오시리스 신은 사자의 심장과 진리의 날개를 천칭에 단다.[27] '깃털'은 진리, 가벼움, 건조함, 하늘, 높음, 빠름, 공간, 다른 세상으로 날아감, 영혼을 상징한다.[28]

　이집트인들의 세계관에서 우주 및 자연의 신과 같은 형태로 묘사되는

25　해월 최시형, 〈待人接物〉,『海月神師法說』, 위의 책, 287-288쪽.
26　진 쿠퍼, 앞의 책, 108쪽.
27　진 쿠퍼, 위의 책, 448쪽.
28　진 쿠퍼, 위의 책, 131쪽.

자연의 힘은 이집트인의 숭배의 대상이 되었다. 그들은 풍요와 대체로 유익한 조건으로 인해 현재의 상태를 유지하려고 하였으며, 내세에서도 현재의 번영과 유익한 조건을 유지하고 싶은 희망을 갖고 있었다.[29] '호루스'는 죽은 자들을 이끌고 오시리스가 있는 곳으로 들어가서 자주 죽은 자의 심장의 무게를 재는 일을 감독했다. 그래서 오시리스는 호루스에 의존해서 내세로 가는 사람들이 심판의 전당을 안전하게 통과할 수 있도록 그들과 함께 내세에 남아 있었다.[30] 아누비스 역시 그가 맡은 임무 중에서 가장 중요한 것은 영혼의 무게를 재는 것을 감독하는 일이다. '아누비스'는 대개 자신의 머리 높이까지 올라가는 저울의 눈금을 세밀하게 주시하면서 저울이 균형을 이루는지 살핀다. 지혜의 신이면서 정의의 옹호자인 '토트'는 죽은 자에 대해 판결을 하면서 두 가지 역할을 한다. '마아트(Mayet 진리와 정의)'와 심장의 무게를 비교하여 재는 저울의 꼭대기에서 개의 머리를 한 비비의 모습일 때의 토트는 심장이 옳은지 확인한다. 오른쪽에는 죽은 자, 여사제인 '안하이'가 진리의 깃털로 옷을 입고 있다.[31] 특히 '마아트'는 '오시리스'의 심판의 전당에서 왕좌에 앉아 있으면서 머리에 높은 타조 깃털 장식을 쓰고 있는 여인의 모습으로 표현되었다. 그 외에 특히 죽은 자의 심장 무게를 재는 심판 의식이 진행되는 동안에는 깃털 장식으로만 표현되기도 했다.[32] 오시리스는 영혼의 심판관이었으며, 죽은 자는 오시리스가 만족할 수 있을 정도로 높은 덕을 쌓아야 했다. 왕좌에 앉아 있는 오시리스 역시 정직함의 상징인 몸에 꼭 맞는 깃털 옷을 입었다. 전당 전체에

---

29 베로니카 이온스, 『이집트 신화』, 심재훈 옮김, 범우사, 2003, 31쪽.
30 위의 책, 175쪽.
31 위의 책, 197쪽.
32 위의 책, 261-262쪽.

는 모두 42명의 심판관과 인간의 머리를 한 미라들이 있었다. 각자 머리에는 진리의 깃털이 있었으며, 손에는 날카로운 칼을 들고 있었다.[33] 아누비스 또는 호루스는 저울의 한쪽 접시에 마아트의 조각상이나 마아트를 나타내는 상형문자와 진리의 상징인 타조의 깃털을 두었다. 다른 접시에는 죽은 자의 심장을 두었다. 심장은 지혜가 있는 곳이기 때문에 사람의 행동과 양심을 유발시키는 곳이라고 생각되었다. 다만 심장이 결백할 경우에는 그 무게가 진리와 같았다는 것만 알 수 있을 뿐이다. 토트는 심장의 무게를 확인한 다음에 그 결과를 서판에 기록했다. 진리와 심장의 무게가 같으면 대(大)에네아드(Ennead)는 유리한 평결을 승인했다. 그런 다음에 죽은 자의 결백이 입증되었으며 죽은 자를 게걸스럽게 먹는 자인 암무트에게 던져져서는 안 된다고 선언했다.

    오시리스 신화에 의하면 개인의 덕과 패덕, 선행과 악행을 판단할 수 있는 유일한 대상이 심장이다. 이때 사자는 영원을 얻기 위한 심판의 장면에서 자신의 육체에서 심장을 떼어내어 저울에 올려놓고 계량당하게 된다. 사후의 영혼이 진리의 심장으로 판명된 후 가는 곳은 내세의 영생을 누리는 것이다.

    이에 비해 의암은 〈견성해〉에서 산 자의 영혼과 관련지어 대비해서 보았다. 의암은 성품 보기와 마음 지키기를 어디서 할 것인가에 대해 반문하면서, 성품도 내 성품, 마음도 내 마음이므로 볼 곳이 없고 지킬 터전이 없다고 했다. 또 의암은 자신의 성품과 마음은 자취가 없다고 했다. 또 의암은 성품을 보고 마음을 지키는 것은 내가 마음대로 할 것이지만, 내 마음을 물건 밖에 보내면 형상도 자취도 위도 아래도 없으며, 내 마음을 물건

---

33 위의 책, 316쪽.

안에 보내면 억천만상과 삼라미진이 모두 자신의 성품과 마음이라 했다. 그러므로 마음을 물건 밖에 두면 정 없는 이치한울이고, 마음을 물건 안에 두면 정 있는 마음한울이니, 정이 있고 없는 것은 자신의 성품과 마음의 본체라 했다. 또 의암은 깨달은 왼쪽은 성품한울과 이치한울이고, 깨달은 바른쪽은 마음한울과 몸한울이라 했다. 그러기에 영이 나타나 본 곳은 자신의 성품과 몸이라 했다. 성품도 없고 몸도 없으면 이치도 없고 한울도 없으므로, 이치도 자신의 한울 다음에 이치라 했다. 그러기에 자신은 성품과 이치의 거울이고, 한울과 땅의 거울이고, 예와 이제의 거울이고, 세계의 거울이라 했다. 또 자신은 성품과 이치의 한울이고, 한울과 땅의 한울이고, 예와 이제의 한울이고, 세계의 한울이니, 자신의 마음이 곧 천지 만물 고금 세계를 스스로 주재하는 한 조화옹이라 했다.

그럼 의암이 밝힌 저울 관련 주요 대목을 〈견성해〉에서 살펴보자.

> 性理欲見 求我心 造化欲用在我心 天地萬物世界欲運搬 在我心一片頭 詩曰
> 「心爲天地衡 懸無一分重 眼爲古今錄 見無一字用」
> <u>성품과 이치를 보고자 할지라도 내 마음에 구할 것이요, 조화를 쓰고자 할지라도 내 마음에 있는 것이요, 천지 만물 세계를 운반코자 할지라도 내 마음 한쪽에 있는 것이니라. 시에 말하기를 "마음은 천지의 저울이 되나 달아도 한 푼의 무게도 없고, 눈은 예와 지금의 기록이 되나 보아도 글자 한 자 쓴 것이 없느니라."</u>[34]
> -〈견성해(見性解)〉 (밑줄-필자)

---

34 의암 손병희,〈無體法經-見性解〉,『義菴聖師法說』, 앞의 책, 457-461쪽.

저울의 비유를 통해 죽은 자의 심장에 의해 진리와 정의의 단계를 보여 준 이집트 오시리스 신화에서는 내세에 가기 위한 영혼 심판으로서 단안이 내려진다. 그에 비해 의암은 〈견성해〉에서 저울의 비유를 산 자에게 적용하며, 특히 산 자의 영혼의 상황을 잰 저울에 대비하여 지금 여기서 실행될 견성적(見性的) 삶의 태도를 강조했다. 의암이 본 견성의 의미는 해탈로 볼 수 있으며, 그는 성품하늘, 마음하늘, 몸하늘을 통하면 황황상제가 된다고 보았으며, 형이상·형이하·인간이 모두 하나의 하늘마음에서 왔으며 이를 보게 될 때 사람은 신이 된다[35]고 보았다.

  저울은 무게를 단다. 무슨 무게를 달 것인가? 죽은 자의 영혼을 달거나 산 자의 영혼을 달 수 있다. 그러나 이집트 신화에서 내세의 영생을 위한 진리와 정의의 심판을 저울 재량으로 받는다면, 의암의 〈견성해〉에서는 지상천국을 위한 완성 단계 견성의 마음을 천지의 저울로 재량했다. 사후 진리의 저울이 이집트 신화의 저울이라면 마음의 비유인 견성적 저울이 의암의 저울이다. 양심의 진리와 정의가 있는 자는 무게가 나가지 않는 이집트나, 견성의 마음 역시 한 푼의 무게도 나가지 않는 것이 바로 견성의 경지라 본 것은 동일하다. 다만 이집트 세계관의 오시리스 신화에서 내세의 장생을 위해 진리라는 관문을 통해 가는 곳이 고정적(固定的) 우주라면, 의암은 견성관문을 통해 바로 이 자리 지상천국을 향한 영생을 제시함으로써 살아 있는 유기체적(有機體的) 우주관에 더 접근하는 방식을 저울의 현상학을 통해 보여준 것이다.

---

35 오문환, "의암 손병희의 성심관: 무체법경을 중심으로", 『동학학보』 제10권 1호, 동학학회, 2006. 6, 122-123쪽.

VI. 비유의 현상학, 우주적 진리의 완성을 위해

이상으로 서구 신화와 동학 신화를 통해 신화의 현상학을 살펴보았다.

동학 신화와 결부 지어 서양 신화 중 모세 신화의 목소리, 시지프스 신화의 바위, 노아 신화의 새, 오시리스 신화의 저울의 의미를 『동경대전』에서 목소리, 『해월신사법설』에서 '바위와 새', 『의암성사법설』에서 저울의 현상학적 의미를 대비해서 살펴보았다.

첫째, 모세의 천어와 수운의 천어를 통해 목소리의 현상학을 대비해 본 결과, 「출애굽기」에서 이스라엘인들의 국가 정체성 부재와 달리, 〈포덕문〉에서 보인 조선은 국가 정체성이 있는 곳에 새로운 정신과 영성으로 거듭나기를 바라는 전환적 사고를 촉구하는 것으로 나타난다. 하늘의 천어('여호와 하나님'의 목소리, 상제를 통한 '한울님'의 목소리)가 두 지도자에게 주어졌지만 그 역할은 다르게 나타난다. 그러나 민족 지도자 모세와 영적 창도자 수운은 모두 하늘의 목소리를 듣고 그 민족의 상황에 맞게 방향을 제시했다고 볼 수 있다. 이런 점에서 볼 때, '하늘 말씀[天語] 목소리'는 모두에게 절대적 진실이자 우주적 진실로 귀결될 수 있다. 다만 그들이 서 있던 나라와 시대에 따라 방편은 전혀 다른 입장으로 나타났다고 볼 수 있다.

둘째, 시지프스의 바위와 해월의 〈독공〉의 바위의 현상학을 대비해 보았다. 그 결과, 시지프스가 신과 인간의 관계에서 인과응보와 물리적 작용의 바위로 해석된다면, 해월은 정성심리적 작용의 바위로 해석함으로써 좀 더 심화된 우주적 진리를 구현했다. 즉, 노동에 대한 정성심리로 대변하여 바위 올리기라는 우주 만물을 대하는 인간의 태도를 부각시켜, 인간이 갖고 있는 절대 믿음, 절대 공경, 절대 정성을 혼 있는 우주적 진리로 구현했다.

셋째, 노아의 신화 중 새와 해월의 〈영부주문〉에서 '피조성 시천주지성'에 나타난 새의 현상학을 대비해 보았다. 노아의 신화에서는 절대자 하나님을 강조하다 보니 새의 역할이 복음의 소식을 전하는 기능적 역할에 그쳤다. 이에 비해 해월은 만물 공경적 세계관을 가져 '새도 바로 한울님'이라 해석했다. 노아의 신화에서는 새가 '노아 일가'를 완전한 구원으로 해방시켜 주는 소식을 전했건만 하나님과 노아 때문에 새의 의미는 잊혀져 갔다. 그러나 해월은 '새소리가 바로 한울님 소리'라고 해석하여 만물 공경적 우주의 진리를 완성했다.

넷째, 이집트의 오시리스 신화의 저울과 의암의 〈견성해〉에 나오는 저울의 현상학적 의미를 대비해 보았다. 오시리스 신화에서 내세의 영생을 위한 진리와 정의의 심판을 저울 재량으로 받았다면, 의암은 지상천국을 위한 완성 단계 중 견성의 마음을 천지의 저울로 재량했다. 오시리스 신화의 저울이 사후 진리의 저울이라면, 의암의 저울은 마음의 비유인 견성적 저울이다. 양심의 진리와 정의가 있는 자의 심장은 무게가 나가지 않는 것이나, 견성의 마음 역시 한 푼의 무게도 나가지 않는 것이 바로 견성의 경지인 점은 동일하다. 다만 오시리스 신화에서 내세의 장생을 위해 진리라는 관문을 통해 가는 곳이 고정적 우주라면, 의암은 견성관문을 통해 바로 이 자리 지상천국에서의 영생을 추구하는 살아 있는 유기체적 우주 진리에 더 접근하는 방식을 구현한 것이다.

이상과 같이 본다면, 1) 목소리의 현상학을 통해 볼 때, '하늘 말씀[天語] 목소리'는 모두에게 절대적 진실이자 우주적 진실로 귀결될 수 있다. 다만 지도자들이 서 있던 나라와 시대에 따라 방편은 전혀 다른 입장으로 나타났다고 볼 수 있는 것이다. 2) 바위의 현상학을 통해 보면, 노동에 대한 정성심리를 대변하여 바위 올리기라는 우주 만물을 대하는 인간의 태도를 구현함으로써, 인간이 갖고 있는 절대 믿음·절대 공경·절대 정성을 혼 있는 우주적 진리로 구현했다. 3) 새의 현상학을 보면, '노아 일가'를 완전한 구원으로 해방시켜 주는 소식을 전했건만 새의 의미는 약화되어 기능적 역할에 그쳤다. '새소리가 바로 한울님 소리'라 해석하여 만물 공경적 우주의 진리로 완성했다. 4) 저울의 현상학을 보면, 이집트의 오시리스 신화에서 내세의 장생을 위해 진리라는 관문을 통해 가는 곳이 고정적 우주라면, 의암은 견성관문을 통해 바로 이 자리 지상천국에서의 영생을 추구하는 살아 있는 유기체적 우주 진리에 더 접근하는 방식을 구현한 것이다.

그런 점에서 서양 신화와 동학 신화를 대비해 보면, 동학의 신화에 나타난 세계관이 절대적 진실과 우주적 진실의 천어, 절대 정성의 혼 있는 우주 진리, 만물 공경적 우주, 유기체적 지상천국의 우주를 추구하고 있어, 서양 신화의 세계관이 물리적 작용과 인과응보, 기능적 역할, 고정적 우주를 추구한 것과 달리, 새로운 우주적 비전을 보여준 통합적 신화로 총결될 수 있다. 수운·해월·의암과 관련된 신화를 통해 나타난 동학적 이상향은 범재신관, 만물 공경 세계관과 종교 실천 세계관, 인간 주체 자력 신앙 세계관을 독특하게 보여주면서도 통합적 우주의 진리를 밝게 비추어 주는 신화이자 현상학으로 보아도 무방하다고 볼 수 있다. 그런 점에서 동학 신화는 세계 신화이자 보편적 신화로 자리매김되어도 손색이 없다고 볼 수 있다.

6장 동양 신화의 경전 수사학*
─동학 경전에 나타난 삼황오제 신화를 중심으로

* 졸고, "동양 신화의 경전 수사학-동학 경전에 나타난 삼황오제 신화를 중심으로", 『문학공간』 제228호, 문학공간사, 2008. 11. 이 글을 수정한 것이다.

Ⅰ. 수사학적 신화 읽기

문학비평은 일정한 윤리적·신학적인 관점에서 비롯된 비평으로 완결되어야 하며, 문학의 위대성은 문학적인 기준에 의해서만 결정될 수 없다.[1] 문학어는 정보와 지식에 못지않게 감동과 기쁨을 주는 데 주의를 기울이며, 이 원천은 바로 수사학이다. 수사학은 예로부터 가르치고 감동시키고 즐겁게 하는 것을 가장 중요한 목표로 삼아 왔던 것이다.[2]

"하늘 아래 새로운 것이 없다."라는 『구약성서』 「전도서」 저자의 말대로 문학이나 예술 작품은 이미 존재해 있는 작품과 어떤 식으로든지 관련을 맺는다. 인유법은 역사적으로 이미 잘 알려진 사건, 저명한 문학작품의 문구, 옛사람들의 명언 따위를 끌어들여 말하는 수사법을 말한다.[3] 인간의 사고 과정은 대부분 은유적이다. 인간의 개념 자체가 은유적으로 구성되고 규정되어 있다. 인간 개념의 체제에 대한 적절한 이론은 개념이 어떻게 토대가 형성되고 구조화되고 상호 관련되며 정의되는지를 해명해야 한다.[4] 이럴 때 종교 경전이야말로 윤리·신학적 관점에서 볼 수 있고, 수사

---

1   T. S. 엘리어트, "종교와 문학", 앞의 책, 11쪽.
2   김욱동, 앞의 책, 41-42쪽.
3   위의 책, 370-373쪽.
4   G. 레이코프, M. 존슨, 앞의 책, 200-201쪽.

학적 기법으로 녹여져 있는 그 개념의 토대를 읽을 수 있을 것이다.

이 글에서는 수사학적 텍스트 읽기를 위해 동학 경전에 투영된 동양 신화의 비유적 의미로서 수사학을 살펴보고자 한다. 동양 신화 중 '요순 신화'[5]에 이어 '삼황오제 신화'가 동학 경전인 천도교 경전에 많이 투영되어 있다. 그러기에 동학 경전인 『동경대전(東經大全)』, 『해월신사법설(海月神師法說)』, 『의암성사법설(義菴聖師法說)』에서 동양 신화 중 삼황오제가 어떠한 비유로 수사를 이루고 있는지 살펴보고자 한다.

II. '삼황오제 신화'의 수사학적 비유

동양의 요순 신화와 아울러 또 하나의 이상적 제왕의 신화가 바로 '삼황오제 신화'이다. 삼황오제는 중국 고대의 전설적 제왕이다. 삼황(三皇)은 일반적으로 천황(天皇)·지황(地皇)·인황(人皇)을 가리키지만, 문헌에 따라서는 복희(伏羲)[6]·신농(神農)[7]·황제(黃帝)를 들기도 한다. 또는 수인·

---

5 졸고, "동양의 신화와 동학 경전의 비교-요순 신화를 중심으로", 앞의 논문.
6 '복희(伏羲)'는 전설상의 황제인데, 기원전 3000년대의 초엽에 군림한 것으로 여겨진다. 점을 치는 데 사용되는 8괘는 복희의 발명이라고 하지만, 사실 그것은 기원전 1000년경까지는 발명되지 않았다. 64조까지의 배합이 있는 이 세줄로 된 조형은 중국의 우주론적 사변의 기초를 구성하고 있으며, 그 고전적인 지침서가 역경이다. 아서 코트렐, 『그림으로 보는 세계신화사전』, 까치 편집부 옮김, 까치, 1995, 152쪽.
7 '신농(神農)'은 농업 기술을 가르치고, 식물들의 약효를 발견한 전설상의 통치자로 전형적인 중국인이다. 그는 인신우두(人身牛頭)의 형상이었으며 "내장을 파열시키는 풀"을 조사하다가 죽었다. 그의 투명한 위를 귀감 삼아서 중국인들은 건강의 비결을 배웠다고 믿어진다. 아서 코트렐, 위의 책, 160쪽.

축융[8]·여와[9] 등을 꼽는 경우도 있다. 사마천은 삼황의 전설을 믿을 수 없는 것으로 생각했는지, 그의 『사기』에서는 〈오제본기〉에서부터 시작된다. 사마천이 오제로 든 것은 황제헌원(黃帝軒轅)·전욱고양(顓頊高陽)[10]·제곡고신(帝嚳高辛)·제요방훈(帝堯放勳)·제순중화(帝舜重華) 등이며, 별도로 복희·신농 또는 소호(少昊)[11] 등을 드는 경우도 있어 일정하지 않다. 원래 이 전설은 다양한 신화와 전설이 혼입된 것이며, 도덕적·정치적으로 억지로 끌어들인 것이어서 그 기원은 애매하다. 오행설이 일반화된 전국시대 말 이후 이야기 경향을 띠게 되었다.[12]

다른 문헌에서 강조하는 황제(皇帝) 역시 중국의 모든 도사들을 보호하는 성인이다. 전설적인 제왕들 중 연대적으로 앞선 인물이지만 실제로 그는 마지막으로 찾아낸 인물이며 기원전 4세기가 되어서야 비로소 중국의 신화에 등장했다. 기원전 100년 이후에 쓰인 것으로 보이는 『열자(列子)』에서는, 많은 지면이 황제에게 할애되어 있다. 신하들이 황제의 은덕을 즐거워하는 긴 치세 기간 동안 진정한 황금시대를 이룬 이 경이적인 제왕의 전설은, 여기서는 지혜의 예증으로 사용되었다. 황제는 내면적으로나 외면적으로나 완전한 영역에 도달했으며, 그는 또한 문화를 만들어 낸 영웅이기도 하다.[13]

완벽한 신이란 존재, 최고의 권력자, 신들을 통치하는 황제는 '황천상제

---

8   '축융'은 태양신 염제의 증손자인 화신(火神). 원가, 앞의 책, 71쪽.
9   '여와'는 인류를 창조하고 혼인제도를 만든 신. 원가, 위의 책, 58쪽.
10 '전욱'은 북방의 천제라고 불리어지는 대신이며 황제의 증손자. 원가, 위의 책, 86쪽.
11 '소호(少昊)'는 서방의 천제, 원가, 위의 책, 77쪽.
12 NAVER백과사전, http://100.naver.com.
13 아서 코트렐, 앞의 책, 180-181쪽.

(皇天上帝)'의 준말로 천상의 위대한 신이라는 뜻이다. 황제가 인간의 제왕을 의미하는 말로 쓰이게 되었고, 진시황이 고대 여덟 명의 임금, 삼황오제의 덕을 지녔다고 자부한 나머지 줄여서 황제라 부르기 시작해, 힘과 권력의 화신인 황제의 이미지가 자리 잡히기 시작했다.[14] 『장자』〈천하〉편에 실린 에피소드를 통해 도교의 진리를 함축하고 있으며, 인간이 도달하고자 하는 최고의 경지, 도를 터득한 경지, 참다운 깨달음을 얻으려면 지혜가 있어야 하는데 그것은 욕심을 비우고 겸허한 마음을 갖는 일[15]과 상통한다고 보았다.

종합적으로 동양 신화인 삼황오제는 지혜의 예증, 완전한 영역에 도달한 자, 문화를 창출한 영웅, 인간 제왕, 힘과 권력의 화신, 인간이 도달하고자 하는 최고의 경지 등의 의미를 띠었다고 볼 수 있다. 그렇다면 동학 경전에 비유된 삼황오제의 양상과 비유를 살펴보자.

1. 수운의 천황씨 - 불연적 기연의 패러다임 대비법

수운 최제우의 『동경대전』에서는 삼황오제 중 천황씨가 비유되었다. 그 의미는 무엇일까? 그 의미를 잘 이해하기 위해서 먼저 『동경대전』의 저자인 수운 최제우의 신관 내지 우주관을 먼저 살펴보자. 동학의 신관은 지기일원론적 유기체 철학에 기초한 범재신관이므로, 존재세계를 유기체적, 통전적, 비환원론적으로 파악하는 전일적 세계관을 갖고 있다. 지구촌 시대에 동학은 인간의 존엄성, 사회윤리의 정의로움에 대한 열망과 중요성,

---

14 정재서, 앞의 책, 130쪽.
15 위의 책, 135-136쪽.

우주적 존재 신비 등을 동시에 강조할 수 있는 범재신관적 종교적 영성을 제시한다. 그러기에 동학의 시천주 체험과 천도교의 신관은 세계적 보편성과 우주적 가치를 지니고 있다[16]고 볼 수 있다.

최제우의 신관은 범재신관과 전일적 세계관으로 정립되며 세상을 읽고 써 내려가는 바탕이기도 하다. 수운은 동양 신화를 재해석하는 이러한 태도로 삼황오제 신화 중 하나인 천황씨를 그의 『동경대전』〈불연기연(不然其然)〉에서 보여주었다. 그 의미를 살펴보자.

> 아! 이같이 헤아림이여. 그 그러함을 미루어 보면 기연은 기연이나 그렇지 않음을 찾아서 생각하면 불연은 불연이라.
> 왜 그런가. <u>태고에 천황씨는 어떻게 사람이 되었으며 어떻게 임금이 되었는가.</u>
> <u>이 사람의 근본이 없음이여, 어찌 불연이라고 이르지 않겠는가.</u>
> <u>세상에 누가 부모 없는 사람이 있겠는가.</u>
> <u>그 선조를 상고하면 그렇고 그렇고 또 그런 까닭이니라.</u>[17]
> - 〈불연기연(不然其然)〉 (밑줄-필자)

위의 〈불연기연〉에서 보이듯이 수운은 태고의 천황씨가 인간으로 완성되는 과정인 인간 형성 과정과 또 임금이 되어 가는 군왕학과 관련지어 근

16　김경재, 앞의 논문, 100-101쪽.
17　수운 최제우, 〈不然其然〉, 『東經大全』, 앞의 책, 58-59쪽. "噫라 如斯之忖度兮여 由其然而看之則 其然如其然이나 探不然而思之則 不然于不然이라 何者오 太古兮여 天皇氏는 豈爲人 豈爲王고 斯人之 無根兮여 胡不曰 不然也오 世間에 孰能無父母之人이리오 考其先則 其然其然 又其然之故也니라."

본 없음을 불연과 대비시켜 보여주었다. 즉, 성인이란 인간이 어떻게 되었으며, 어떻게 최고의 완벽한 지혜를 가진 군왕이 되어 갔는지 그 과정을 보여주고 있는 것이다. 특히 〈불연기연〉의 시작 부분에는 천고 만물의 형성 과정과 형상이 들어 있으며, 천지자연의 형성, 자신의 형성 과정, 세상과 인간의 이치 형성에 대해 논의하고 있다. 이는 자아와 천황씨의 대비, 천황씨의 형성 과정, 군왕의 형성 과정을 불연과 기연의 논리로 해석한 것이다.

『동경대전』 중 〈불연기연〉은 수운이 1863년 신앙이 가장 원숙한 때에 쓴 글로서, 우주 만물의 생성 과정에서 '그러한 것[其然]'과 '그렇지 않은 것[不然]'의 이치를 밝힌 것이다. 우주 만물과 모든 현상은 이 두 개의 상반된 원리의 연쇄 작용에 의하여 이루어졌다고 보면서, 옛날 사람들은 이 두 개의 상반된 이치를 잘못 깨달아 사물을 관찰하는 데 그릇 판단했다고 했다. 그러므로 수운은 불연과 기연의 새로운 이치를 발견하여 이론적으로 진리를 탐구하거나 사물을 관찰할 때, 현상 그대로를 보지 말고 그 현상이 나타나게 된 동기를 살펴, 기연과 불연의 이치를 통해서 통일 원리를 발견하여야 한다[18]고 가르쳤다.

이렇듯이 수운은 천황씨를 빌려 인간 형성 과정, 군왕으로 완성되어 가는 과정을 통해, 황제의 엄숙하고 거룩한 신적인 면모를 보여주며, 유교적 성인의 모습도 제시했다. 그러나 방법론에서 천황씨를 통해 기연적 불연의 창조관과 불연적 기연의 창조관을 해석학적 패러다임의 전환으로 인식하여 드러냈다.

이런 점에서 수운의 천황씨 수사학은 우주 창설 초기인 태고 시기에 맞

---

18 유병덕 편저, 앞의 책, 147-148쪽.

취 기연론과 불연론을 끌어들여 인류의 최초 세계가 이루어지는 형성 과정과 인간 형성 과정의 인식관의 대비법으로 표출했으며, 거룩한 성인의 군왕학을 경전에 가미하여 이해하기 쉽도록 한 것이라 볼 수 있다.

2. 해월의 삼황씨 - 통합적 덕의 우주 세계

수운 최제우의 법통을 이어받은 동학의 2세 지도자 해월 최시형 역시 천황씨와 삼황의 수사법을 썼다. 『해월신사법설』 저자이기도 한 해월 최시형은 범신관적 사상을 가졌다고 볼 수 있다. 해월은 한울님의 의지적인 섭리를 믿는 입장이어서, 그의 신관은 수운이 가르친 '시천주'의 확대해석에서 유래했다고 볼 수 있다. 특히 그는 한울님을 모시는 것은 사람뿐만 아니라 만물이 다 그러하다[19]고 보았다. 또한 살아 움직이는 교과서라 지칭되는 해월은 한울님의 조화라는 초자연적인 힘을 굳게 믿음으로써 그 종교적 삶의 기초를 굳게 다졌다. 이러한 기초 위에서 성실한 종교 실천을 통해 만사의 깨달음을 얻기 위해 최선을 다하였다[20]고 볼 수 있다.

이러한 맥락과 연결지어 해월 최시형은 만물 공경 세계관과 종교 실천 세계관을 기반으로 한 입장을 드러내며 신화 재해석을 경전에 투영했다. 그의 『해월신사법설』 〈개벽운수(開闢運數)〉, 〈오도지삼황(吾道之三皇)〉, 〈기타(其他)〉 등에 가미된 '삼황오제 신화'와 관련된 세 가지 비유법을 살펴보자.

첫째, 천황씨 비유로 해월은 도, 무위화기의 근본 세계와 관련지어 〈개

---

19 위의 책, 245쪽.
20 최동희, 앞의 논문, 1999, 91-92쪽.

벽운수〉에서 운수 회복을 보여주었다.

> 선천이 후천을 낳았으니 선천운이 후천운을 낳은 것이라, 운의 변천과 도의 변천은 같은 때에 나타나는 것이니라. <u>그러므로 운인즉 천황씨가 새로 시작되는 운이요, 도인즉 천지가 개벽하여 일월이 처음으로 밝은 도요</u>, 일인즉 금불문 고불문의 일이요, 법인즉 금불비 고불비의 법이니라.
> 우리 도의 운수에 요순공맹의 성스러운 인물이 많이 나리라.
> <u>우리 도는 천황씨의 근본 큰 운수를 회복한 것이니라.</u>
> <u>천황씨 무위화기의 근본을 누가 능히 알 수 있겠는가.</u> 아는 이가 적으니라.
> 사람은 한울 사람이요, 도는 대선생님의 무극대도니라.[21]
> - 〈개벽운수(開闢運數)〉 (밑줄-필자)

위의 글에서 해월 최시형은 천황씨를 운수 회복으로서 도와 무위화기의 근본 세계와 관련지어 보여주었다. 여기서는 동양 신화의 재해석을 요순에서 나아가 천황씨까지 덧붙여 보여주었다. 특히 해월은 우리 도를 천황씨의 근본인 큰 운수를 회복하는 것이라고 의심 없이 천명하고 있으며, 천황씨가 태어나는 개벽의 운을 설명했다. 한마디로 말하면 개벽의 운 또는 천황씨의 운은 새로운 인간의 탄생[22]이며, 이는 요순의 비유와 상통하면서

---

21 해월 최시형, 〈開闢運數〉, 『海月神師法說』, 앞의 책, 327-329쪽. "先天이니 後生天하니 先天之運이 生後天之運이라, 運之變遷과 道之變遷은 同時出顯이니라 故로 運則天皇氏始創之運이요 道則天地開闢日月初明之道也요 事則 今不聞古不聞之事也요 法則 今不比古不比之法야니라 / 吾道之運에 堯舜孔孟之聖材多出矣니라 / 吾道는 回復天皇氏之根本大運也니라 / 天皇氏 無爲化氣之根本을 孰能知之리오 知者鮮矣니라 / 人是天人이요 道是大先生主無極大道也니라."
22 오문환, 앞의 책, 114쪽.

한울사람의 무극대도이자 무위화기의 근본인 사람을 드러내는 것이라 볼 수 있다.

둘째, 삼황씨 비유로 해월은 천황씨·지황씨·인황씨의 비유와 연관 지어 신화의 재해석을 〈오도지삼황〉에서 보여주었다.

> 천지가 밝은 것이 아니라 일월이 밝고 밝은 것이요, 일월이 밝은 것이 아니라 천황이 밝은 것이요, 천황이 밝은 것이 아니라 지황이 더욱 밝은 것이로다. 천황의 도와 지황의 덕을 인황이 밝히나니, 천황·지황이 세상에 난 뒤에 인황이 세상에 나는 것은 이치가 본래 그러한 것이니라.[23]
> - 〈오도지삼황(吾道之三皇)〉 (밑줄-필자)

위의 〈오도지삼황〉과 같이 높고 높은 천도를 큰 성인이 처음 밝히셨으니, 밝고 밝은 천지도 일월이 아니면 밝히지 못하고, 밝고 밝은 큰 성인도 다음 성인이 아니면 밝히지 못한다는 말을 통해 천황씨·지황씨·인황씨의 비유를 점차적이며 연차적인 고리로 통합시켜 드러냈다. 천황씨와 지황씨의 도를 합쳐 인황씨로 표출하면서 궁극적으로 인간의 총체적인 종합 덕으로 표출했다. 천황의 덕, 지황의 덕은 부분의 덕이며 개체의 덕에서 덕의 중개자 인황씨로 하여금 연결 통합시켜, 통합 우주적인 전체의 덕이 중개자 인간계의 연결에 의해 표출된 것이라 볼 수 있다.

셋째, 천황씨의 비유는 시조신으로서 천황씨를, 만물의 한 기운의 비유

---

[23] 해월 최시형, 〈吾道之三皇〉, 『海月神師法說』, 앞의 책, 322쪽. "天地非明이라 日月明明이요 日月非明이라 天皇其明이요 天皇非明이라 地皇尤明이로다 天皇道와 地皇德을 人皇이 明之하니 天皇地皇出世以後에 人皇出世는 理之固然矣니라."

법을 빌려 〈기타〉에서 수사학을 보여주었다.

> 천황씨는 원래 한울과 사람이 합일한 명사라, 그러므로 천황씨는 선천개벽으로 사람을 있게 한 시조신의 기능으로 사람의 원리를 포함한 뜻이 있으니, 만물이 다 천황씨의 한 기운이니라.
> 오늘 대신사께서 천황씨로서 자처하심은 대신사 역시 신이신 사람이시니 후천 오만년에 이 이치를 전케 함이니라.[24]
> - 〈기타(其他)〉 (밑줄-필자)

위의 〈기타〉에서 시조신으로서 천황씨를, 만물의 한 기운의 비유로서 보여준다. 여기서 천황씨를 선천개벽과 대비하는 한편 후천 오만년의 무극대도 또한 이치가 이어진다고 밝혔다. 즉 천인합일의 명사, 만물의 일기(一氣), 후천 오만년의 도를 거룩한 신인, 최고의 경지인 인신으로서의 정의를 천황씨를 통해 보여주었다.

이상과 같이 해월 최시형의 천황씨와 삼황의 비유 수사는 무위화기의 근본인 사람, 통합 우주적 전체의 덕 중개자로서의 인간계, 거룩한 인신과 최고의 경지인 신인의 합일된 정의까지 보여준다.

---

24 해월 최시형, 〈其他〉, 『海月神師法說』, 위의 책, 422-423쪽. "天皇氏는 元來 天人合一의 名辭라, 故로 天皇氏는 先天開闢―有人의 始神의 機能으로 人의 原理를 包含한 義가 有하니, 萬物이 皆 天皇氏의 一氣라. 今日 大神師 天皇氏로써 自處하심은 大神師 亦是 神이신 人이시니 後天五萬年에 此理를 傳케 함이니라."

3. 의암의 천황씨 - 견성각심자와 삼계천지최상천의 비유

동학의 3세 지도자 의암 손병희 역시 삼황오제 중 천황씨 비유를 썼다. 『의암성사법설』의 저자이기도 한 의암 손병희는 해월의 심즉천과 인시천을 계승하여 인내천을 중심으로 교리의 체계를 세워 나갔다. 특히 의암의 인내천은 수도의 단계에 따라 천과의 관계가 달라져야 한다는 것을 의미하며 인간이 주체가 된 자력적 신앙을 강조하였다.[25] 손병희는 최제우와 최시형의 세계관을 수용하면서 자신만의 문명사적 세계관을 시대 인식에 덧붙여 보여주었다. 특히 그는 천도교의 문명론의 구조를 각각 세계론·문명론·종교론으로 나누어 보여주었다. 세계론에서는 문명과 대벽(大闢)의 세계, 중화적 세계관의 극복, 진화와 경쟁, 부국강병의 방략으로, 문명론에서는 보국안민 지도로서의 문명, 국가주의와 정치 개혁, 교육과 식산으로, 종교론에서는 근대 문명 상징으로서의 종교, 종교로서의 자의식, 종교의 자유와 정교분리 등[26]으로 규명하며 보여주었다.

이러한 맥락과 관련지어 손병희는 인간 주체적 입장과 세계 문명사의 진화적 세계관이 그의 경전 말씀에 투영되는 한편 동양 신화 역시 재해석하여 의미를 강화했다. 그의 『의암성사법설(義菴聖師法說)』 중 〈삼전론(三戰論)〉, 〈무체법경(無體法經)-신통고(神通考)〉, 〈몽중문답가(夢中問答歌)〉를 통해서 삼황씨와 천황씨, 오제씨와 삼황오제에 관련하여 그의 비유법을 살펴보자.

첫째, 삼황의 비유로서 의암은 세상의 기초 건립자로서 삼황, 문물제도

25　김용휘, 앞의 논문, 154쪽.
26　고건호, 앞의 논문, 66-113쪽.

완성자로서 오제를 〈삼전론〉을 통해서 보여주었다.

> 태고의 '무위' 시대는 그 기운이 아직 발하지 않은 때요, 삼황이 세상의 기초를 세움이여, 도를 마음에 근본하였음이요, 오제가 문물제도를 시작함이여, 정치와 법을 바르게 폄이라. 사람이 순후하니 백성이 다 요순이요, 성도로써 가르치니 세상이 다 요순 아님이 없느니라. 인도가 커지면서 사람은 각각 인심이 있는지라, '헌원씨' 시대에는 '치우'가 작란하고, '우순씨' 세상에는 '유묘'가 교화를 배반하고 작란하니, 이런 일을 본다 해도 어찌 선악의 차별이 없다고 하겠는가.[27]
> - 〈삼전론(三戰論)〉 (밑줄-필자)

위의 글 〈삼전론〉에서 의암은 삼황씨를 세상의 기초 건립자로서 도가 마음 근본론으로 자리 잡고 있다고 보았다. 또 오제씨는 문물제도 시원자로서 정치와 법의 교화자로 그려냈다. 즉, 세상 기초 건립자와 문물제도 시원자로 삼황씨, 오제씨를 각각 강조하여 보여주었다.

둘째, 천황씨의 비유로서 의암은 삼계천(三界天) 최상(最上)의 지위자(地位者)로서 천황씨를 〈무체법경〉 중 〈신통고〉에서 보여주었다. 의암은 견성각심자(見性覺心者)로서 천황씨, 천황씨와 범인의 대비, 천황씨와 성인·범인의 비유를 통한 수사법을 보여주었다.

---

[27] 의암 손병희, 〈三戰論〉, 『義菴聖師法說』, 앞의 책, 625-626쪽. "太古之無爲兮여 其氣也未發이요 三皇之基礎兮여 道本乎心이요 五帝之孩提兮여 施措於治法이라 人氣也淳厚하니 民皆爲堯舜이요 敎導以聖道하니 世莫非堯舜이라 人道之將泰兮여 人各有人心이라 惟彼軒轅時之蚩尤와 虞舜世之有苗가 背化而作亂하니 豈可無善惡之別乎아."

① 대신사께서 자신을 천황씨라고 말씀하신 것은 자신이 한울 위에 계시다는 것이 아니요, 다만 성품을 보고 마음을 깨달아 삼계천의 맨 윗 한울에 계시다는 것이 명백하니라. 그러므로 비고 비어 고요하고 고요한 무형천과 둥글고 둥글고 가득하고 가득한 유정천과 티끌이 자욱하고 자욱한 습관천이 다 성품과 마음 좌우의 현묘하고 참된 두 곳에 있는 것이니라.

② 이로 말미암아 성품과 마음을 연구하면 어찌 홀로 대신사만이 천황씨가 되겠는가. 사람은 다 모신 한울이 있으니 그 성품을 보고 마음을 깨달음에 이르러는 하나이니라. 신사께서는 현묘하고 참된 두 사이에 계시어 성품의 한쪽은 불생불멸이요, 마음의 한쪽은 만세극락이니라.

③ 사람의 성품을 깨닫는 것은 다만 자기 마음과 자기 정성에 있는 것이요, 한울과 스승의 권능에 있는 것이 아니니, 자기 마음을 자기가 깨달으면 몸이 바로 한울이요 마음이 바로 한울이나, 깨닫지 못하면 세상은 세상대로 사람은 사람대로이니라. 그러므로 성품 깨달은 사람을 천황씨라 이르고, 깨닫지 못한 사람을 범인이라 이르느니라. 그러면 오직 수도하는 사람은 부지런히 하고 부지런히 하여 그치지 아니하고, 나아가고 나아가 물러가지 아니하여, 마음이 성품 깨닫는 데 들어가면 스스로 그 자리에 있을 것이니 한번 조용함에 비고 고요한 극락이요, 한번 기쁨에 크게 화한 건곤이요, 한번 움직임에 풍운조화니라.

④ 일체가 세 가지로 변하는 것은 성품과 마음이 할 수 있는 것이니 이를 천황씨라 이르고, 만약 세 가지에 하나가 능하면 성인이라 이르고, 세 가지에 하나라도 능치 못하면 범인이라 이르나니, 천황씨와 성인과 범인이 별다른 묘법이 없는 것이요, 다만 마음을 정하고 정치 못하는 데 있느니라.

⑤ 성품을 보고 마음을 깨달으면 내 마음이 극락이요, 내 마음이 천지요, 내 마음이 풍운조화이니라. 마음 밖에 빈 것도 없고, 고요함도 없고, 불생

도 없고, 불멸도 없고, 극락도 없고, 동작도 없고, 희로도 없고, 애락도 없으니, <u>오직 우리 도인은 자심을 자성하고 자심을 자경하고 자심을 자신하고 자심을 자법하여 털끝만치라도 어김이 없으면 가는 것도 없고 오는 것도 없으며, 위도 없고 아래도 없으며, 구할 것도 바랄 것도 없어 스스로 천황씨가 되는 것이니라.</u> 경에 말씀하시기를 "내가 나를 위함이요 다른 것이 아니다." "멀리 구하지 말고 나를 닦으라." "가까운 데 있고 먼 곳에 있지 아니하다." 하였으니 깊이 생각하라.[28]

- 〈무체법경(無體法經)-신통고(神通考)〉 (번호 및 밑줄-필자)

위의 〈신통고〉에서 의암은 견성각심자로서 천황씨를 지칭하며, 천황씨와 범인의 대비로서, 그리고 천황씨와 성인·범인의 비유를 잘 드러내 보여준다. ①에서는 성품을 보고 마음을 깨달은 상태를 삼계천 천상의 지위

---

[28] 의암 손병희, 〈無體法經-神通考〉, 『義菴聖師法說』, 위의 책, 446-450쪽. ① "大神師之自謂天皇氏는 非自居天上이요 但以見性覺心으로 居於三界天之最上天也 明矣니라 故로 空空寂寂之 無形天과 圓圓充充之 有情天과 塵塵濛濛之 習慣天이 俱在性心左右之玄眞兩方이니라." ② "由是 究性心則 奚獨 大神師以天皇氏 自居리오 人皆有恃天이니 及其見性覺心에는 一也니라 神師는 居玄眞兩間하여 性一邊은 不生不滅이요 心一邊은 萬世極樂이니라." ③ "人之覺性은 只在自心自誠이요 不在乎 天師權能이니 自心自覺이면 身是天 心是天이나 不覺이면 世自世 人自人이니라 故로 覺性者를 謂之天皇氏요 不覺者를 謂之凡人이니라. 然則 惟我修道者는 勤勤不已하고 進進不退하여 心入性覺이면 自居其位리니 一黙에 空寂極樂이요 一喜에 泰和乾坤이요 一動에 風雲造化니라." ④ "一體三變은 性心所能이니 此之謂天皇氏요 若三端에 能一이면 謂之聖이요 三端에 不能一이 謂之凡이니 皇聖凡이 別無妙法이요 只在心之定不定이니라." ⑤ "見性覺心이면 我心極樂이요 我心天地요 我心風雲造化니라 心外에 無空空 無寂寂 無不生 無不滅 無極樂 無動作 無喜怒 無哀樂이니 惟我道人은 自心自誠하고 自心自敬하고 自心自信하고 自心自法하여 一毫無違면 無去無來하며 無上無下하며 無求無望하여 自爲天皇氏也니라. 經"에 云「我爲我而非他」요「遠不求而修我」요「在近不在於遠이라」하니 深思어다." (번호-필자)

자인 천황씨로 비유하여 드러냈다. ②, ③에서는 성품과 마음을 연구하여 깨달으면 누구나 천황씨가 된다고 했고, 깨달은 자의 유무에 따라 천황씨와 범인을 비교해 보여주었다. ④에서는 성(性)·심(心)·신(身) 세 가지가 모두 도달한 자를 천황씨로, 그중의 하나가 부족하면 성인으로, 하나라도 도달하지 못하는 자를 범인이라 했고, 마음을 정하느냐 마느냐에 따라 세 부류가 각각 나누어진다고 보았다. 마지막 ⑤에서는 자심을 자성(自誠)·자경(自敬)·자신(自信)·자법(自法)하는 경지가 되면 스스로 천황씨가 되는 길을 제시하면서, 천황씨의 비유가 최고의 수도자와 통함을 드러냈다.

〈신통고〉는 신과 통하여 성인이 되는 법을 말씀하신 것이니, 즉 도를 닦는 사람들이 마음을 정하고 목표를 정해서 바르게 닦아 나아가는 법을 말씀하신 것이다. 대신사께서 후천 천황씨가 되신 것은 신과 통하여 인류 역사상 최초로 성·심·신 세 가지를 합해서 깨달으셨기 때문이다. 누구든지 대신사님과 같이, 성·심·신 세 가지를 합해서 깨닫게 되면 대신사님과 같은 위치에 오르게 되는 것이다. 사람은 누구나 다 한울님을 모시고 있으므로 도를 닦는 사람들은 먼저 나도 대신사님과 같은 사람이 되겠다고 마음을 정해야 한다[29]고 볼 수도 있다.

의암은 우주 만물을 이룬 근본 이치와 근본 재료가 바로 이 성품이라고 하였다. 그러므로 우주의 실상은 성(性)이라 할 수 있으며, 본래 고요하고 비어 있다고 하겠다. 따라서 성을 본다는 것은[見性] 다양하고 현란한 파노라마에서 움직이지 않고 물들지 않고 흔들리지 않는 빈 본체 자리를 본다는 뜻이다. 이러한 경지가 열리는 것을 개(開)라 한다. 즉 하늘이 열린다는 것이다. 또 하늘이 열린다는 것은 우주 삼라만상이 본래 다 하늘로 만들어

---

29 解義 李昑魯, 〈神通考〉, 『義菴聖師法說 解義』(上), 천법출판사, 2000, 57쪽.

졌음을 아는 것을 뜻한다. 견성각심은 의암이 개벽을 다른 개념으로 표현한 것임을 알 수 있다. 의암은 〈무체법경〉에서 성품과 마음, 즉 개벽을 간결하면서도 논리적으로 체계를 갖추어서 철학화하였다. 그 핵심 요점은 내가 내 하늘을 깨달아 내 마음을 법으로 삼는 것이다.[30] 즉, 그는 견성각심의 경지를 천황씨로 비유해 보여주었는데, 삼계천 최상 지위자, 성품 마음의 천황씨, 견성각심과 천황씨, 성품과 무한의 큰 힘으로 본인의 천황씨 일체론 등으로 비유했다.

셋째, 삼황오제의 비유로서 의암은 태평세계를 〈몽중문답가〉에서 삼황오제로 비유하여 보여주었다.

좋은시절(時節) 정(定)할테니 어찌아니 좋을소냐
요순세계(堯舜世界) 다시와도 이와같진 못할테요
<u>삼황오제(三皇五帝) 다시온들 이에서 지날소냐</u>
좋을시고 좋을시고 오만년(五萬年)의 회복지운(回復之運)
희호세계(熙皞世界) 분명(分明)하다 불망기본(不忘其本) 그이치(理致)를
염념불망(念念不忘) 잊지말아 한탄(恨歎)말고 있게되면
너의소원(所願) 이루리라 축문(祝文)지어 현송(現誦)하며
불고사생(不顧死生) 맹서(盟誓)해서 삼재인륜(三才人倫) 다시정(定)해
다짐맹서(盟誓) 하는줄을 내가어찌 모를소냐
이대로만 하게되면 돌아오는 그때에는
음양조화(陰陽造化) 다알아서 주찰천하(周察天下) 할터이오
소원(所願)대로 행(行)할테니 한탄(恨歎)말고 돌아가서

---

30 오문환, 앞의 책, 33-34쪽.

너의사장(師丈) 교훈(敎訓)받아 일사위법(一事違法) 하지말고

차제도법(次第道法) 밝혀내어 순리순수(順理順受) 하였어라

수작(酬酌)하는 그거동(擧動)을 잠심(潛心)하여 보다가서

봉황(鳳凰)의 울음소리 홀연(忽然)히 잠을깨니

불견기처(不見其處) 되었더라

전후좌우(前後左右) 살펴보니 침상일몽(枕上一夢) 그뿐일세[31]

- 〈몽중문답가(夢中問答歌)〉 (밑줄-필자)

위의 글 〈몽중문답가〉에서 호시절 정하는 것을 삼황오제 재림과 관련지어 오만년의 회복지운으로 그려냈다. 이는 요순 세계와 마찬가지로 태평성세의 비유로 보여준 것이다.

이상과 같이 의암 손병희는 동양 신화 중 삼황씨와 오제씨, 천황씨와 삼황오제의 비유를 빌려 각각 다양하게 의미를 강화했다. 천황씨를 세상의 기초 건립자로 보았고, 오제씨는 문물제도 시원자로 그려냈다. 또, 견성각심의 경지를 천황씨로 비유해 보여줌으로써 범인의 심상에 이해의 심도를 높였다. 그는 삼계천 최상 지위자, 성품마음의 천황씨, 견성각심과 천황씨, 성품과 무한의 큰 힘으로 본인의 천황씨 일체론을 비유 수사학을 활용해 의미를 전달하는 데 성공했다. 의암은 또, 태평세계의 비유로서 삼황오제의 비유를 보여주었다.

---

31 의암 손병희, 〈夢中問答歌〉, 『義菴聖師法說』, 앞의 책, 723-725쪽.

III. 후천개벽 성인 사회와 패러다임의 전환 수사법

이 글에서는 동양의 신화가 동학 경전에 비유의 수사법으로 활용되어 나타난 경전 수사법을 살펴보았다. 특히 동양 신화 중 '삼황오제 신화'를 살펴보면서, 동학의 주요 경전인 수운 최제우의 『동경대전』, 해월 최시형의 『해월신사법설』, 의암 손병희의 『의암성사법설』에서의 삼황오제 비유를 통한 수사법을 중심으로 살펴보았다.

동양적 이상주의와 유교적 이상주의를 합성한 삼황오제 신화의 비유를 통해 수운 최제우의 천황씨, 해월 최시형의 삼황, 의암 손병희의 삼황씨 등을 중심으로 신화의 재해석에 대해 살펴보았다.

먼저 수운 최제우의 천황씨 수사학은 우주 창설 초기인 태고 시기에 맞춰 기연론·불연론을 끌어들여 인류의 최초 세계가 이루어지는 형성 과정과 인간 형성 과정의 인식관의 대비법으로 표출되었으며, 거룩한 성인의 군왕학을 빌려 경전에 가미하여 이해하기 쉽도록 하였다고 볼 수 있다.

다음으로 해월 최시형의 천황씨와 삼황의 비유 수사는 무위화기의 근본인 사람, 통합 우주적 전체의 덕 중개자로서의 인간계, 거룩한 인신과 최고의 경지인 신인의 합일된 정의까지 보여주었음을 보았다.

마지막으로 의암 손병희의 삼황오제는 심계천 최상 지위자로서 천황씨를 차용했다. 의암은 견성각심자로서 천황씨, 천황씨와 범인의 대비로서 비유, 천황씨·성인·범인의 비유로 도의 달성도를 설명했다. 의암은 태평세계에 삼황오제의 비유를 활용하여 의미를 강화시켰음을 보았다.

이상으로 수운, 해월, 의암의 삼황오제 비유와 같은 경전 수사학을 통해 동학적 이상향에는 여러 가지 요소가 복합되어 있음을 밝혔다. 수운의 경우 무궁한 이울과 다시개벽 유토피아에 대한 갈망으로 그의 혼원지일기 세계관과 범재신관을 드러냈다. 무엇보다도 그만의 불연기연 패러다임에 동양 신화의 비유를 빌려 새로운 세상을 펼쳐 보였다. 해월의 경우 만물 공경 세계관과 종교 실천 세계관에 신화의 최정점 의미를 가미하여 종합적 우주 덕을 강조했다. 의암의 경우 인간 주체 자력 신앙 세계관과 문명 진보 세계관의 맥락에서 신화의 비유를 빌려 교회의 덕화와 견성각심이라는 강화된 의미를 드러냈다.

　결국 동학 경전에서는 동양 신화 중 삼황오제 신화가 경전 수사학으로 자리매김되어 범인들의 영혼이나 성품 공부에 깊은 영향을 미쳤다고 볼 수 있다.

제3부
동학 경전의 중국 인물 연구

7장 『동경대전』에 나타난 중국 인물

8장 『용담유사』에 나타난 중국 인물

9장 『해월신사법설』에 나타난 중국 인물

10장 『의암성사법설』에 나타난 중국 인물

7장 『동경대전』에 나타난 중국 인물*

* 졸고, "『동경대전』에 나타난 중국 인물 연구", 『동학학보』 제21호, 동학학회, 2011. 4. 이 논문을 수정한 것이다.

Ⅰ. 시작하며

한국 문화에는 중국 문화와 정신이 동양 문화와 정신의 한 원류로 자리 잡고 있다. 한국은 유구한 역사 동안 동아시아 문명권에서 중국과 밀접한 관계를 맺어 왔다. 그 관계는 신화적이든, 정치·사상적이든, 문예적이든 다양한 관계적 아우라 속에 공존해 왔다. 19세기 초반부터 그러한 중국 문명에 거대한 위기의 그림자가 드리워졌고, 그들의 그런 기운에서 19세기 중반 수운(水雲) 최제우(崔濟愚, 1824-1864)는 사유의 심층에 다양하게 자리 잡고 있는 그 원류를 재자각·재인식하며 자신만의 세계관으로 드러냈다. 수운의『동경대전(東經大全)』각 편이 1860~1864년 시기에 저술되었는데, 이 논문은 영적(靈的) 저술가이기도 한 수운의 인식 태도와 사유의 태도를『동경대전』에 투영된 중국 인물들을 통하여 살펴볼 것이다.

『동경대전』에는 다양한 중국 인물이 나온다. 〈포덕문(布德文)〉[1](1861)의

---

1 〈포덕문〉은 수운이 포덕 2년(신유년, 1861) 봄에 지은 경편이다. 한울님으로부터 무극대도(無極大道)를 받은 이후 첫 번째로 편 가르침의 글이 된다. 포덕이란 한울님 덕을 세상에 펴는 것을 뜻한다. 인간을 비롯한 우주의 모든 만물은 한울님의 덕에 의하여 화생(化生)되었으며, 또 화육(化育)된다. 포덕문은 바로 한울님의 존재를 알지 못하는 세상 사람들로 하여금 자기 생명의 근본이 되는 한울님을 깨닫게 하고자 쓰여진 경전이다. 나아가 성쇠(盛衰)의 시운에 의하여 쇠운이 지극한 이 시대에 자신의 근본을 회복하고, 한울님 덕화를 올바르게 깨달아 성운을 맞이해야 한다는 가르침을 담고 있는 경

오제(五帝), 〈논학문(論學文)〉[2](1862)의 공자(孔子)와 요순(堯舜), 〈수덕문(修德文)〉[3](1862)의 공부자(孔夫子)·도연명(陶淵明)·강태공(姜太公)·주렴계(周濂溪)·제갈량(諸葛亮)·삼천 제자·자공(子貢)·왕희지(王羲之)·석숭(石崇)·사광(師曠)·편작(扁鵲), 〈불연기연(不然其然)〉[4](1863)의 천황씨(天皇氏), 〈화결시(和訣詩)〉[5](1862)의 공자·오류선생(五柳先生)·소동파(蘇東

편이다. 윤석산 주해, 『주해 東學經典-동경대전·용담유사』, 동학사, 2009, 21쪽.
2 〈논학문〉은 수운이 포덕 3년(임술년, 1862) 1~2월 사이에 쓴 글이다. 수운이 관(官)의 지목을 피해 포덕 2년 겨울 길을 떠나게 된다. 한 달 가까이 길을 떠나 전남도 남원에 이르러 민가에 잠시 머물다가, 그곳 사람들의 안내를 받아 남원성 밖 교룡산성 안에 있는 작은 암자인 은적암에서 겨울을 날 때 쓴 경편이다. 용담에 있으면서 경상도 일대 유생들과 관으로부터 서학이라는 지목을 받았던 일이 많았다. 이와 같은 세상의 오해를 불식시키고자 수운이 이 논학문을 통하여 서학과 동학이 궁극적으로 어떻게 다른가를 논하고 있으며, 또한 동학의 본체를 설파하고 있다. 윤석산 주해, 위의 책, 59쪽.
3 〈수덕문〉은 포덕 3년(임술년, 1862) 6월 경주 근처에서 수운이 쓴 경전이다. 수운은 당시 은적암에서 한 겨울을 보내고 임술년 3월 경주 근처 박대여(朴大汝)라는 제자의 집에 머물며 이 경전을 지었다. 수덕문은 동양 사회를 오랫동안 유지시켜 온 사상의 하나인 유교적 가르침을 바탕으로 동학을 설명한 글이다. 특히 당시 지배 이념이었던 유교와 그 근원적인 면에서는 서로 대동소이하다는 점을 들어, 동학이 결코 이단이 아님을 설파한 글이다. 이 수덕문은 도인들이 지켜야 할 계율, 동학의 가르침을 행하면 나타나게 되는 수행의 효험 등이 기술된다. 윤석산 주해, 위의 책, 127쪽.
4 〈불연기연〉은 수운이 1863년 신앙이 가장 원숙한 때에 쓴 글로써, 우주 만물의 생성 과정에서 '그러한 것(其然)'과 '그렇지 않은 것(不然)'의 이치를 밝힌 것이다. 우주 만물과 모든 현상은 이 두 개의 상반된 원리의 연쇄 작용에 의하여 이루어졌다고 보면서, 옛날 사람들은 이 두 개의 상반된 이치를 잘못 깨달아 사물을 관찰하는 데 그릇 판단했다고 했다. 유병덕 편저, 앞의 책, 147-148쪽.
5 〈화결시〉는 수운이 한울님의 가르침을 받아 그 가르침에 화답하여 쓴 시라는 의미이다. 첫 번째의 두 구절은 수운이 주유팔로(周遊八路)를 하던 시절이나, 용담을 떠나 전라도 은적암으로 가며 쓴 시로 생각된다. 두 번째의 구절은 임술년(壬戌年, 1862) 11월 흥해(興海) 매곡동(梅谷洞)에 있는 손봉조(孫鳳祚)라는 제자의 집에서 머물며 쓴 시로 수운의 송백(松柏) 같은 지절을 노래한 시이다. 윤석산 주해, 앞의 책, 215-

坡)·주렴계·이태백(李太白), 〈영소(詠宵)〉[6](1864)의 항아(嫦娥) 등이다. 물론『용담유사(龍潭遺事)』에도 중국 인물이 다양하게 나온다. 〈교훈가〉의 걸(桀)과 요순, 〈안심가〉의 공부자·진시황(秦始皇)과 한무제(漢武帝)·편작·요순, 〈용담가〉의 기자(箕子), 〈몽중노소문답가〉의 두목지(杜牧之)와 사광·요순과 공맹(孔孟), 〈도수사〉의 공부자·삼천 제자·칠십이인, 〈권학가〉의 요순·삼황오제(三皇五帝), 〈도덕가〉의 요순과 공자·환퇴(桓魋) 등이 나오고 있다. 그러나 이 글에서는『동경대전』에 나오는 중국 인물 양상을 살펴보려고 한다.

그동안 필자는 동학 텍스트에 대한 문학적 고찰을 신화적 방법과 수사학적 방법으로 연구한 바 있다. 신화적 방법의 고찰은「동양의 신화와 동학 경전의 비교 - 요순 신화를 중심으로」[7]와「목소리와 바위, 새와 저울의 현상학 - 서구 신화와 동학 신화의 비교」[8]가 있고, 수사학적 방법의 고찰은「동양 신화의 경전 수사학 - 동학 경전에 나타난 삼황오제 신화를 중심으로」[9]가 있다.

이 글에서는『동경대전』에 중국 인물이 어떻게 차용되었는지를 네 유형으로 나누어 살펴보고자 한다. 네 유형의 인물들은 첫째, 신화적 인물로

216쪽.
6 〈영소〉는 수운이 갑자년 관에 체포되어 대구 감영에서 지은 최후의 유시(遺詩)이다. 이 시에서 말하고 있듯이, 마치 등불이 물위를 비추듯이, 그래서 아무러한 혐의의 틈도 없음을 말하고 있으며, 비록 자신이 참형을 당하여 우리의 도가 죽은 기둥과 같은 모양을 하고 있으나, 이는 결코 죽은 것이 아니요, 오는 시절에는 꽃이 새잎 돋게 할 여력(餘力)이 있음을 노래한 시이다. 윤석산 주해, 위의 책, 286쪽.
7 졸고, "동양의 신화와 동학 경전의 비교", 앞의 논문.
8 졸고, "목소리와 바위, 새와 저울의 현상학", 앞의 논문.
9 졸고, "동양 신화의 경전 수사학", 앞의 논문.

천황씨와 오제, 요순과 항아, 둘째, 정치·사상적 인물로 공자와 그의 제자 자공, 강태공, 제갈량과 주렴계, 셋째, 문예적 인물로 도연명과 이태백, 소동파와 왕희지, 넷째, 기타 인물로 사광, 편작, 석숭 등이다.

II. 신화 속의 인물들 - 천황씨와 오제, 요순과 항아

첫 번째로 수운 최제우의 『동경대전』에 등장하는 신화적 인물은 '천황씨'와 '오제', '요순'과 '항아' 등이다. 이 인물 중 천황씨는 〈불연기연〉에, 오제는 〈포덕문〉에, 요순은 〈논학문〉에, 항아는 〈영소〉에 다양하게 등장한다.

1. 천황씨 - 거룩한 성인의 군왕학과 불연기연의 철학론

먼저 『동경대전』 〈불연기연〉에 나오는 천황씨를 살펴보자.

천황씨를 포함한 삼황오제는 이상적 제왕 신화의 주인공이자 중국 고대의 전설적 제왕이다. 『동경대전』에서는 〈불연기연〉에 천황씨, 〈포덕문〉에 오제만 나온다. 천황씨는 삼황(三皇)[10], 천황(天皇), 지황(地皇), 인황(人皇)

---

10 天皇氏, 姓望, 名荻, 字文生；別号防五, 天灵；地皇氏之父, 人皇氏之祖父"五龙"之首；古越族；以木德王天下；治所在良渚古城中的莫角山台址上；在位年代：2607 B,C-2575 B.C. 地皇氏, 是中国上古神话时期的君主, 三皇之一. 天皇之后, 地皇兴起, 在龙门和熊耳山一带即位. 共在位三万六千年. 一说地皇氏即神农氏.
人皇氏, 姓恺, 名胡洮, 字文生；別号居方氏；地皇氏之子；古越族；以土德王天下；治所在今山东日照两城镇遗址；在位年代：2550 B,C-2520 B.C. www.baidu(百度).com 참조.

중 하나다. 천황씨는 중국 태고 시대의 전설적인 인물이며 삼황의 으뜸으로 12형제가 각각 만 팔천 년씩 왕 노릇을 하였다[11]고 한다. 지황씨는 천황씨의 뒤를 이은 왕이고 오행(五行) 중 화덕(火德)으로써 천하(天下)를 다스렸고, 기원전 8364년 천체의 움직임을 관찰하고 연구하여 역[일(日), 월(月), 년(年)]을 만들었다. 인황씨는 『십팔사략』에 기록된 것에 의하면 형제가 아홉 명이었고 그들이 아홉 주의 군주가 되었다고 한다.

그럼 이런 천황씨가 나오는 〈불연기연〉 관련 부분을 살펴보자.

> 噫라 如斯之忖度兮여 由其然而看之則 其然如其然이나 探不然而思之則 不然于不然이라 何者 太古兮여 天皇氏는 豈爲人 豈爲王고 斯人之無根兮여 胡不曰 不然也오 世間에 孰能無父母之人이리오 考其先則 其然其然 又其然之故也니라.
>
> 아! 이같이 헤아림이여. 그 그러함을 미루어 보면 기연은 기연이나 그렇지 않음을 찾아서 생각하면 불연은 불연이라. 왜 그런가. <u>태고에 천황씨는 어떻게 사람이 되었으며 어떻게 임금이 되었는가.</u> 이 사람의 근본이 없음이여, 어찌 불연이라고 이르지 않겠는가. 세상에 누가 부모 없는 사람이 있겠는가. 그 선조를 상고하면 그렇고 그렇고 또 그런 까닭이니라.[12]
>
> - 〈불연기연(不然其然)〉 (밑줄-필자)

위와 같이 수운은 〈불연기연〉에서 태고의 천황씨가 인간으로 완성되는 과정인 인간 형성 과정과 또 임금이 되어 가는 과정의 군왕학을 근본을 알

---

11 daum, Naver, 브리태니카, 위키백과 사전 등 참조.
12 수운 최제우, 〈不然其然〉, 『東經大全』, 58-59쪽.

수 없는 불연론과 대비시켜 보여주었다. 즉, 천황씨가 인류 최초의 사람으로 탄생되는 과정, 아버지가 왕도 아니었는데 임금이 된 과정과 연관시켜 불연론을 기술했다. 이는 성인이란 인간이 어떻게 탄생되었으며, 최고의 완벽한 지혜를 지닌 군왕이 되어 가는 과정을 불연론으로 보여준 것이다. 특히 〈불연기연〉의 시작 부분에 천고(千古)의 만물의 명명과 형상이 들어 있으며, 천지자연의 형성과 자신의 형성 과정, 세상과 인간의 이치 형성 과정에 대해 논의했다. 결국 수운은 그것을 자신이 통찰해 낸 불연기연 철학관으로 대비하여, 천황씨의 인간 형성 과정, 천황씨의 군왕 형성 과정을 불연과 기연의 논리[13]로 해석한 것이다.

이런 점에서 수운은 〈불연기연〉에서 신화적 인물 천황씨를 차용하고 우주 창설 초기인 태고 시기에 맞춰 기연론과 불연론을 끌어들여 인류의 최초로 이루어지는 인간의 형성 과정과 거룩한 성인의 군왕학을 빌려 불연기연의 철학론을 펼쳤다고 할 수 있다.

2. 오제 - 천도적 이상주의와 유교적 문화영웅주의의 합성

또 『동경대전』 〈포덕문〉에는 신화적 인물로 오제가 나온다. 여기에서 오제는 일반적으로 지칭하는 복희(伏羲)·신농(神農)·황제(黃帝)·소호(少昊)·전욱(顓頊)을 칭하기로 한다. 사마천은 삼황의 전설을 믿을 수 없는 것으로 생각했는지, 그의 『사기』에서는 〈오제본기〉부터 시작된다. 사마천이 오제로 든 것은 황제 헌원(黃帝軒轅)·전욱 고양(顓頊高陽)·제곡 고신(帝嚳高辛)·제요 방훈(帝堯放勳)·제순 중화(帝舜衆華) 등이며, 별도로

---

13 졸고, "동양의 신화와 동학 경전의 비교", 앞의 논문.

복희·신농 또는 소호 등을 드는 경우도 있어 일정하지 않다. 원래 이 전설은 다양한 신화와 전설이 혼입된 것이며, 도덕적·정치적으로 억지로 끌어들인 것이어서 그 기원이 애매하다. 오행설이 일반화된 전국시대 말 이후 이야기 경향을 띠게 되었다.[14]

그럼 오제, 복희·신농·황제·소호·전욱에 대해 한 인물씩 살펴보자. 복희[15]는 삼황의 첫머리에 꼽히는 중국 전설상의 제왕이다. B.C. 29세기에 뱀의 몸을 가지고 신과 같이 신비스럽게 태어났다고 한다. 몇몇 초상화에서 나뭇잎 화관을 쓰고 산에서 나온 모습, 또는 동물 가죽 옷을 입은 사람의 모습으로 묘사된다. 점(占)에 쓰이는 8괘(卦)를 만들어서 문자의 발전에 이바지했다고 하나 확실하지는 않다. 다음으로 신농[16]은 고대 중국 신화에 나오는 삼황 중 두 번째 황제로 정식 이름은 염제(炎帝)이다. B.C. 28세기에 인신우두(人身牛頭)의 형상을 하고 태어났다고 전해진다. 마차와 쟁기를 만들었으며 소를 길들이고 말에게 멍에를 씌웠다. 또한 백성들에게 불로써 토지를 깨끗하게 하는 법을 가르쳤다. 신농은 중국을 확고한 농경 사회로 만드는 데 기여했다고 알려져 있다. 또 황제[17]는 중국 전국시대 이후

---

14 NAVER백과사전.
15 伏羲 百科名片: 中华民族人文始祖, 是我国古籍中记载的最早的王, 所处时代约为新石器时代早期, 他根据天地万物的变化, 发明创造了八卦, 成了中国古文字的发端, 也结束了"结绳记事"的历史. 他又结绳为网, 用来捕鸟打猎, 并教会了人们渔猎的方法, 发明了瑟, 创作了《驾辨》曲子. 他的活动, 标志着中华文明的起始, 也留下了大量关于伏羲的神话传说.
16 炎帝 百科名片: 炎帝是中华民族的始祖之一 又称赤帝, 烈山氏, 距今约四千多年前生于姜水之岸. 他与黄帝结盟并逐渐形成了华夏族, 这才有了今天的炎黄子孙.
17 黄帝轩辕 百科名片: 黄帝为中华民族始祖, 人文初祖, 中国远古时期部落联盟首领. 黄帝(前2697-前2599)少典之子, 本姓公孙, 长居姬水, 因改姓姬, 居轩辕之丘, 故号轩辕氏. 出生, 创业和建都于有熊, 故亦称有熊氏, 因有土德之瑞, 故号黄帝. 他首先统一

문헌에 등장하는 오제 중 첫 번째 제왕으로, 삼황에 이어 세상을 다스렸다고 설명되며, 황제 헌원씨라고도 부른다. 황제의 명칭은, 제위 시 황룡이 나타나 토덕(土德)의 상서로운 징조가 있다고 하여 붙여졌다. 다른 문헌에서 강조하는 황제 역시 중국의 모든 도사들을 보호하는 성인이다. 전설적인 제왕들 중 연대적으로 앞선 인물이지만 실제로 그는 마지막으로 찾아낸 인물이며 기원전 4세기가 되어서야 비로소 중국의 신화에 등장했다. 신하들이 황제의 은덕을 즐거워하는 긴 치세 기간 동안 진정한 황금시대를 이룬 이 경이적인 제왕의 전설은, 여기에서 지혜의 예중으로 사용된다. 황제는 내면적으로나 외면적으로나 완전한 영역에 도달했으며, 또한 문화를 만들어 낸 영웅이기도 하다.[18] 그리고 소호[19]는 중국 태고 때에 있었다는 전설상의 임금으로 천하를 다스리게 되었으므로 호를 금천씨(金天氏)라고 부르며, 가을을 다스리는 신으로 알려져 있다. 마지막으로 전욱[20]은 고대 중국의 신화상의 제왕이며, 이름은 고양이다. 오제의 한 명으로 소호의 뒤를 이어 제위에 올랐고, 재위 기간은 78년이었다고 전해진다.

그럼, 이러한 오제가 등장하는 〈포덕문〉의 관련 부분을 살펴보자.

    中华民族的伟绩而载入史册. 他播百谷草木, 大力发展生产, 创造文字, 始制衣冠, 建造舟车, 发明指南车, 定算数, 制звук律, 创医学等, 是承前启后中华文明的先祖.
18 아서 코트렐, 앞의 책, 180-181쪽.
19 少昊 百科名片(前2598-前2525): 相传少昊是黄帝之子, 是远古时羲和部落的后裔, 华夏部落联盟的首领, 同时也是东夷族的首领. 中国五帝之一, 中国嬴姓及其秦, 徐, 黄, 江, 李等数百个姓氏的始祖.
20 颛顼 百科名片(前2514~前2437): 中国历史中的一位传说人物, 为五帝之一. 相传颛顼是黄帝的孙子, 是九黎族的首领. 相传是黄帝子昌意的后裔(《山海经》,《国语·楚语》有此说). 居帝丘, 号高阳氏. 被黄帝征服的九黎族, 到颛顼时, 仍奉巫教, 杂拜鬼神. 颛顼禁绝巫教, 逼令顺从黄帝族的教化. 当时南方苗族又逐渐向北发展, 自颛顼到禹, 传说中常见苗族, 黎族与黄帝族的不断冲突.

自五帝之後로 聖人이 以生하사 日月星辰과 天地度數를 成出文卷而以定天
道之常然하여 一動一靜과 一盛一敗를 付之於天命하니 是는 敬天命而順天
理者也라 故로 人成君子하고 學成道德하니 道則天道요 德則天德이라 明
其道而修其德故로 乃成君子하여 至於至聖하니 豈不欽歎哉아

<u>오제 후부터 성인이 나시어 일월성신과 천지도수를 글로 적어 내어 천도
의 떳떳함을 정하여 일동일정과 일성일패를 천명에 부쳤으니, 이는 천명
을 공경하고 천리를 따르는 것이니라.</u> 그러므로 사람은 군자가 되고 학은
도덕을 이루었으니, 도는 천도요 덕은 천덕이라. 그 도를 밝히고 그 덕을
닦음으로 군자가 되어 지극한 성인에까지 이르렀으니 어찌 부러워 감탄하
지 않으리오.[21]

- 〈포덕문(布德文)〉, (밑줄-필자)

이처럼 수운은 〈포덕문〉에서 오제 이후 성인이 탄생했으며, 천명을 공경하는 것에 대해 언급했다. 만물의 천도 이치를 밝혀내고 실천궁행을 하면 많은 사람들이 군자가 되고 또 지극한 성인의 경지에 이르며, 또 이는 일 개인의 최고의 덕목 실현까지 인간의 가능성을 무한대로 열어 놓는 시점이기도 하다. 여기에서 오제는 선사시대와 역사시대로 구분하여 인간의 지혜 시대를 여는 기점으로 삼았다고 볼 수 있다. 이는 오제가 거점이 되어 천도적(天道的) 이상주의와 유교적 문화영웅주의를 합성해서 보여준 신화로 재해석한 것으로 볼 수 있으며 이는 수운 최제우 사유의 심층 세계의 궁극이라 볼 수 있다.

결국 수운이 인식한 오제의 의미는 지혜의 예증, 완전한 영역에 도달한

---

21 수운 최제우, 〈布德文〉, 『東經大全』, 16-17쪽.

자, 문화를 창출한 영웅, 인간 제왕의 의미, 힘과 권력의 화신, 인간이 도달하고자 하는 최고의 경지[22] 등을 포함한 천도적 이상주의와 유교적 문화영웅주의를 합성시킨 분기점이자 시발점이라 볼 수 있다.

3. 요순 - 요순시대 세계관과 한울님의 인식관 대비

『동경대전』〈논학문〉에는 또 하나의 신화적 인물인 요순이 등장한다.

먼저 요순, 요와 순을 살펴보자. 요[23]는 근검과 절약, 그리고 소박한 성품으로 인해 후에 사람들로부터 가장 이상적인 국왕으로 추앙받은 인물이다. 요와 더불어 태평성대의 군주로 일컬어지는 중국의 성군 순[24]은, 인간이란 존재로서 도저히 감당할 수 없는 인내와 덕성으로 많은 어려움을 이겨 냄으로써 인간 승리의 모범이 되었다.[25] 순은 제위를 물려받은 후 근로소박했으며 백성들과 함께 노동했고 그들의 신임을 받았다. 이들과 관련된 이야기는 유교주의자들의 이상적인 군주와 이상적인 사회에 대한 꿈이 빚어낸 산물로 보아야 한다[26]는 견해도 있다.

---

22 졸고, "동양 신화의 경전 수사학", 앞의 논문.
23 尧: 姓伊祁, 名放勋, 史称唐尧. 公元前 2377, 在唐地伊祁山诞生, 随其母在庆都山一带度过幼年生活. 15岁时在唐县封山下受封为唐侯. 20岁时, 其兄帝挚为形势所迫让位于他, 成为我国原始社会末期的部落联盟长. 他践帝位后, 复封其兄挚为唐地为唐侯. 他也在唐县伏城一带建第一个都城, 以后因水患逐渐西迁山西, 定都平阳. 唐尧在帝位70年, 90岁禅让于舜, 118岁时去世.
24 舜帝 百科名片: 三皇五帝之一, 名重华, 字都君; 生于姚墟, 故姚姓, 今山东诸城市万家庄乡诸冯村人. 舜, 为四部落联盟首领, 以受尧的"禅让"而称帝于天下, 其国号为"有虞", 故号为"有虞氏帝舜". 帝舜, 大舜, 虞帝舜, 舜帝皆虞舜之帝王号, 故后世以舜简称之.
25 정재서, 앞의 책, 259쪽.
26 정재서, 위의 책, 254-256쪽.

그럼 이상적 사회를 이끈 요순이 나오는 〈논학문〉의 관련 부분을 보자.

> 曰然則 何以降靈也니까 曰不擇善惡也니라 曰無害無德耶니까 曰堯舜之世에는 民皆爲堯舜이요 斯世之運은 與世同歸니 有害有德은 在於天主요 不在於我也니라 一一究心則 害及其身은 未詳知之나 然而斯人享福은 不可使聞於他人이니 非君之所問也요 非我之所關也니라.
>
> 묻기를 "그렇다면 어찌 강령이 됩니까?" 대답하기를 "한울님은 선악을 가리지 않기 때문이니라." 묻기를 "해도 없고 덕도 없습니까?" 대답하시기를 <u>"요순의 세상에는 백성이 다 요순같이 되었고 이 세상 운수는 세상과 같이 돌아가는지라 해가 되고 덕이 되는 것은 한울님께 있는 것이요 나에게 있지 아니하니라.</u> 낱낱이 마음속에 헤아려 본즉 해가 그 몸에 미칠지는 자세히 알 수 없으나 이런 사람이 복을 누리리라는 것은 다른 사람에게 듣게 해서는 안 되니, 그대가 물을 바도 아니요 내가 관여할 바도 아니니라"[27]
>
> - 〈논학문(論學文)〉 (밑줄-필자)

위와 같이 수운은 〈논학문〉에서 요순을 태평성세의 군주라고 보았고 동양 유토피아의 상징적 비유를 자신의 세계관으로 재해석했다. 특히 수운은 요순의 세상과 요순 같은 백성을 거론하면서 이상적인 통치자가 나와 치지하면 이상적인 백성이 되는 것과 마찬가지이듯이 통치자와 백성이 동일시되어 세상 운수 역시 세상과 같이 돌아간다고 해석했다. 이상적인 세상에는 덕이 되고 절망적 세상에는 해가 되는 것 역시 바로 한울님께 미친다는 것이다. 특히 요순과 백성이 동일시되고, 세상 운수가 세상과 동일

---

[27] 수운 최제우, 〈論學文〉, 『東經大全』, 39-40쪽.

시되어 순환하고 있다고 해석하면서 해와 덕은 한울님에게 있지, 수운 자신에게 있지 않다고 보았다. 즉 수운은 한울님 중심론의 우주관을 설정하여 수운의 인심의 문제가 아닌 한울님 중심론을 즉각적 연결로 나타내 강조했다. 비유컨대 한울님 품성에는 백성이 다 한울님 품성같이 되었고, 이 세상 운수의 호오와 희비 이치는 그대로 한울님에 작용되어 운행된다고 유추해 해석해 볼 수 있다. 이 경우 수운은 자신과 한울님의 합일론이 아닌 자신과 한울님의 분리론 입장을 취했다고 할 수 있다.

이처럼 수운은 〈논학문〉에서 강령과 관련된 한울님의 선악 불택과 함께 요순시대 세계관과 한울님 인식관을 대비하여 보여주었다. 중국 신화 중 이타적 인간의 전형적인 모습이자 성군 중의 성군인 요순은 후세에 태평성대를 상징하는 용어가 될 정도로 세상을 잘 다스렸고 반신반인적 성격을 띠는 비범한 존재들이었으며 수운은 그것을 차용한 것이다. 즉 수운은 세상의 운수를 설명하기 위해 요순적 세상과 비요순적 세상을 대비시키는 방법을 사용했고 한울님의 합일론이 아닌 한울님의 분리론 입장을 취하여 드러냈다.

4. 항아 - 불로불사의 천상적 자각 자아

위에 나온 천황씨와 오제, 요순 등이 모두 중국 신화 속에 등장하는 남성 인물이라면, 신화 속에 등장하는 인물 중 여성은 〈영소〉에 나오는 항아가 유일하다.

항아[28]는 중국 신화에서 신궁 예(羿)의 부인이다. 하늘의 왕 태양제군은

28　嫦娥 百科名片: 奔月嫦娥, 本作姮娥, 因西汉时为避汉文帝刘恒的讳而改称嫦娥, 又作

자신의 아들들인 10개의 태양 중 9개를 죽인 벌로 예와 항아를 지상에서 인간으로 살도록 했다. 분노한 항아는 예를 설득하여 곤륜산에서 사는 서왕모(西王母)에게 가서 불로불사의 영약을 얻어 오도록 했다. 이는 두 사람이 영생할 수 있는 양이었지만 완전한 불로불사를 위해서는 한 사람만 사용할 수 있는 양이었다. 예는 영약을 가지고 집으로 돌아왔고, 항아는 곧 이를 혼자 마실 생각을 하기 시작했다. 하지만 남편을 버리면 신들의 분노를 살까 두려워 점술가에게 상담했다. 점술가는 항아에게 달로 가면 신들의 비난도 인간으로서의 고된 삶도 없을 것[29]이라고 말했다.

그럼 이러한 항아가 나오는 〈영소〉의 관련 부분을 살펴보자.

也羞俗娥蒜覆態 一生高明廣漢殿
此心惟有淸風知 送白雲使藏玉面
連花倒水魚爲蝶 月色入海雲亦地
杜鵑花笑杜鵑啼 鳳凰臺役鳳凰遊

<u>항아가 세속에서의 번복한 꼴을 부끄럽게 여겨, 한평생 광한전에 높게 밝았노라.</u>
이 마음 이런 줄을 맑은 바람이 알고, 흰 구름을 보내어 얼굴을 가리게 하네.
연꽃이 물에 거꾸로 서니 고기가 나비 되고, 달빛이 바다에 비치니 구름 또한 땅이로다.
두견 꽃은 웃는데 두견새는 울고, 봉황대 역사하는데 봉황새는 놀고 있

常娥. 是中国神话人物, 后羿之妻. 神话中因偸食后羿自西王母处所盜得的不死药而奔月. 民间多有其传说以及诗词歌赋流传.
29 레이첼 스톰, 『동양 신화 백과사전』, 김숙 옮김, 루비박스, 2006, 420쪽.

네.³⁰

– 〈영소(詠宵)〉 (밑줄-필자)

　위와 같이 수운은 〈영소〉에서 항아를 통해 세속에서 번복한 사실을 부끄럽게 여기는 반성 자각적 성찰을 하는 것으로 드러냈다. 항아는 하늘에서 죄를 지어 그 벌 때문에 적강하여 지상에 살게 되다가 혼자서 완전한 불로불사의 욕망을 품었다. 그러나 남편을 버렸을 때 받을 신들의 분노를 두려워했다. 결국 항아는 세속을 떠나 불로불사의 세계이기도 한 달로 가 버리게 되고 달 속에 있다는 궁전인 광한전을 지키며 살게 된 것이다. 즉 항아는 하늘에서 벌로 인간계에 내려왔으나, 혼자 불사의 약을 먹은 후 남편을 버리고 달로 가 버려 달의 세계, 즉, 높은 곳에서 고고하게 세상을 지키며 지내는 신화적 인물이다. 이는 수운이 여성적 천상(天上) 화자 항아를 빌려 자신의 처지를 대변한 것이라고 볼 수 있다. 이 시가 각자위심(各自爲心)의 세태로 어지러운 세상의 세태를 근심스레 바라보는 마음을 저 높은 하늘에 떠서 세상을 밝게 비추는 달에 비유한 시³¹라 했지만 수운은 세속에서 각자위심의 세태와 다른 불사약을 만든 자이자 불사약을 지닌 당사자이다. 수운은 한울님의 무극대도를 받아, 이미 불사약을 지닌 자로, 세상 사람들의 분노, 사회에서의 몰이해, 서학에서의 오해에서 비롯된 경계적 의미나 사회정치적 논리의 벌을 이미 초월한 것이라 볼 수 있다. 마치, 항아가 불로불사약을 지닌 자로 광한전에서 세상을 밝혀 가듯이, 수운은 세속계를 초월한 천상계의 자아로 넘어간 천상적 자아이자 천도적 자아

30　수운 최제우, 〈詠宵〉, 『東經大全』, 105-106쪽.
31　윤석산 주해, 앞의 책, 272쪽.

인식을 지녔기 때문에 삶과 죽음을 초월한 불사약의 소유자가 된 것이고, 그것을 항아를 비유해 표출한 것이다. 〈수덕문〉에 나오는 한 대목인 "가슴에 불사약을 지녔으니 그 형상은 궁을이요, 입으로 장생하는 주문을 외우니 그 글자는 스물한 자라."[32]에서 두드러지게 반증되었다.

이상 『동경대전』에 나오는 중국 인물 중 첫 번째 신화적 인물 유형인 천황씨와 오제, 요순과 항아에 대해 살펴보았다. 신화 속에서 남성들이 이상적인 상황과 우주관에 대비되는 방식으로 나왔다면, 여성인 항아는 불사약을 지닌 채 세속을 탈피해 버린 고고하며 고독한 실존을 인식한 불로불사의 천상적 자각 자아를 대변했다고 볼 수 있다.

III. 정치 · 사상의 인물들
- 공자 · 자공 · 강태공 · 제갈량 · 주렴계

『동경대전』중 두 번째로 등장하는 중국 인물은 정치·사상적 인물 유형으로 공자와 자공, 강태공, 제갈량, 주렴계 등이다. 이 유형의 인물 중 공자는 〈논학문〉·〈수덕문〉·〈화결시〉에, 그의 제자 자공·삼천 제자는 〈수덕문〉에 나온다. 또 강태공과 제갈량은 〈수덕문〉에, 주렴계는 〈수덕문〉과 〈화결시〉에 등장한다.

---

32 수운 최제우, 〈修德文〉, 『東經大全』, 50쪽.

1. 공자 - 동양의 이상적 성인

그럼, 이들 정치·사상적 인물 중 먼저 공자를 살펴보자.

공자[33][B.C.551-B.C.479, 이름 구(丘), 자 중니(仲尼)]는 제자백가 중 유가(儒家)의 시조로 노(魯)나라에서 태어나 처음에는 그곳에서 자리 잡고 정치를 담당하였지만, 실권자와 충돌한 후 여러 나라를 돌아다니며 제후들에게 자기의 사상을 설파하였다. 만년에 뜻을 얻지 못하자 노나라에서 제자 교육과 고전 편찬에 종사하였다. 중국 문화사에서 개인으로는 처음 강학을 시작해서 사학의 풍조를 열었고, 위대한 교육자 상과 체계적인 교육 이론을 제시하였다. 육경을 편찬하여 가장 위대한 문헌 정리자가 되었다. 유가 학파를 창립하여 최초로 계통적인 사상 체계를 제시하였는데, 풍부한 내용의 유가 학설의 연원이 되었다.[34] 현재의 『논어』 20편은 제자들이 편찬한 공자의 언행록이다. 『사기』에 따르면 그의 제자 중 72명이 육예를 통달했고 제자로 자처하는 사람의 수가 3,000명을 넘었다고 한다.

먼저 이런 공자가 나오는 〈논학문〉과 〈수덕문〉, 〈화결시〉의 관련 부분을 살펴보자.

---

33 孔丘(前551~前479): 字仲尼, 排行老二, 汉族人, 春秋时期鲁国人. 孔子是我国古代伟大的思想家和教育家, 儒家学派创始人, 世界最著名的文化名人之一. 编撰了我国第一部编年体史书《春秋》. 据有关记载, 孔子出生于鲁国陬邑昌平乡;孔子逝世时, 享年73岁, 葬于曲阜城北泗水之上, 即今日孔林所在地. 孔子的言行思想主要载于语录体散文集《论语》及先秦和秦汉保存下来的《史记·孔子世家》. 古文献整理家--相传曾修《诗》《书》, 订《礼》《乐》, 序《周易》, 作《春秋》.《论语》. 孔子师郯子, 苌弘, 师襄, 老聃;相传有弟子三千, 贤弟子七十二人.

34 천웨이핑, 『공자평전-유가의 1인자』, 신창호 옮김, 미다스북스, 2002, 16쪽.

1) 曰同道言之則 名其西學也니까 曰不然하다 吾亦生於東受於東하니 道雖天道나 學則東學이라 況地分東西하니 西何謂東이 東何謂西리오 孔子는 生於魯風於鄒하니 鄒魯之風이 傳遺於斯世어늘 吾道는 受於斯布於斯하니 豈可謂以西名之者乎아.

묻기를 "도가 같다고 말하면 서학이라고 이름합니까?" 대답하시기를 "그렇지 아니하다. 내가 또한 동에서 나서 동에서 받았으니 도는 비록 천도나 학인 즉 동학이라. 하물며 땅이 동서로 나뉘었으니 서를 어찌 동이라 이르며 동을 어찌 서라고 이르겠는가. <u>공자는 노나라에 나시어 추나라에 도를 폈기 때문에 추로의 풍화가 이 세상에 전해 온 것이어늘 우리 도는 이 땅에서 받아 이 땅에서 폈으니 어찌 가히 서라고 이름하겠는가.</u>"[35]
- 〈논학문(論學文)〉 (번호 및 밑줄-필자)

2) 元亨利貞은 天道之常이요 惟一執中은 人事之察이라 故로 生而知之는 夫子之聖質이요 學而知之는 先儒之相傳이라 雖有困而得之한 淺見薄識이라도 皆由於吾師之盛德이요 不失於先王之古禮니라.

원·형·이·정은 천도의 떳떳한 것이요, 오직 한결같이 중도를 잡는 것은 인사의 살핌이니라. <u>그러므로 나면서부터 아는 것은 공부자의 성인 바탕이요, 배워서 아는 것은 옛 선비들의 서로 전한 것이니라.</u> 비록 애써서 얻은 천견박식이라도 다 우리 스승의 성덕으로 된 것이요 선왕의 옛 예의를 잃지 아니한 것이니라.[36]
- 〈수덕문(修德文)〉 (번호 및 밑줄-필자)

35 수운 최제우, 〈論學文〉, 『東經大全』, 32쪽.
36 수운 최제우, 〈修德文〉, 『東經大全』, 42-43쪽.

3) 龍潭古舍는 家嚴之丈席이요 東都新府는 惟我之故鄉이라 率妻子還捿之 日은 己未之十月이요 乘其運道受之節은 庚申之四月이라 是亦夢寐之事요 難狀之言이라 察其易卦大定之數하고 審誦三代敬天之理하니 於是乎 惟知 先儒之從命이요 自歎後學之忘却이라 修而煉之하니 莫非自然이라 覺來夫 子之道則 一理之所定也 論其惟我之道則 大同而小異也라 去其疑訝則 事理 之常然이요 察其古今則 人事之所爲라

용담의 옛집은 가친께서 가르치던 곳이요 동도신부는 오직 내 고향이니 라. 처자를 거느리고 용담으로 돌아온 날은 기미년 시월이요 그 운수를 타 고 도를 받은 시절은 경신년 사월이러라. 이 또한 꿈같은 일이요 형상하기 어려운 말이니라. 주역괘의 대정수를 살펴보고 삼대적 경천한 이치를 자 세히 읽어 보니, 이에 오직 옛날 선비들이 천명에 순종한 것을 알겠으며 후 학들이 잊어버린 것을 스스로 탄식할 뿐이로다. 닦고 단련하니 자연한 이 치 아님이 없더라. <u>공부자의 도를 깨달으면 한 이치로 된 것이요, 오직 우 리 도로 말하면 대체는 같으나 약간 다른 것이니라.</u> 의심을 버리면 사리의 떳떳한 것이요, 예와 지금을 살피면 인사의 할 바니라.[37]
- 〈수덕문(修德文)〉 (번호 및 밑줄-필자)

4) 明明其運各各明 同同學味念念同
萬年枝上花千朶 四海雲中月一鑑
登樓人如鶴背仙 泛舟馬若天上龍
人無孔子意如同 書非萬卷志能大
밝고 밝은 그 운수는 저마다 밝을시고, 같고 같은 배움의 맛은 생각마다 같

---

37 수운 최제우, 〈修德文〉, 『東經大全』, 48-49쪽.

을러라.

만년 묵은 가지 위에 꽃이 피어 천 떨기요, 사해의 구름 가운데 달 솟으니 한 개의 거울일세.

누각에 오른 사람은 학의 등에 신선 같고 뜬 배에 있는 말은 한울 위에 용 같아라.

<u>사람은 공자가 아니로되 뜻은 같고, 글은 만권이 아니로되 뜻은 능히 크도다.</u>[38]

- 〈화결시(和訣詩)〉 (번호 및 밑줄-필자)

이처럼 수운은 『동경대전』 여러 편에서 공자를 역사적 인물 중 가장 뛰어난 동양의 이상적인 성인으로 묘사했다. 자세히 살펴보면 1)의 〈논학문〉에서는 공자 도가 노나라에서 추(鄒)나라로 이동하여 전파된 과정을 설명했다. 그것에 비해 우리 도는 이 땅에서 나와 이 땅에서 펼쳐지고 있다고 대비해서 해석했다. 또 2)와 3)의 〈수덕문〉에서는 공자의 생이지지(生而知之)인 자, 성인의 본바탕을 그려냈다. 공부자의 도에 대해서도 도를 깨달으면 한 이치로 되었지만, 우리의 도는 같으나 약간 다르다고 해석했다. 비교와 대비법으로 성인지학과 성인지도, 성인지지를 보여주면서 그 다른 점까지도 잘 드러냈다. 마지막 4)의 〈화결시〉에서는, 공자의 투영법을 이용하여, 뜻이 같음을 강조했고 글은 많지 않지만 글이 더 뛰어넘어 더 큰 의미를 가졌다고 초극론으로 해석했다. 이 부분에서 우리나라의 환경, 사유, 문화, 철학이 바탕이 된 동학은 동방지학(東方之學)의 독자성이 강조된

---

38 수운 최제우, 〈和訣詩〉, 『東經大全』, 77-78쪽.

이름[39]이라는 동학의 명명론과 성인의 자질론이 기술되었다.

2. 자공과 삼천 제자 - 제자들에게 가르침을 펴던 광경 비유

아울러 공자는 그의 제자들, 특히 뛰어난 열 명의 제자 공문십철(孔門十哲)로도 유명하지만, 그 인물 중 자공만 『동경대전』에 실명이 나온다. 공문십철에 해당하는 제자의 이름과 특성을 보면, 안회(顏回)는 공자의 가르침을 가장 잘 따르는 사람, 민자건(閔子騫)은 효행으로 알려진 사람, 염백우(冉伯牛)는 덕행으로 뛰어난 사람, 중궁(仲弓)은 덕행이 높고 박학하여 국왕이 될 재목이며, 재여(宰予)는 언변이 뛰어난 사람이다. 또, 자공은 영리해서 원칙을 포기하지 않고도 출세하는 방법을 알았으며, 사교에 능해 아첨하지 않고도 섬기는 사람을 기쁘게 할 수 있었고, 말을 유창하게 하고 외교관으로서 능력이 뛰어난 사람이다. 또 염구(冉求)는 화술에 능하여 상대를 부드럽게 설득할 줄 알았다. 유능한 행정가이자 용맹스러운 장수인 자로(子路)는 성격이 곧고 급하여 괄괄해 대처럼 부러지기는 해도 구리처럼 휘지 않았으며 남에게 지기를 싫어했고, 자유(子游)는 문학적 소양이 가장 풍부하며, 자하(子夏)는 문학에 뛰어나고 공자의 가르침을 후세에 전하는 데 공헌했다[40]고 한다. 특히 〈수덕문〉에 나오는 자공[41](B.C.520경-B.C.456경)은 중국 춘추시대 위나라의 유학자로 본명은 단목사(端木賜)이

---

39 윤석산 주해, 앞의 책, 89쪽.
40 천웨이핑, 앞의 책, 468-479쪽.
41 端木賜 百科名片(前520-前456): 字子贡, 是孔门七十二贤之一. 他是孔子的得意门生. 且列言语科之优异者. 孔子曾称其为"瑚琏之器". 他利口巧辞, 善于雄辩, 且有干济才, 办事通达. 曾任鲁, 卫两国之相.

다. 공자가 아끼는 제자로서 언어에 뛰어나며, 정치적 수완이 뛰어나 노나라·위나라의 재상을 지냈고 공자를 경제적으로 많이 도와주었다.

이러한 공자의 제자들은 자공을 포함해서 삼천 제자 등이 나오는데 이들이 나오는 〈수덕문〉의 관련 부분을 살펴보자.

> 8. 胸藏不死之藥하니 弓乙其形이요 口誦長生之呪하니 三七其字라 開門納客하니 其數其然이요 肆筵設法하니 其味其如로다 冠子進退는 怳若有三千之班 童子拜拱 倚然有六七之詠이라 年高於我하니 是亦子貢之禮요 歌詠而舞하니 豈非仲尼之蹈아.
>
> 가슴에 불사약을 지녔으니 그 형상은 궁을이요, 입으로 장생하는 주문을 외우니 그 글자는 스물한 자라. 문을 열고 손님을 맞으니 그 수효가 그럴듯하며, 자리를 펴고 법을 베푸니 그 재미가 그럴듯하도다. <u>어른들이 나아가고 물러가는 것은 마치 삼천 제자의 반열 같고, 어린이들이 읍하고 절하는 것은 육칠의 읊음이 있는 것 같도다. 나이가 나보다 많으니 이 또한 자공의 예와 같고, 노래 부르고 춤을 추니 어찌 공자의 춤과 다르랴.</u>[42]
>
> - 〈수덕문(修德文)〉 (밑줄-필자)

이처럼 수운은 〈수덕문〉에서 공자와 그의 제자 자공, 삼천 제자 등을 비유의 예로 차용했다. 특히 수운은 공자의 제자들의 상황을 빌려 설법을 듣고자 한 어른들이 몰려온 상황을 자공의 예로 비유하여 썼다. 이 상황은 영부와 주문으로 도를 전하며 도의 가르침을 받으러 온 제자들로 가득한

---

42 수운 최제우, 〈修德文〉, 『東經大全』, 50-51쪽.

용담정 일대 광경, 공자가 제자들에게 가르침을 펴던 광경에 비유된 것[43]으로 보인다.

이상과 같이 수운 최제우는 〈논학문〉, 〈수덕문〉, 〈화결시〉 등을 통해 공자를 역사적 인물 중 동양의 가장 이상적인 성인으로 묘사했다. 즉 이 부분을 공자 도의 전파 과정을 빌려 우리 땅에서 산출, 우리 땅에 전파되고 있음으로 해석했고, 삼천 제자의 비유, 생이지지 등 이상적 모델로 삼으며 보여주었다. 수운은 성인지학과 성인지도, 성인지지의 비교와 대비법으로 보여주면서 많은 책을 갖고 있지 않지만 글 내용에는 더 큰 의미를 담고 있다는 차별성까지도 잘 표명하였다. 그러면서도 결국 공자와 뜻이 같은 자라고 강조하며 유교적 성인 공자와 제자들을 모방 대상으로 삼았다. 이는 수운 자신의 세계를 공자의 경지까지 격상시킨 것이며 자신의 글 내용은 더 큰 세계를 담고 있어 한 단계 더 나아간 영적이며 도적(道的)인 진화 세계까지 포함시켜 드러냈다고 볼 수 있다.

3. 강태공 제갈량 주렴계 - 사모하는 마음과 물상적 세계 비유

『동경대전』에는 또다른 정치 · 사상적 인물로 강태공 · 제갈량 · 주렴계가 등장한다. 이들은 〈수덕문〉과 〈화결시〉에 나오는데 강태공부터 살펴보자.

먼저 강태공(B.C.1128-B.C.1015)[44]은 태공망(太公望) 여상(呂尙)으로 성이

---

43 윤석산 주해, 앞의 책, 152쪽.
44 姜太公 百科名片(约公元前1128-约公元前1015): 姜姓, 字子牙, 被尊称为太公望, 后人多称其为姜子牙, 姜太公. 中国历史上最享盛名的政治家, 军事家和谋略家. "姜公", 汉族(华夏族). 尧舜时期, 炎帝后裔伯夷掌四岳, 曾帮助大禹治水立功, 被封在吕, 子

강(姜)씨이고 원래 주를 건국한 일등 공신이며, 동쪽 끝 해안 지대 사람이다. 그는 우(禹)를 도와서 치수에 큰 공을 세웠으며, 우가 순에게서 천하를 이어받았을 때 여(呂)와 신(申) 땅에 봉해졌다. 여상은 노년에 이르기까지 몹시 곤궁했다. 낚시질이 인연이 되어서 주의 문왕(文王)과 가까워지게 되었고, 문왕은 여상에게 태공망이라는 호를 붙이고 수레에 함께 타고 돌아와 그를 군사(軍師)에 임명했다.[45] 이어 제갈량(181-234)[46]은 와룡강 위의 한 마리 용, 지령인걸(地靈人傑)을 상징하는 와룡담[47]에서 그 모습을 볼 수 있다. 중국 삼국시대 촉한의 승상이었던 제갈량은 1천7백여 년이 지나도록 지혜의 화신, 정의의 대표로 칭송받고 있다. 봉건 통치자들은 그의 충성심과 성실함과 몸을 돌보지 않고 죽을 때까지 최선을 다한다는 점을 높이 샀고, 백성들은 현명함과 지략, 청렴함과 공정함을 좋아했다.[48] 마지막으로 주렴계[주돈이(周敦頤), 1017-1073][49]는 중국 북송의 사상가이며 호는 염계이다. 그는 어릴 때 아버지를 사별하고 어머니와 함께 외삼촌 집에서 자랐

孫从其姓. 呂尚乃伯夷后人. 姜为尚之族姓. 姜子牙出世时, 家境已经败落了, 所以姜子牙年轻的时候干过宰牛卖肉的屠夫. 也开过酒店卖过酒. 聊补无米之炊.
45 사마천, "위대한 만남-병법의 시조 강태공",『사기 1-패자의 완성』, MOIM 옮김, 서해문집, 2009, 96-98쪽.
46 诸葛亮 百科名片(181年-234年): 字孔明, 号卧龙. 汉族. 琅琊阳都人, 蜀汉丞相. 三国时期杰出的政治家, 战略家. 发明家. 军事家. 在世时被封为武乡侯. 谥曰忠武侯; 后来的东晋政权为了推崇诸葛亮的军事才能. 特追封他为武兴王. 代表作有《前出师表》,《后出师表》,《诫子书》等.
47 제갈량편집팀,『제갈량 문화유산 답사기』, 허유영 옮김, 에버리치호딩스, 2007, 42쪽.
48 장주 엮음,『와룡의 눈으로 세상을 읽다-완역 제갈량문집』, 조희천 옮김, 신원문화사, 2006, 4쪽.
49 周敦頤 百科名片(1017~1073): 字茂叔, 号濂溪. 汉族. 宋营道楼田堡人. 北宋著名哲学家. 是学术界公认的理学派开山鼻祖. "两汉而下, 儒学几至大坏. 千有余载. 至宋中叶. 周敦颐出于舂陵. 乃得圣贤不传之学. 作《太极图说》,《通书》.

다. 송나라 때는 당의 정의류(正義類)가 권위를 잃고 자유토구(自由討究)의 풍조가 일어나고, 불교와 도교의 영향을 받아 새로운 유교 체계가 수립되어, 이른바 송학(宋學)이 확립되었다. 그는 이 송학의 시조가 되었고, 저서에 『태극도설』과 『통서(通書)』가 있다. 그에 의하면 우주의 본체는 무극(無極)이나 거기에 일종의 작용이 있는 것이 태극(太極)이며 음양(陰陽)의 소장(消長)에 의하여 목(木)・화(火)・토(土)・금(金)・수(水)의 5행에서 다시 오물(五物)이 화생(化生)된다[50]고 보았다.

그럼 이러한 인물 강태공・제갈량・주렴계가 등장하는 〈수덕문〉과 〈화결시〉의 관련 부분을 보자.

> 噫라 學士之平生은 光陰之春夢이라 年至四十에 工知芭籬之邊物이요 心無靑雲之大道라 一以作歸去來之辭하고 一以詠覺非是之句라 携筇理履이요 怳若處士之行이요 山高水長은 莫非先生之風이라 龜尾之奇峯怪石은 月城金鰲之北이요 龍湫之淸潭寶溪는 古都馬龍之西라 園中桃花는 恐知漁子之舟요 屋前滄波는 意在太公之釣라 檻臨池塘은 無違濂溪之志요 亭號龍潭은 豈非慕葛之心이라

> 슬프다. 학사의 평생은 세월이 봄 꿈과 같이 흘러가서 나이 사십에 이름에, 공부한 것은 울타리 가에 버린 물건으로 아시고 마음에는 벼슬할 뜻이 없었노라. 한편으로는 귀거래사를 지으시고 한편으로는 각비시의 글귀를 읊으시니라. 지팡이를 짚고 짚신을 신은 것은 마치 처사의 행색 같고, 산이 높고 물이 긴 것은 선생의 풍도와 다름이 없더라. 구미산의 기이한 봉우리와 괴이한 돌은 월성 금오산 북쪽이요, 용추의 맑은 못과 보배로운 시내는

---

50 문덕수 편저, 『世界文藝大辭典』, 교육출판공사, 1994, 1659-1660쪽.

옛 도읍 마룡의 서쪽이라. 동산 가운데 복숭아꽃은 고기잡이배가 알까 두려워함이요, 집 앞에 푸른 물은 뜻이 강태공의 낚시에 있었더라. 난간이 못 가에 다다름은 주렴계의 뜻과 다름이 없고, 정자 이름을 용담이라 함은 제갈량을 사모하는 마음이 아니겠는가.[51]
- 〈수덕문(修德文)〉 (밑줄-필자)

泰山之峙峙兮 夫子登臨何時
池塘之深深兮 是濂溪之所樂
태산이 높고 높음이여, 부자께서 오른 것이 어느 때인가.
(중략)
연못의 깊고 깊음이여, 바로 주렴계의 즐거움이로다.[52]
-〈화결시(和訣詩)〉 (밑줄-필자)

이처럼 수운은 〈수덕문〉에 강태공과 주렴계, 제갈량을, 〈화결시〉에 주렴계를 비유하여 썼다. 그러나 이 인물들은 정치·사상적 논리나 이념보다 비유적 상황으로 썼다. 즉, 강태공이 세월을 보낸 물의 뜻과 낚시의 비유, 제갈량을 사모하며 정자의 이름을 명명한 비유, 주렴계는 연못으로 그 즐거움과 그리움의 대상으로 떠올리며 썼다. 이 인물들과 관련된 비유는 사물에 집중되며 그들을 사모하는 마음을 물상적 비유로 자신의 공간적 세계에 명명으로 차용했다.

51 수운 최제우, 〈修德文〉, 『東經大全』, 44-45쪽.
52 수운 최제우, 〈和訣詩〉, 『東經大全』, 79-80쪽.

IV. 문예적 인물들 - 도연명·소동파·이태백·왕희지

이어 『동경대전』에 등장하는 세 번째 중국 인물들은 문예적 인물 유형으로 도연명·소동파·이태백·왕희지이다. 이들 중 도연명·소동파·이태백은 〈화결시〉에, 왕희지는 〈수덕문〉에 나온다.

1. 도연명 소동파 이태백 왕희지
   - 풍류와 자각, 서기 어린 필적의 비유

먼저 이들 문예적 인물을 보자. 먼저 도연명[오류선생(五柳先生), 365-427][53]은 중국 진말 송초의 시인이다. 젊을 때 팽택의 현령이 되었으나 봉급 때문에 소인배에게 허리를 굽히기가 싫어, 사직하고 고향에 돌아갔다. 이때 지은 것이 〈귀거래사〉이며, 청빈 속에서 자연을 벗 삼아 시·주·금을 즐기면서 전원시인으로서 63세의 일생을 마쳤다.[54] 그리고 소동파[소식(蘇軾), 1037-1101][55]는 중국 북송 때 시인이며 문장가이다. 그는 산문·시·사에 당시 제1급의 문인이며, 당송 8대가의 한 사람이다. 진사 급제 후 직

53　陶渊明 百科名片(约365-427): 字元亮, 号五柳先生, 谥号靖节先生, 入刘宋后改名潜. 东晋末期南朝宋初期诗人, 文学家, 辞赋家, 散文家. 东晋浔阳柴桑人. 曾做过几年小官, 后辞官回家. 从此隐居. 田园生活是陶渊明诗的主要题材, 相关作品有《饮酒》《归园田居》《桃花源记》《五柳先生传》《归去来兮辞》《桃花源诗》等.
54　문덕수 편저, 앞의 책, 411쪽.
55　苏轼 百科名片(1037-1101): 字子瞻, 又字和仲, 号"东坡居士", 世人称其为"苏东坡". 漢族, 眉州, 祖籍栾城. 北宋著名文学家, 书画家, 词人, 诗人, 美食家, 唐宋八大家之一, 豪放派词人代表. 其诗, 词, 赋, 散文, 均成就极高, 且善书法和绘画, 是中国文学艺术史上罕见的全才, 也是中国数千年历史上被公认文学艺术造诣最杰出的大家之一.

사관이 되었으나 신종 때 왕안석과 의견이 대립되어 절강의 항주·산동의 밀주·강소의 서주·절강의 호주 등을 역임했으며, 원풍 2년 7월 44세 때 필화 사건으로 투옥, 이어서 호북 황주로 좌천되었으며, 그곳에서 〈적벽부〉를 지었다.[56] 또 이태백[이백(李白), 701-762][57]은 살기 좋은 세상을 만들어야 한다는 유가(儒家)적 사명감을 안고 정치 참여를 소망했지만, 속세를 떠나 티 없이 맑고 자유로운 삶을 추구하는 도가(道家) 사상에서 위안을 찾게 되었다. 이 같은 엇갈린 지향 때문에 그는 평생 어디에도 안주할 수 없었지만, 삶의 중심을 잃고 휘청일 때 용기와 위안을 주고, 그 문학 세계에 깊이와 풍성함을 부여해 주었다.[58] 마지막으로 왕희지[王羲之, 303-361][59]는 중국 동진의 문인이며 서예가이다. 산동성 낭사 출신으로, 동진 귀족 문화의 중추적 인물이며, 서도의 성인으로 불후의 이름을 남겼다. 또 그는 경세의 재주가 있어 은호의 북벌을 간한 글과 민정을 말한 문을 지었으며, 산음의 난정에 여러 명사를 모아 시를 노래하고 서를 쓴 것은 산수 문학의 남상(濫觴)으로 일컬어진다. 예서를 잘 썼을 뿐 아니라 해(楷)·행(行)·초

56　문덕수 편저, 앞의 책, 979쪽.
57　李白 百科名片(701-762): 字太白, 号青莲居士, 又号"谪仙人". 中国唐朝诗人. 有"诗仙", "诗侠"之称. 汉族. 祖籍陇西郡成纪县. 出生于蜀郡绵州昌隆县. 另有说法称出生于西域碎叶. 有《李太白集》传世. 代表作有《望庐山瀑布》,《行路难》,《蜀道难》,《将进酒》,《梁甫吟》,《早发白帝城》等 多首.
58　진옥경, "이백", 이병한 외 22인 공저, 『中國詩와 詩人-唐代篇』, 사람과책, 1998, 311쪽.
59　王羲之(303-361或321-379) 百科名片 : 东晋书法家, 字逸少, 号澹斋. 汉族. 祖籍琅琊临沂. 后迁会稽. 晚年隐居剡县金庭. 中国东晋书法家. 有书圣之称. 历任秘书郎, 宁远将军, 江州刺史, 后为会稽内史. 领右将军. 人称"王右军", "王会稽". 其子王献之书法亦佳. 世人合称为"二王".

(草)에 걸쳐 새로운 서체를 완성하여 오랫동안 서도의 원천이 되었다.[60]

그럼 이들 인물 도연명인 오류선생, 소동파, 이태백, 왕희지가 나오는 〈화결시〉와 〈수덕문〉의 관련 부분을 보자.

泰山之峙峙兮 夫子登臨何時

淸風之徐徐兮 五柳先生覺非

淸江之浩浩兮 蘇子與客風流

明月之明明兮 日太白之所抱

태산이 높고 높음이여, 부자께서 오른 것이 어느 때인가.

맑은 바람이 서서히 불음이여, 오류선생이 잘못을 깨달음이라.

맑은 강의 넓고 넓음이여, 소동파와 손님의 풍류로다.

(중략)

밝은 달의 밝고 밝음이여, 이태백이 안으려던 바요[61]

-〈화결시(和訣詩)〉 (밑줄-필자)

美哉 吾道之行 投筆成字 人亦疑王羲之迹 開口唱韻 孰不服樵夫之前 懺咎斯人 慾不及石氏之 極誠其兒 更不羨師曠之聰 容貌之幻態 意仙風之吹臨 宿病之自效 忘盧醫之良名

아름답도다, 우리 도의 행함이여. 붓을 들어 글을 쓰니 사람들이 왕희지의 필적인가 의심하고, 입을 열어 운을 부르니 누가 나무꾼 앞에서 머리를 숙

60　문덕수 편저, 앞의 책, 1301쪽.
61　수운 최제우, 〈和訣詩〉, 『東經大全』, 79-81쪽.

이지 않겠는가. (하략)⁶²

-〈수덕문(修德文)〉 (밑줄-필자)

이처럼 수운은 〈화결시〉와 〈수덕문〉에서, 도연명은 자각과 각성의 세계로, 소동파와 이태백은 풍류(風流)의 세계로, 왕희지는 필적의 경지로 비유하여 썼다. 이 시는 동양 고전에 나오는 많은 구절들을 용사(用事)의 방법을 인용하여 쓴, 옛사람들의 지절(志節)과 풍류를 강조했다.⁶³고 볼 수 있다. 이처럼 수운은 이들 문예적 인물을 통해 자신의 문예적 자아로서 풍류, 자각과 각성, 서기가 서린 필적까지 비유했다.

V. 기타 인물 - 사광·편작·석숭

마지막으로 『동경대전』〈수덕문〉에 나오는 중국 인물은 기타 인물 유형으로 사광·편작·석숭이다. 이들은 보통 지혜·명의·부자의 대표자로 의미화되고 있다. 또한 이들은 한국 설화에 자주 등장하는 중국 인물군⁶⁴에도 포함되어 있다. 특히 석숭은 갑부가 된 이야기의 주인공⁶⁵이기도 하

---

62 수운 최제우,〈修德文〉,『東經大全』, 53쪽.
63 윤석산 주해, 앞의 책, 228쪽.
64 한국설화에 등장하는 중국인물은 황제, 공공민, 요, 후직, 강태공, 개자추, 공자, 맹자, 장자, 편작, 진시황, 항우, 동방삭, 조조, 제갈량, 석숭, 왕희지, 이태백, 두목지 등 역사적 실존인물과 소설이나 설화 속에 등장하는 인물, 중국사신처럼 국적만 나타낸 인물 등이 그 유형이다. 孫志鳳,「韓國說話의 中國人物 硏究」, 한국정신문화연구원 한국학대학원 박사논문, 1998, 76쪽.
65 강미정, "〈갑부가 된 석숭〉에 나타난 자기서사의 변화",『문학치료연구』제3집, 한국

다. 그 밖에도 중국 인물이 등장하는 한국 설화 상징에서 동방삭(東方朔)은 장수의 대명사, 석숭은 갑부의 대명사, 강태공은 대기만성 낚시꾼의 대명사, 편작은 명의의 대명사로서 해당 특성을 지닌 설화 주인공으로 차용[66]되었다.

〈한국 설화에 등장하는 중국 인물〉

인물	연대	성격	편수
姜太公	?-?	周나라 宰相	15
扁鵲	?-?	戰國時代 名醫	23
東方朔	前154-93	漢나라 弄臣	29
石崇	249-300	晉나라 富者	24
郭璞	276-324	晉나라 思想家	12
邵康節	1011-1077	宋나라 思想家	24
朱元璋	1328-1398	明나라 太祖	34

1. 사광 편작 석숭 - 도의 실천적 철학 방법론

먼저 사광·편작·석숭을 살펴보자. 사광(B.C.572-B.C.532)[67]은 진나라

문학치료학회, 2005, 82-83쪽. 구복여행담은 복을 찾아 떠나는 인물에 관한 이야기, 그 인물이 여행 중에 만난 사람들의 부탁을 들어주는 과정에서 복을 얻게 되는 이야기다.
66 孫志鳳, 앞의 논문, 144쪽.
67 师旷(元前 572-532) 百科名片: 字子野, 山西洪洞人, 春秋时著名乐师. 他生而无目, 故自称盲臣, 瞑臣. 为晋大夫. 亦称晋野博学多才, 尤精音乐, 善弹琴, 辨音力极强. 以"师旷之聪"闻名于后世. 他艺术造诣极高, 民间附会出许多师旷奏乐的神异故事. 南师店村有师旷墓遗址.

평공(晉平公, B.C.557-B.C.532 재위) 때의 악사로 이름은 광(曠), 자는 자야(子野)이고, 장님이었다. 평공이 새로운 음악을 좋아하자 사광이 '공실(公室)이 점점 비천해지고 임금의 조짐이 그 쇠함에 나타나고 있습니다. 음악이란 산천의 풍화(風化)를 빌려 보여주는 것이며 덕이 넓게 비추어 가도록 하는 것으로, 덕으로써 널리 퍼지며, 만물을 풍화시키며 산천을 통하여 널리 퍼지며, 만물을 풍화시켜 이를 듣게 하며, 시(詩)로써 가사를 수식하여 이를 노래하게 하고 예(禮)로써 이를 닦아 절제시키는 것이며 무릇 덕이 널리 퍼지고 때와 절도에 맞으면 이로써 먼저 사람은 복종해 오고 가까운 사람은 옮겨 가지 않는 것'[68]이라 말했듯이 사광은 음악을 통해 지혜를 통찰할 수 있는 경지에 이르러 있었다. 또 편작(B.C.401-B.C.310)[69]은 발해군 막읍의 오기 사람이다. 성은 진이며 이름은 월인이다. 그가 젊었을 때 남의 객사를 관리하는 우두머리 일을 했다. 그 객사에 장상군(長桑君)이라는 빈객이 몸을 의탁하고 있었는데, 편작은 그를 기인이라 여겨 언제나 정중히 대우하였고, 장상군 또한 편작이 보통 사람이 아닌 것을 알게 되었다[70]는 일화가 있다. 그리고 석숭(249-300)[71]은 수도 낙양에 진무제의 외삼촌 왕개(王愷)와 함께 2대 대부호였다. 석숭은 원래 형주 자사를 지낼 때 백성의

---

68 임동석 역, 『국어 3-3』, 동서문화사, 2009, 940-941쪽.
69 扁鵲(公元前407-前310): 姬姓, 秦氏, 名越人, 又号卢医, 春秋战国时期名医, 勃海郡郑人, 一说为齐国卢邑人. 由于他的医术高超, 被认为是神医, 所以当时的人们借用了上古神话的黄帝时神医"扁鹊"的名号来称呼他. 少时学医于长桑君, 尽传其医术禁方, 擅长各科.
70 사마천, 『사기열전 3/4』, 임동석 역주, 동서문화사, 2009, 993쪽.
71 石崇 百科名片(249~300): 西晋文学家. 字季伦. 著名的美男子. 他的父亲石苞本来祖上无名, 因石苞相貌非凡后官至司空. 石崇是石苞之子容貌更是惊艳. 祖籍渤海南皮, 生于青州, 小名齐奴. 元康初年, 出任南中郎将, 荆州刺史. 在荆州"劫远使商客, 致富不赀.

피와 땀을 착취하여 돈과 재물, 보석이 부족함이 없었다. 어느 날 왕개는 왕의 권력을 믿고 석숭과 부를 견주어 보나 결국 지게 된다. 후에 둘은 이상하게 의기투합되어 왕개와 석숭은 손님을 초대하여 자신들의 호화로움을 과시했다. 이는 서진 통치자들이 그칠 줄 모르는 탐욕과 방탕하고 부패한 모습을 대표하고 통치 집단 내부의 권력 쟁취와 이익 투쟁의 격렬함을 암시하며, 서진 20년의 안정된 국면 유지는 통치 계급 내부에 혼란을 초래했다[72]고 한다.

그럼, 사광·편작·석숭이 등장하는 〈수덕문〉의 관련 부분을 살펴보자.

> 美哉라 吾道之行이여 投筆成字하니 人亦疑王羲之迹이요 開口唱韻하니 孰不服樵夫之前가 懺咎斯人은 慾不及石氏之貨요 極誠其兒는 更不羨師曠之聰이 容貌之幻態는 意仙風之吹臨이요 宿病之自效는 忘盧醫之良名이라
>
> 아름답도다, 우리 도의 행함이여. 붓을 들어 글을 쓰니 사람들이 왕희지의 필적인가 의심하고, 입을 열어 운을 부르니 누가 나무꾼 앞에서 머리를 숙이지 않겠는가. <u>허물을 뉘우친 사람은 욕심이 석숭의 재물도 탐내지 아니하고, 정성이 지극한 아이는 다시 사광의 총명도 부러워하지 않더라. 용모가 환태된 것은 마치 선풍이 불어온 듯하고, 오랜 병이 저절로 낫는 것은 편작의 어진 이름도 잊어버릴 만하더라.</u>[73]
>
> - 〈수덕문(修德文)〉 (밑줄-필자)

---

72 중국사학회, 『중국역사박물관 4』, 김영매 옮김, 범우사, 2004, 16-17쪽.
73 수운 최제우, 〈修德文〉, 『東經大全』, 53-54쪽.

이처럼 수운은 〈수덕문〉에 나오는 인물 사광과 석숭, 편작과 연관 지어 우리 도를 행한 자는 보통 재물을 많이 가진 석숭의 재물과 대비하여 석숭도 부럽지 않고, 정성이 지극한 이는 사광의 총명도 부럽지 않고, 또 선풍이 돌아와 명의 편작도 잊어버리는 경지로 드러냈다. 결국 나무꾼이나 아이, 병자에게 다른 방법으로 도의 실천적 삶이라는 실천 철학의 방법을 제시했다. 동학 · 천도교에 입도하여 수도에 정진하게 되면, 육체적인 면뿐만 아니라, 정신적인 면까지 모두 새로운 사람으로 바뀔 수 있음을 말씀한 단락[74]이라 볼 수 있다.

VI. 나가며

이상으로 『동경대전』에 나오는 중국 인물들이 어떠한 양상으로 등장하는지 그 유형에 대해 살펴보았다. 네 유형은 첫째, 신화적 인물로 천황씨와 오제 · 요순과 항아, 둘째, 정치 · 사상적 인물로 공자와 그의 제자 자공 · 강태공 · 제갈량과 주렴계, 셋째, 문예적 인물로 도연명과 소동파 · 이태백과 왕희지, 넷째, 기타 인물로 사광 · 편작 · 석숭이다.

결국 이들 중국 인물 유형을 통해 수운은, 신화적 인물은 철학사상론을 정립하기 위한 대비법으로, 정치 · 사상적 인물은 성인의 경지와 제자 비유나 물상적 비유로, 문예적 인물은 풍류와 절조의 세계 비유법으로 썼고, 기타 인물은 총명한 자나 명의 · 재물의 소유자들을 지극정성의 수련과 대비하여 그것을 뛰어넘는 경지로 설정했다. 그런 점을 통해 다양한 중국 인

---

74 윤석산 주해, 앞의 책, 158쪽.

물 군상은 이상적인 기점과 해석학, 이상적인 군주와 대비법, 성인 경지의 모델과 대비법, 문예인들의 비유적 경지 등으로 다양하게 해석했으며, 그것이 바로 『동경대전』에 등장하는 중국 인물들의 양상이다. 이들을 통해 수운의 사상적·심층적 자아의 면모는, 신화적 인물, 정치·사상적 인물, 문예적 인물을 재해석하거나 재정립하면서 드러난다. 이는 다름 아닌 수운의 신화적 자아, 정치·사상적 자아, 문예적 자아이며, 기타 인물을 통해 수도적(修道的) 자아, 영적 자아까지 아주 다양하게 표출하였다고 볼 수 있다. 이런 점에서 『동경대전』에 나타난 중국 인물의 네 유형은 이상주의적 제왕과 불사적(不死的) 천상적 자아의 세계, 성인주의 지향과 물상적 비유의 의미로 쓰였으며, 그것은 바로 철학사상론, 지극정성론, 물상공간론이라 칭할 수 있다고 본다.

8장 『용담유사』에 나타난 중국 인물*

* 졸고, "『용담유사』에 나타난 중국 인물 연구", 『동학학보』 제22호, 동학학회, 2011. 8. 이 논문을 수정한 것이다.

I. 들어가며

필자가 살펴본 『동경대전』에 나오는 중국 인물 유형은 신화적 인물, 정치·사상적 인물, 문예적 인물, 기타 인물로 구분할 수 있다.[1]

그렇다면 비슷한 시기에 쓰인 수운의 『용담유사(龍潭遺事)』에는 중국 인물이 어떠한 양상으로 나타나는지 살펴보자. 『용담유사』는 주로 1860~1863년에 쓰였으며, 이 분석 역시 수운의 중국 인물에 대한 사유의 태도와 세계관을 살펴볼 수 있는 계기가 될 수 있다.

『용담유사』에 나타난 중국 인물은 〈교훈가(敎訓歌)〉[2](1860)에 요순(堯舜)과 걸(桀), 〈안심가(安心歌)〉(1860)[3]에 공부자(孔夫子)와 진시황(秦始皇)·

---

1   졸고, "『동경대전』에 나타난 중국 인물 연구", 앞의 논문. 『동경대전』에도 중국 인물로 〈포덕문〉의 오제, 〈논학문〉의 공자와 요순, 〈수덕문〉의 공부자, 도연명과 강태공, 주렴계와 제갈량, 삼천 제자, 자공, 왕희지, 석숭, 사광과 편작, 〈불연기연〉의 천황씨, 〈화결시〉의 공자, 도연명과 소동파, 주렴계와 이태백, 〈영소〉의 항아 등이 다양하게 나왔다.
2   〈교훈가〉는 수운이 자신의 후세에게 가르치는 형식을 갖추어 당시의 제자들과 후생들을 교훈을 주기 위한 글이다. 수운은 자기 가계의 훌륭함을 찬양하고 자기의 대(代)에 와서 몰락하게 됨을 탄식하면서 주유천하하다가 마침내 득도하게 된 동기를 자세히 기록하고 있다. 유병덕 편저, 앞의 책, 149쪽.
3   〈안심가〉는 수운이 겪는 지난날의 고생과 함께 경신년 4월을 맞아 한울님으로부터 가르침을 받는 과정 등이 담겨져 있다. 특히 종교체험 중에 한울님으로부터 받은 영

한무제(漢武帝)와 편작(扁鵲)·요순, 〈용담가(龍潭歌)〉[4](1860)에 기자(箕子), 〈몽중노소문답가(夢中老少問答歌)〉(1861)[5]에 두목지(杜牧之)와 사광(師曠)·요순과 공맹(孔孟), 〈도수사(道修詞)〉에 공부자·삼천(三千) 제자와 칠십이인(七十二人)·전자방(田子方)과 단간목(段干木), 〈권학가(勸學歌)〉[6](1862)에 삼황오제(三皇五帝)와 요순, 〈도덕가(道德歌)〉(1862)[7]에 요순과 공자·도척(盜跖)과 환퇴(桓魋) 등이 나온다.

부(靈符)에 관하여 상세하게 묘사되어 있다. 윤석산, 『주해 東學經典-동경대전·용담유사』, 앞의 책, 363쪽.

4 〈용담가〉는 경신년 후반기에 쓰여진 가사이며, 주유팔로(周遊八路) 이후 용담으로 돌아와 아무것도 이루지 못한 수운 자신의 불우한 처지를 용담의 승지에 비견하여 매우 처연하게 노래하고 있다. 경신년 결정적 종교체험 이후 겪게 되는 득도의 기쁨과 함께 그 환희에 찬 모습으로 바라보는 구미용담의 풍경이 담겨져 있다. 윤석산, 위의 책, 395쪽.

5 〈몽중노소문답가〉는 꿈속에 어느 도사와 문답을 하는 내용으로 되어 있다. 특히 이 가사에 나오고 있는 기남자로 지칭하는 한 사람의 탄생이나 성장과정 등이 수운의 여러 면모와 많이 유사하다. 이 가사는 수운 자신의 출자를 매우 비유적으로 노래한 가사로 추정된다. 윤석산, 위의 책, 413쪽.

6 〈권학가〉는 전라도 피신 중에 있는 제자들에게 도를 열심히 믿도록 가르친 글이다. 수운은 낡은 세상이 곧 가고 새로운 세상이 천리(天理)에 의해서 곧 돌아오게 되므로 자신이 한울님을 위하는 것은 곧 자기자신의 확대요 천리를 따르는 것이므로 한울님을 지극히 정성스럽게 공경하면 반드시 좋은 시절을 만나 잘 살 수 있다는 것을 말해주고 있다. 유병덕 편저, 앞의 책, 150쪽.

7 〈도덕가〉는 객지에서 지은 글로 도덕이란 무엇인가에 대한 것인데 본체생명(本體生命)인 한울님의 의사에 합치되는 개인의 모든 행위를 올바른 도덕으로 규정하고 그밖의 모든 인간의 행위를 죄악으로 규정하고 있다. 유병덕 편저, 위의 책, 151쪽.

그동안 『용담유사』에 대한 문학적 접근은 조동일[8], 윤석산[9], 정재호[10], 김인환[11] 등의 연구가 있다. 이 연구 중 윤석산이 『용담유사』의 구조적 분석, 『용담유사』에 원용된 제사상의 문학적 의미, 『용담유사』의 주제 의식 고찰, 『용담유사』의 문학사적 고찰 등 다각도로 연구한 바 있다. 또 동학 경전에 대한 문학적 고찰은 필자의 신화적 고찰[12], 수사학적 고찰[13], 중국 인물 고찰[14]이 있다.

이 글에서는 『용담유사』에 등장하는 중국 인물을 다섯 유형으로 나누어 살펴보고자 한다. 이 유형은 첫째, 신화적 인물(삼황오제와 요순, 기자), 둘째, 정치·사상적 인물(공자와 맹자), 셋째, 통치자 인물(진시황과 한무제), 넷째, 난도난법 사회 반증 인물(걸, 도척과 환퇴, 전자방과 단간목), 다섯째, 초인

---

8 조동일, "開化期 歌辭에 나타난 開化, 救國思想", 『동서문화』 IV집, 계명대 동서문화연구소, 1970. 조동일은 이 논문에서 최제우의 가사 항목을 작품개관, 시대배경, 外勢의 문제, 改革의 문제, 力量의 문제로 분석하고 있다.
9 윤석산, 『龍潭遺詞 硏究』, 앞의 책, 1993.
10 정재호, "東學歌辭와 東學革命-~를 중심으로", 『고전문학연구』 9권, 한국고전문학회, 1994. 정재호는 동학 가사의 혁명적 배경을 국가의 운명에 대한 소명의식, 개벽의식, 인간 평등, 외세와 서학에 대한 배격, 진격의 노래, 동학의 호남 포교, 신앙의 힘 등으로 분석하고 있다.
11 김인환, "『용담유사』의 내용 분석", 『문학과 문학사상』, 한국학술정보(주), 2006. 11-33쪽. 김인환은 『용담유사』의 내용을 유불선무의 복합체로서 새로운 사상을 포함하고 있지 못하다는 주장과 파천황의 독창성을 함축하고 있는 두 면으로 보았다. 구체적 분석으로는 무격에 대한 강렬한 부정, 수신제가와 가도화순 등 유가류가 많음, 하늘을 추상명사한 하느님으로 표현하며 유교의 내용을 벗어난 것, 봉건질서 특권의 토대인 재산과 지식에 대한 거절을 노래하고 있는 것으로 분석하고 있다.
12 졸고, "동양의 신화와 동학 경전의 비교", 앞의 논문.
   졸고, "목소리와 바위, 새와 저울의 현상학", 앞의 논문.
13 졸고, "동양 신화의 경전 수사학", 앞의 논문.
14 졸고, "『동경대전』에 나타난 중국 인물 연구", 앞의 논문.

적 분신 인물(사광과 편작, 두목지)이다.

II. 신화 속 인물들 - 삼황오제와 요순, 기자

먼저 『용담유사』에 나오는 첫 번째 중국 인물은 신화적 인물 유형으로 삼황오제와 요순, 기자이다. 삼황오제는 〈권학가〉에, 요순은 〈교훈가〉·〈안심가〉·〈몽중노소문답가〉·〈권학가〉·〈도덕가〉에, 기자는 〈용담가〉에 나온다.

1. 삼황오제 - 경천순천하는 성현들의 삶 제시

먼저 신화적 인물 유형인 삼황오제, 요순, 기자를 살펴보자. 천황씨를 포함한 삼황오제는 이상적 제왕 신화의 주인공이자 중국 고대의 전설적 제왕이다. 삼황은 천황씨·지황씨·인황씨이며, 오제에는 일반적으로 지칭하는 복희·신농·황제·소호·전욱을 포함시켰다.
그럼 이러한 삼황오제가 등장하는 〈권학가〉의 관련 부분을 살펴보자.

> 대저인간(大抵人間) 초목군생(草木群生) 사생재천(死生在天) 아닐런가
> 불시풍우(不時風雨) 원망(怨望)해도 임사호천(臨死號天) 아닐런가
> <u>삼황오제(三皇五帝) 성현(聖賢)들도 경천순천(敬天順天) 아닐런가</u>
> 효박(淆薄)한 이세상에 불고천명(不顧天命) 하단말가
> 장평갱졸(長平坑卒) 많은사람 한울님을 우러러서
> 조화중(造化中)에 생겼으니 은덕(恩德)은 고사(姑捨)하고

> 근본(根本)조차 잊을소냐 가련(可憐)한 세상사람
> 각자위심(各自爲心) 하단말가 경천순천(敬天順天) 하였어라
> 효박(淆薄)한 이세상에 불망기본(不忘其本) 하였어라[15]
> - 〈권학가(勸學歌)〉 (밑줄-필자)

위의 〈권학가〉에서 수운은 삼황오제[16]를 성현들이 경천순천(敬天順天)하는 이치와 연관시켜 드러냈다. 경천순천은 하늘의 법도를 공경하고 또 따르는 것을 말하는데, 세상의 모든 사람들이 궁극적으로는 한울님의 조화 중에 생겨난 것이니, 세상의 사람들은 자신의 생명이 어디에 그 근본을 두고 있는지 잊지 말라는 말씀이 담긴 단락[17]이다.

수운은 삼황오제를 통해 이들 성현도 경천순천하는데 하물며 천명을 돌보지 않고 자기 자신만을 위하는 이 세상 사람도 근본을 지켜야 하며 당연히 경천순천해야 한다는 논리를 폈다. 즉 성현들의 삶을 이상적으로 제시하고 그 근본을 잃어버린 세상을 안타까워 하며, 경천순천하는 성현들의 삶을 제시하기 위해 삼황오제를 등장시켰다고 볼 수 있다.

---

15 수운 최제우, 〈勸學歌〉, 『龍潭遺事』, 앞의 책, 207-208쪽.
16 삼황오제와 관련해서 『동경대전』 〈불연기연〉에서는 천황씨를 인류의 최초로써 차용하며 인간의 형성 과정과 군왕학을 빌어 불연기연의 철학론을 펼쳤다. 또 〈포덕문〉에서는 오제를 인간이 도달하고자 하는 최고의 경지 등을 포함한 천도적 이상주의와 유교적 문화영웅주의를 합성시킨 분기점이자 시발점이라 보여주었다.
17 윤석산, 앞의 책, 473쪽.

2. 요순 - 요순시대와 다시개벽의 갈망

『용담유사』에 나오는 또 하나의 신화적 인물은 요순이다. 요순은 〈안심가〉·〈몽중노소문답가〉·〈교훈가〉·〈도덕가〉·〈권학가〉 등에 등장하며 여러 측면으로 나온다. 즉 요순 성세(堯舜聖世) 재도래, 요순 세상과 대비, 아버지 육친으로서 요순, 요순 성세와 개인의 태도, 요순과 악인 도척의 비교 등으로 나온다.

먼저, 요순 성세라고 나오는 〈안심가〉의 관련 부분을 보자.

> 가련(可憐)하다 가련하다 아국운수(我國運數) 가련하다
> 전세임진(前世壬辰) 몇해런고 이백사십 아닐런가
> 십이제국(十二諸國) 괴질운수(怪疾運數) 다시개벽(開闢) 아닐런가
> <u>요순성세(堯舜聖世) 다시와서 국태민안(國泰民安) 되지마는</u>
> <u>기험(崎險)하다 기험하다 아국운수(我國運數) 기험하다</u>
> 개같은 왜적(倭賊)놈아 너희신명 돌아보라[18]
> - 〈안심가(安心歌)〉 (밑줄-필자)

위의 〈안심가〉에서 수운은 다시 온 요순 성세와 국태민안(國泰民安)을 연결지어 보여주었다. 그는 조선 시대를 통찰하며 난세기였던 임란 시기를 보여주고 다시 난세가 된 수운의 시대 상황을 유사 구조로 통찰하며 전망했다. 그러면서 임란 시절 조선에 명현이 있어 보존되었듯이, 지금의 아국운수(我國運數)도 한울님의 옥새 보전과 한울님의 복록으로 지키겠다고

---

18 수운 최제우, 〈安心歌〉, 『龍潭遺事』, 159-160쪽.

강조했다. 다시 말해 아국의 운수가 겪어 온 난세와 평화가 도래되었던 요순 세상의 반복 여정 중, 또 닥쳐와 있고 닥쳐올 수 있는 난세 시기에 대해 고뇌하며 아국 운수의 기험함을 안타깝게 바라보았다. 〈안심가〉에서 쓰인 요순 성세는 평화로운 세상의 의미다.

둘째, 요순지치(堯舜之治)로 나오는 〈몽중노소문답가〉의 관련 부분을 보자.

> 아서시라 아서시라 팔도(八道)구경 다던지고
> 고향(故鄕)에나 돌아가서 백가시서(百家詩書) 외워보세
> 내나이 십사세(十四歲)라 전정(前程)이 만리(萬里)로다
> <u>아서라 이세상은 요순지치(堯舜之治)라도 부족시(不足施)요</u>
> 공맹지덕(孔孟之德)이라도 부족언(不足言)이라 흉중(胸中)에 품은회포(懷抱)
> (중략)
> 근심말고 돌아가서 윤회시운(輪廻時運) 구경하소
> 십이제국(十二諸國) 괴질운수(怪疾運數) 다시개벽(開闢) 아닐런가[19]
> - 〈몽중노소문답가(夢中老少問答歌)〉 (밑줄-필자)]

위의 〈몽중노소문답가〉에서 수운은 이 세상과 대비된 요순지치가 펼쳐지는 곳을 이상적 세상으로 보았고 이 세상은 십이제국(十二諸國) 괴질운수(怪疾運數) 시기로 보았다. 그러기에 지금 이 세상은 요순지치로도 부족하며 다른 차원의 비전적인 세상, 다시개벽적 세계관이 요구되는 것이다. 이 부분은 역설적으로 생각하면 효박하며 가련한 세상에는 요순지치도 불

---

19 수운 최제우, 〈夢中老少問答歌〉, 『龍潭遺事』, 182-184쪽.

가능하다는 절망감을 표현한 것이다. 그렇지만 결국 '다시개벽'할 시대사적 요청을 드러냈다. 난세가 영웅을 만들 듯이 십이제국 괴질운수 시기를 반복된 시대 통찰로 읽어 더 이상 그렇게 되지 않게 다시개벽시킬 상황이라고 해석함으로써 역사 전개의 깊이를 짚어 냈다고 볼 수 있다. 〈몽중노소문답가〉에서도 역시 수운은 이 세상과 대비된 이상적 세상을 요순지치로 설정했다.

셋째, 〈교훈가〉에 나오는 요순 관련 부분을 보자.

> 애달다 너희사람 어찌그리 매몰한고
> <u>탄식(歎息)하기 괴롭도다 요순(堯舜)같은 성현(聖賢)들도
> 불초자식(不肖子息) 두었으니 한(恨)할것이 없다마는</u>
> 우선(于先)에 보는도리(道理) 울울(鬱鬱)한 이내회포(懷抱)
> 금(禁)차하니 난감(難堪)이오 두자하니 애달해서
> 강작(强作)히 지은문자(文字) 구구자자(句句字字) 살펴내어
> 방탕지심(放蕩之心) 두지말고 이내경계(警戒) 받아내어
> 서로만날 그시절(時節)에 괄목상대(刮目相對) 되게되면
> 즐겁기는 고사(姑捨)하고 이내집안 큰운수(運數)라[20]
> - 〈교훈가(敎訓歌)〉 (밑줄-필자)

위 〈교훈가〉에서 수운은 성현인 요순도 불초자식(不肖子息)이 있었듯이 사람들에게 한스러워할 필요가 없음을 말했다. 불초한 사람들이자 해몽 못 한 사람들이 자포자기하고 매몰차지만 주문을 잘 살피고 경계심을 받

---

20 수운 최제우, 〈敎訓歌〉, 『龍潭遺事』, 143-144쪽.

아 내어 자신을 괄목상대(刮目相對)시키면 큰 운수를 만날 것이라 말했다. 즉 해몽 못함과 불초함을 탓하지 않고 그들이 처한 상황을 뛰어넘어 한울님을 믿으면 도달할 수 있는 새로운 경지의 삶을 제시하여, 〈교훈가〉에서도 요순은 성현의 비유로 쓰였다.

넷째, 요순 성세가 나오는 〈권학가〉의 관련 부분을 보자.

> 자고급금(自古及今) 촌탁(忖度)하니 요순성세(堯舜聖世) 그때라도
> 일천지하(一天之下) 많은사람 사람마다 요순(堯舜)일세
> 윤회(輪廻)같이 둘린운수(運數) 수원수구(誰怨誰咎) 아닐런가
> 아무리 이세상도 현인군자(賢人君子) 있지마는
> 진토중(塵土中)에 묻힌옥석(玉石) 뉘라서 분간(分揀)하며
> 안빈낙도(安貧樂道) 하지마는 뉘라서 지도(指導)할꼬[21]
> - 〈권학가(勸學歌)〉 (밑줄-필자)

위 〈권학가〉에서 수운은 요순 성세의 시대에는 개인도 요순이라는 성선론적 비유로써 윤회적(輪回的) 운수(運數)와 연관지어 보여주었다. 그러면서 현인군자(賢人君子)가 있더라도 제대로 옥석을 분간하지 못하고, 제대로 된 안빈낙도(安貧樂道)로 지도하지 못하는 상황을 안타깝게 보았다. 현숙한 군자들이 동귀일체 못 되는 상황, 함지사생 출생들의 보국안민이 이루어지지 않는 안타까움 등과 대비하면서 보여주고 있어 〈권학가〉에서 요순은 시대와 개인의 성향을 관련시켜 피력되었다고 볼 수 있다.

마지막으로, 요순지세(堯舜之世)로 나오는 〈도덕가〉의 관련 부분을 보

---

21 수운 최제우, 〈勸學歌〉, 『龍潭遺事』, 205-206쪽.

자.

> 요순지세(堯舜之世)에도 도척(盜跖)이 있었거든
> 하물며 이세상에 악인음해(惡人陰害) 없단말가
> 공자지세(孔子之世)에도 환퇴(桓魋)가 있었으니
> 우리역시 이세상에 악인지설(惡人之說) 피(避)할소냐
> 수심정기(守心正氣) 하여내어 인의예지(仁義禮智) 지켜두고
> 군자(君子)말씀 본(本)받아서 성경이자(誠敬二字) 지켜내어
> 선왕고례(先王古禮) 잃잖으니 그어찌 혐의(嫌疑)되며
> 세간오륜(世間五倫) 밝은법(法)은 인성지강(人性之綱)으로서
> 잃지말자 맹서(盟誓)하니 그어찌 혐의(嫌疑)될꼬
> 성현(聖賢)의 가르침이 이불청(耳不聽) 음성(淫聲)하며[22]
> - 〈도덕가(道德歌)〉 (밑줄-필자)

위 〈도덕가〉에서 수운은 요순과 대비된 도척의 세계를 들어 세상의 부정적인 면을 지적하면서 극복의 길을 보여주었다. 즉 악인지설(惡人之說)과 악인음해(惡人陰害)가 많더라도 수심정기(守心正氣)로 인의예지(仁義禮智)를 지켜 낼 것을 얘기했다.

이상으로 『용담유사』 중 〈안심가〉・〈몽중노소문답가〉・〈교훈가〉・〈권학가〉・〈도덕가〉에 다양한 의미로 쓰인 요순[23]에 대해 살펴보았다. 즉

---

22 수운 최제우, 〈道德歌〉, 『龍潭遺事』, 220-221쪽.
23 요순 관련해서 『동경대전』 〈논학문〉에서 드러낸 요순은 강령과 관련된 한울님의 선악 불택과 함께 요순시대 세계관과 한울님 인식관을 대비하여 보여주고 있으며, 한울님의 분리론 입장을 취하며 드러내고 있다.

요순 성세의 재도래와 관련시켜 난세에 대한 고뇌, 이 세상과 대비된 세상을 다시개벽에 대한 갈망으로 표현했다. 또 가족 구성원인 육친 아버지로서 요순을 불민한 아들 문제와 연결시켜 설정하며, 요순 성세는 사람마다 요순이라는 심성을 갖고 있는 성선론적 존재로 비유하여 보여주었다. 또 요순의 세계를 도척의 세계와 대비시켜 보여주었다. 이런 점을 통해 보면 수운은 요순의 다양한 면을 강조하며, 아국운수를 다시 요순 성세 시대로 만들기, 십이제국 괴질운수 시기를 다시개벽시킨 후 요순지치 세상으로 만들기, 개인의 입장에서 큰 운수 만들기, 요순 성세 시대와 개인의 요순화 지향, 힘든 세상에서 수심정기로 지켜 내기 등으로 구체적 실천관과 연결 지은 비전을 드러낸 것이다. 그러기 위해 한편 극단적 상황의 대비법인 불초자식과 악인의 설정까지 보여주어 결국 요순 세상이 아닌 사회, 불초한 사람들과 악인들까지 감안하면서 다시개벽적 세계관을 전망했다고 볼 수 있다.

3. 기자 - 문명화된 지역의 비유

『용담유사』에 나오는 마지막 신화적 인물은 기자이다. 기자(? -?)[24]는 〈용담가〉에 나온다. 기자는 기자조선(箕子朝鮮)의 시조로, 중국계 한국인이며, 고조선 시대 전설상으로 전하는 시조이기도 하다. 중국의 은(殷)·주(周) 교체기에 주나라의 무왕(武王)이 은나라를 빼앗자 현인(賢人) 기자

---

24 箕子 百科名片: 箕子, 是文丁的儿子, 帝乙的弟弟, 纣王的叔父, 官太师, 封于箕, 名胥余, 作为中华第一哲人, 在商周政权交替与历史大动荡的时代中, 因其道之不得行, 其志之不得遂, "违衰殷之运, 走之朝鲜", 建立东方君子国, 其流风遗韵 至今犹存.

가 B.C.1122년 조선으로 건너와 기자조선을 건국하고 범금 8조(犯禁八條)를 가르쳤으며, 무왕에 의해 조선왕에 봉해져 단군조선을 교체했다는 것이다. 이런 이해는 오랜 연원을 갖고 있다. 지금은 기자 자체를 본래 왕을 뜻하는 우리나라 고유의 칭호였다고 해석하는 견해, 기자조선은 부정하지만 그 기간을 예맥족이 근간이 된 예맥조선으로 설정하는 견해, 동이족 계통인 기자족의 이동과 관련하여 기자 전설을 이해하려는 견해 등이 제기되어 있다.

또 다른 기록인 『죽서기년(竹書紀年)』에는 기자가 상왕국(商王國)의 마지막 왕인 주(紂)에 의해 감옥에 갇힌 바 있으며 상왕국이 멸망하고 서주왕국이 건립된 후 서 무왕 16년에는 기자가 서주 왕실에 조근(朝覲)을 한 것으로 되어 있다. 『논어』에서는 제왕국 말기의 어진 인물로 미자·기자·비간을 들었으며, 진(秦) 시대 이전의 중국 문헌에 나타난 기자는 덕과 학문이 있는 어진 인물[25]로 나온다.

그럼 이러한 기자가 나오는 〈용담가〉의 관련 부분을 보자.

> 국호(國號)는 조선(朝鮮)이오 읍호(邑號)는 경주(慶州)로다
> 성호(城號)는 월성(月城)이오 수명(水名)은 문수(汶水)로다
> 기자때 왕도(王都)로서 일천년(一千年) 아닐런가
> 동도(東都)는 고국(故國)이오 한양(漢陽)은 신부(新府)로다
> 아동방(我東方) 생긴후에 이런왕도(王都) 또있는가
> 수세(水勢)도 좋거니와 산기(山氣)도 좋을시고
> (중략)

---

25 尹乃鉉, "箕子新考", 『韓國古代史新論』, 一志社, 1999, 178쪽.

일천년(一千年) 신라국(新羅國)은 소리를 지켜내네

어화세상(世上) 사람들아 이런승지(勝地) 구경하소[26]

- 〈용담가(龍潭歌)〉 (밑줄-필자)

위의 〈용담가〉에서 수운은 경주를 기자 때부터 유래된 유서 깊은 수도로 묘사했다. 수운은 용담정이 있는 구미산을 중심으로 경주 일대의 지세나 산세가 뛰어남을 노래했다. 이렇듯 지세나 산세의 뛰어남을 노래한 것은 이러한 지리적인 조건에서 대대로 위국충신이 많이 나왔고, 궁극적으로는 수운과 같은 새로운 세상을 이끌어 갈 인물이 나오게 되었다는 사실을 암시한 것이라고 할 수도 있다.[27] 이 부분은 수운이 경주라는 지역이 문명화된 지역으로 아주 오래된 지역임을 강조하기 위해 어진 인물 기자를 비유해서 쓴 것으로 보인다.

III. 정치·사상적 인물들 - 공맹·칠십이인 제자

『용담유사』에 두 번째로 나오는 중국 인물은 정치·사상적 인물 유형이다. 이 인물들은 공자와 칠십이인 제자, 삼천 제자, 맹자 등이다. 공자와 칠십이인 제자, 삼천 제자, 맹자 등이 〈안심가〉·〈도수사〉(1861)[28]·〈도덕

---

26 수운 최제우, 〈龍潭歌〉, 『龍潭遺事』, 165-166쪽.
27 윤석산, 앞의 책, 401쪽.
28 〈도수사〉는 신유년 12월에 수운이 관의 지목을 피해 은적암에 머물면서 쓴 글이다. 특히 길을 떠나게 된 사정과 자신의 불우한 처지를 생각하며 잠 못 드는 심회를 노래하고 있다. 윤석산, 위의 책, 433쪽.

가〉·〈몽중노소문답가〉에 나온다. 그리고 맹자는 공자와 함께 '공맹(孔孟)'으로 〈몽중노소문답가〉에 나온다.

1. 공자와 맹자 - 이상적 성인의 경지

먼저 공자와 맹자를 살펴보자. 공자의 말씀 어록인 현재의 『논어』 20편은 제자들이 편찬한 공자의 언행록이다. 『사기』에 따르면 그의 제자 중 72명이 육예를 통달했고 제자로 자처하는 사람의 수가 3,000명을 넘었다고 한다. 공자는 『동경대전』과 『용담유사』에 각각 나오지만, 맹자는 『용담유사』 〈몽중노소문답가〉에 공맹지덕의 소유자로서 딱 한 번 나온다. 맹자[B.C.372-B.C.289, 이름은 가(軻), 자는 자여(子輿)][29]는 공자의 사상을 이어 발전시킨 유학자이다. 전국시대 추(鄒)나라 사람으로 어릴 때부터 공자를 숭배하고, 공자의 사상을 발전시켜 유교를 후세에 전하는 데 큰 영향을 끼쳤다. 맹자는 공자를 존경하고 공자를 사숙했다. 어려서 자모삼천의 가르침을 받았고, 성장하여 자사(子思)의 문인에게 배웠고 학문을 이루면서 천하의 어지러움을 한탄했으며, 천하를 다스리자는 뜻을 가지고 양혜왕과 제선왕 등을 설득했지만 받아들여지지 않았다. 맹자는 인의(仁義)를 설하고 왕도(王道)를 주장했다. 은퇴하여 문인 만장(萬章)의 무리들과 문답하면서 공자의 뜻을 서술하여 『맹자』 일곱 편을 지었다. 성선론은 맹자 학문의 근

---

29 孟子(前372年-前289年): 名轲, 字子舆. 战国时期鲁国人, 鲁国庆父后裔. 中国古代著名思想家, 教育家. 战国时期儒家代表人物. 著有《孟子》一书. 孟子继承并发扬了孔子的思想, 成为仅次于孔子的一代儒家宗师, 有"亚圣"之称, 与孔子合称为"孔孟". 其学说出发点为性善论, 提出"仁政", "王道", 主张德治.

본 사상이며, 선천양심론(先天良心論)과 인의(仁義)를 중시[30]했다.

먼저, 공자가 공부자로 나오는 〈안심가〉의 관련 부분을 보자.

> 우리또한 빈천자로 초야(草野)에 자라나서
> 유의유식 귀공자(貴公子)는 앙망불급(仰望不及) 아닐런가
> 복록(福祿)은 다버리고 구설앙화(口說殃禍) 무섭더라
> 졸부귀(猝富貴) 불상(不詳)이라 만고유전(萬古遺傳) 아닐런가
> <u>공부자(孔夫子) 하신말씀 안빈낙도(安貧樂道) 내아닌가</u>
> 우리라 무슨팔자(八字) 고진감래(苦盡甘來) 없을소냐
> 홍진비래(興盡悲來) 무섭더라 한탄(恨歎)말고 지내보세[31]
> - 〈안심가(安心歌)〉 (밑줄-필자)

위 〈안심가〉에서 수운은 공자의 생활 태도인 안빈낙도(安貧樂道)의 삶과 고진감래(苦盡甘來)를 되새겼다. 빈천자이며 초야에 사는 자는 귀공자(貴公子)나 복록(福祿)을 꿈꾸게 되나, 부러워하는 대상들을 보면 홍진비래(興振悲來)한 상황이 곳곳에 목격된다. 우리는 그것에 비해 지금은 빈천자이지만 우리에게도 고진감래의 희망이 있을 것이라 반문하며 제시했다. 이처럼 〈안심가〉의 공자는 안빈낙도 주창자로서 거론되었.

둘째, 공자가 그의 칠십이인 제자, 삼천 제자와 함께 나오는 〈도수사〉 관련 부분을 보자.

---

30 宇野哲人, 『중국의 사상』, 박희준 옮김, 대원사, 1991, 77-81쪽.
31 수운 최제우, 〈安心歌〉, 『龍潭遺事』, 148-149쪽.

1) 어질다 모든벗은

우매(愚昧)한 이내사람 잊지말고 생각하소

성경현전(聖經賢傳) 살폈으니 연원도통(淵源道統) 알지마는

사장사장(師丈師丈) 서로전(傳)해 받는것이 연원(淵源)이오

그중(中)에 가장높아 <u>신통육예(身通六藝) 도통(道通)</u>일세

<u>공부자(孔夫子) 어진도덕(道德) 일관(一貫)</u>으로 이름해도

<u>삼천제자(三千弟子)</u> 그가운데 신통육예(身通六藝) 몇몇인고

<u>칠십이인(七十二人) 도통(道通)</u>해 전천추(前千秋) 후천추(後千秋)에

일관(一貫)으로 전(傳)차해도 일천년(一千年) 못지나서

<u>전자방(田子方) 단간목(段干木)</u>이 난법난도(亂法亂道) 하였으니

그아니 슬플소냐 어질다 이내벗은

자고급금(自古及今) 本을받아 순리순수(順理順數) 하였어라³²

- 〈도수사(道修詞)〉 (번호 및 밑줄-필자)

2) <u>자고성현(自古聖賢) 문도(門徒)</u>들은 백가시서(百家詩書) 외워내어

<u>연원도통(淵源道統)</u> 지켜내서 <u>공부자(孔夫子) 어진도덕(道德)</u>

가장더욱 밝혀내어 천추(千秋)에 전(傳)해오니

<u>그아니 기쁠소냐 내역시(亦是) 이세상</u>에

무극대도(無極大道) 닦아내어 오는사람 효유(曉諭)해서

삼칠자(三七字) 전(傳)해주니 무위이화(無爲而化) 아닐런가

우매(愚昧)한 세상사람 자존지심(自存之心) 다던지고

자시지벽(自是之癖) 무삼일고 사문(師門)에 없는법(法)을

---

32 수운 최제우, 〈道修詞〉, 『龍潭遺事』, 189-191쪽.

혼자앉아 지어내니 천추(千秋)에 없는법(法)을

어디가서 본(本)을보며 입도(入道)한 사오삭(四五朔)에

어찌그리 속성(速成)인고[33]

- 〈도수사(道修詞)〉 (번호 및 밑줄-필자)

위 〈도수사〉에서 수운은 1) 부분에서 어진 도덕의 소유자 공자와 함께 그의 대단한 제자인 삼천 제자와 신통육예(身通六藝)한 칠십이인 제자 등을 제시하며 비교하는 방법을 썼다. 수운은 후에 공자의 어진 도덕이 일관한다 해도 난법난도(亂法亂道) 하는 제자가 생긴 것을 걱정하며, 우리 도에서는 그런 제자를 미연에 방지하기 위해 순리순수(順理順數)하며 어질어야 한다고 역설했다. 또 2) 부분에서 어진 도덕과 무극대도(無極大道)를 비교하며 21자 주문을 전해 주었으니 천추(千秋)에 없는 법임을 알아야 한다고 강조했다. 즉 인(仁) 사상에 버금가는 무극대도를 강조했다. 이처럼 수운은 〈도수사〉에서 공자를 어진 도덕인 인 사상의 소유자로 강조했다.

셋째, 공자가 맹자와 함께 묶여 공맹지덕(孔孟之德)으로 나오는 〈몽중노소문답가〉의 관련 부분을 보자.

아서시라 아서시라 팔도(八道)구경 다던지고

고향(故鄕)에나 돌아가서 백가시서(百家詩書) 외워보세

내나이 십사세(十四歲)라 전정(前程)이 만리(萬里)로다

아서라 이세상은 요순지치(堯舜之治)라도

부족시(不足施)요 공맹지덕(孔孟之德)이라도

---

33 수운 최제우, 〈道修詞〉, 『龍潭遺事』, 196-197쪽.

부족언(不足言)이라 흉중(胸中)에 품은회포(懷抱)

일시(一時)에 타파(打破)하고 허위허위 오다가서

금강산(金剛山) 상상봉(上上峰)에 잠간(暫間)앉아 쉬오다가

(중략)

근심말고 돌아가서 윤회시운(輪廻時運) 구경하소

십이제국(十二諸國) 괴질운수(怪疾運數) 다시개벽(開闢) 아닐런가[34]
 - 〈몽중노소문답가(夢中老少問答歌)〉 (밑줄-필자)

위 〈몽중노소문답가〉에서 수운은 요순지치 부족 시 어법과 마찬가지로 이 세상이 공맹지덕이라도 부족한 상황을 지적했다. 아울러 공자나 맹자 같은 성인의 덕으로도 어찌할 수 없는 타락한 세상이라는 뜻으로 안타까움을 표현했다. 또한 이 세상과 대비된 이상적 세계를 공맹지덕으로 보는 한편 이 세상은 괴질운수(怪疾運數) 시기로 보았다. 그렇지만 지금이야말로 윤회운수 시기이고 다시개벽 시대가 아닌가에 대해 설파했다. 이처럼 수운은 〈몽중노소문답가〉에서 이 세상의 대비 개념으로 이상적 세상을 가리키는 공맹지덕 시기를 썼다고 볼 수 있다.

마지막으로, 공자지세 때의 악인 환퇴가 나오는 〈도덕가〉의 관련 부분을 보자.

요순지세(堯舜之世)에도 도척(盜跖)이 있었거든

하물며 이세상에 악인음해(惡人陰害) 없단말가

공자지세(孔子之世)에도 환퇴(桓魋)가 있었으니

---

34 수운 최제우, 〈夢中老少問答歌〉, 『龍潭遺事』, 182-184쪽.

우리역시 이세상에 악인지설(惡人之說) 피(避)할소냐
수심정기(守心正氣) 하여내어 인의예지(仁義禮智) 지켜두고
군자(君子)말씀 본(本)받아서 성경이자(誠敬二字) 지켜내어
선왕고례(先王古禮) 잃잖으니 그어찌 혐의(嫌疑)되며
세간오륜(世間五倫) 밝은법(法)은 인성지강(人性之綱)으로서
잃지말자 맹세(盟誓)하니 그 어찌 혐의(嫌疑)될꼬[35]
- 〈도덕가(道德歌)〉 (밑줄-필자)

위 〈도덕가〉에서 수운은 공자지세의 악인 환퇴(桓魋)와 인의예지를 대비법으로 썼다. 환퇴는 춘추시대 송의 대부로 한때 공자를 죽이려고 하였다.[36] 그러한 좋지 않은 세상, 악인음해(惡人陰害)와 악인지설(惡人之說)의 세상이더라도 수심정기로 인의예지를 지켜 내야 함을 수운은 역설했다.

이상에서 살펴본 바와 같이 수운은 『용담유사』의 〈안심가〉·〈도수사〉·〈몽중노소문답가〉·〈도덕가〉를 통해 공자[37]를 다양한 측면에서 보여주었다. 즉 공자의 생활 태도인 안빈낙도의 삶과 고진감래를 되새기며 공자를 안빈낙도 주창자로서 거론했다. 또 도덕 소유자로서의 어진 공자를 거론하며 신통육예와 칠십이인 제자, 삼천 제자[38] 부분도 함께 제시했

---

35 수운 최제우, 〈道德歌〉, 『龍潭遺事』, 220-221쪽.
36 윤석산, 앞의 책, 499쪽.
37 공자와 관련해서『동경대전』〈논학문〉과 〈수덕문〉, 〈화결시〉 등을 통해 공자는 역사적 인물 중 동양의 가장 이상적인 성인으로 여겼다. 공자의 도의 전파 과정, 삼천 제자의 비유를 비교와 대비법으로 성인지학과 성인지도, 성인지지를 보여주면서 우리 글은 큰 의미를 담은 세계라는 다른 점까지도 서술하고 있다.
38 '삼천 제자'와 관련해서『동경대전』〈수덕문〉에 삼천 제자가 비유의 예로 나오고 있다. 특히 수운은 공자의 제자들을 상황을 빌어 설법을 듣고자 한 어른들이 몰려온 상

다. 맹자와 함께 지칭된 공맹지덕은 이 세상의 대비 개념으로 공맹지덕 시기를 이상적 세상으로 썼다고 볼 수 있다. 공자지세 기간의 악인 환퇴와 비교한 부분에서는 악인음해와 악인지설의 세상이더라도 수심정기로 인의예지를 지켜 내야 한다고 강조했다.

이처럼 수운은 공맹을 이상적 성인으로 제시하였으며, 특히 공자를 음해하는 자들까지 미연에 방지하고, 어려운 상황에도 우리 도를 지켜 낼 것을 짚어 공자보다 더한 성인의 경지를 제시했다고 볼 수 있다.

IV. 통치자 인물들 - 진시황과 한무제

『용담유사』에 등장하는 세 번째 중국 인물은 통치자 인물 유형이다. 이 유형에는 진시황과 한무제가 속하며 이들은 〈안심가〉에 나온다.

1. 진시황과 한무제 - 불로불사의 영생 갈망과 생명 무상

먼저 진시황과 한무제에 대해 살펴보자. 진시황(B.C.259-210)[39]은 중국

황을 빌어 비유해 쓰고 있다. 손님들이 찾아온 상황과 자공의 예로 비유하고 있다. 이 상황은 영부와 주문으로 도를 전하며 도의 가르침을 받으러 온 제자들로 가득한 용담정 일대 광경, 공자가 제자들에게 가르침을 펴던 광경에 비유되고 있다.

39 秦始皇 百科名片(公元前259年-前210年): 秦庄襄王之子, 杰出的政治家, 军事统帅. 战国末期秦国君主, 首位完成中国统一的秦王朝的开国皇帝. 嬴姓, 赵氏, 名政正, 先秦时期男子称氏不称姓, 故称赵政, 秦王政, 秦王赵政, 赵王政, 然后世多称之嬴政. 秦始皇是中国历史上第一个使用"皇帝"称号的君主, 对中国和世界的历史均产生了深远而重大的影响, 被明代思想家李贽誉为"千古一帝".

진(秦)나라의 황제로 중국을 최초로 통일했으나, 통일 제국 진은 그가 죽은 지 4년 만에 멸망했다. 그는 중국 역사상 최초로 통일국가를 이룩해 봉건제를 폐지하고 군현제를 실시하여 강력한 중앙집권 체제를 확립하였다. 또한 승상 이사(李斯)에게 명하여 문자를 통일하고 도량형을 통일하는 등 모든 제도의 개혁을 단행하였다. 장군 몽염에게 명하여 흉노를 토벌하고 만리장성의 대공사를 감독하게 하였고 분서갱유를 시행하고 무거운 세금을 부과하였다. 또 진 왕조의 지주 정권과 농민 간의 모순은 진승, 오광의 반란을 일으키는 결과를 가져왔다. 이 반란을 신호로 각지에서 진나라 타도를 외치는 반란이 타올랐고, 유방과 항우도 봉기하여 여러 제후들과 힘을 합쳐 진나라 타도에 선도적 역할[40]을 했다. 이어 한무제 유철(劉徹)(B.C.156-87)[41]은 전한의 제7대 황제이다. 유학을 바탕으로 하여 국가를 다스렸으며 해외 원정을 펼쳐 흉노, 위만조선 등을 멸망시켜 중국 역사상 가장 넓은 영토를 확보해 전한의 전성기를 열었다. 한무제는 중국 역사상 진시황제 · 강희제 등과 더불어 중국의 가장 위대한 황제 중 한 사람으로 꼽힌다. 무제는 창업 이래 쌓아 올린 문화적, 경제적 여력을 바탕으로 과감한 정책을 펴 전한의 황금시대를 이루었다. 그는 지금까지 화친책으로 일관해 오던 대흉노 정책을 버리고 적극적인 정책으로 전환하여 위청, 곽거

---

40 김구진, 김희영 편저, 『이야기 중국사』 제1권, 청아출판사, 1991, 252쪽.
41 刘彻 百科名片(前156年-前87年): 汉族, 是汉朝的第7位皇帝. 中国古代伟大的政治家, 战略家, 诗人, 民族英雄. 汉武帝是汉景帝刘启的第十个儿子, 汉文帝刘恒的孙子, 汉惠帝刘盈的侄孙子(刘盈为汉高祖刘邦的儿子), 汉高祖的重孙子. 其母王娡, 在刘彻立太子同时被立为皇后. 刘彻公元前156年生于长安, 4岁时被册立为胶东王, 7岁时被册立为太子, 16岁登基, 在位五十四年(公元前141年-公元前87年), 建立了西汉王朝最辉煌的功业. 公元前87年刘彻崩于五柞宫, 享年70岁, 葬于茂陵, 谥号"孝武", 庙号世宗.

병 등에게 명하여 흉노를 토벌하여 전한의 위력을 크게 떨쳤다. 이러한 정책에 힘입어 장건은 역사상 유명한 실크로드를 개척하는 선구가 되었다.[42]

그럼 진시황과 한무제가 나오는 〈안심가〉의 관련 부분을 보자.

> 한울님 하신말씀 지각(知覺)없는 인생(人生)들아
> 삼신산(三神山) 불사약(不死藥)을 사람마다 볼까보냐
> (중략)
> 선풍도골(仙風道骨) 내아닌가 좋을시고 좋을시고
> 이내신명(身命) 좋을시고 불노불사(不老不死) 하단말가
> 만승천자(萬乘天子) 진시황(秦始皇)도 여산(驪山)에 누워있고
> 한무제(漢武帝) 승로반(承露盤)도 웃음바탕 되었더라
> 좋을시고 좋을시고 이내신명(身命) 좋을시고
> 영세무궁(永世無窮) 하단말가 좋을시고 좋을시고
> 금(金)을준들 바꿀소냐 은(銀)을준들 바꿀소냐
> 진시황(秦始皇) 한무제(漢武帝)가 무엇없어 죽었는고
> 내가그때 났었더면 불사약(不死藥)을 손에들고
> 조롱만상(嘲弄萬狀) 하올것을 늦게나니 한이로다
> 좋을시고 좋을시고 이내신명(身命) 좋을시고[43]
> - 〈안심가(安心歌)〉 (밑줄-필자)

위 〈안심가〉에서 보듯이 수운은 만승천자(萬乘天子) 진시황과 연관시켜

---

42 김구진, 김희영 편저, 앞의 책, 352쪽.
43 수운 최제우, 〈安心歌〉, 『龍潭遺事』, 153-156쪽.

죽음과 종말, 영세무궁의 불로불사(不老不死)의 안타까움과 허무함을 지적했다. 또 승로반(承露盤), 즉 하늘에서 내리는 장생불사의 감로수를 받아먹기 위하여 만들었다는 쟁반을 가진 한무제 역시 웃음바탕 대상이라 보여주었다. 수운은 강력한 통치자였던 진시황과 한무제가 불로불사 영생을 갈망했지만 한 줌의 흙이 되어 버린 그들의 생명에 대해 무상함을 지적하면서 선약인 불사약(不死藥)의 세계이자 영세무궁의 세계를 몰랐던 것에 대해 안타까움을 표했다.

V. 난도난법적 반증 사회 인물들
- 걸·도척과 환퇴·전자방과 단간목

『용담유사』에 네 번째로 등장하는 중국 인물은 난도난법 반증 사회 인물 유형이다. 이 유형의 인물은 걸(桀), 도척(盜跖)과 환퇴, 전자방(田子方)과 단간목(段干木)이다. 이들 중 걸은 〈교훈가〉에, 도척과 환퇴는 〈도덕가〉에, 전자방과 단간목은 〈도수사〉에 나온다.

1. 걸 - 당대 사회의 부정적 사람들

그럼 이들 인물 걸, 도척과 환퇴, 전자방과 단간목에 대해 살펴보자. 먼저 걸[44]은 중국 하(夏)나라의 마지막 왕으로 은(殷)의 주왕(紂王)과 나란히

---

44 夏朝暴君 桀, 又名癸, 履癸. 生卒年不详, 相传桀是夏朝最后的一个国王. 发子. 发病死后继位. 为历史上著名的暴君. 他建造许多豪华宫殿, 无休止地征发百姓, 强迫他们劳

중국 상고시대(上古時代)의 폭군으로 대표된다. 걸은 제왕으로서 지켜야 할 덕은 닦으려 하지 않고 황음무도에 치우쳐 자기의 욕망을 채우기 위해 누구든 죽이고 학대하기를 주저하지 않았다. 그는 악역무도하고 탐욕스러웠으나 남다른 힘과 지력과 용기가 있었다고 한다. 하나라를 망치게 한 여인 말희(妹喜)를 총애하며, 주지육림(酒池肉林)의 공사를 시작했고, 하의 걸왕은 은(殷)의 탕왕(湯王)에게 멸망했다.[45] 즉 걸왕은 국가의 멸망을 초래하는 폭군의 전형이라 할 수 있다.

이런 걸이 나오는 〈교훈가〉의 관련 부분을 보자.

> 그모르는 세상사람
> 승기자(勝己者) 싫어할줄 무근설화(無根說話) 지어내어
> 듣지못한 그말이며 보지못한 그소리를
> 어찌그리 자아내서 향안설화(說話) 분분(紛紛)한고
> 슬프다 세상사람 내 운수(運數) 좋자하니
>
> (중략)
>
> 알도못한 흉언괴설(凶言怪說) 남보다가 배(倍)나하며
> 육친(六親)이 무삼일고 원수(怨讐)같이 대접(待接)하며
> 살부지수(殺父之讐) 있었던가 <u>어찌그리 원수런고</u>

役. 平民和奴隸紛紛怠工, 反抗桀的暴政. 桀还自比为太阳, 以为可以和太阳一样永存. 老百姓恨死他了, 咒骂他说：你这个太阳啊, 什么时候灭亡, 我们愿意与你同归于尽. 在位53年, 国亡, 被放逐而饿死, 葬于南巢卧牛山. 桀力大无穷, 能空手拉直铁钩. 他仗着这股蛮力, 经常无端伤害百姓. 他为政残暴, 破坏农业生产, 对外滥施征伐, 勒索小邦. 他即位后的第三十三年, 发兵征伐有施氏, 有施氏抵挡不住, 进贡给他一个美女, 名叫妹喜.

45 김구진, 김희영 편저, 앞의 책, 27-30쪽.

은원(恩怨)없이 지낸사람 그중(中)에 싸잡혀서

또역시 원수되니 조걸위학(助桀爲虐) 이아닌가[46]

- 〈교훈가(敎訓歌)〉 (밑줄-필자)

위 〈교훈가〉에서 수운은 세상 사람을 살부지수(殺父之讐), 원수(怨讐) 등 걸과 닮았거나 걸과 같은 태도를 취하는 사람들과 연관지어 비유적으로 묘사했다. 또 이 가사에 나오는 조걸위학(助桀爲虐)의 의미는 폭군 걸을 도와 백성을 못살게 군다는 뜻으로, 못된 사람을 부추기어 악한 짓을 더 하게 함을 이르는 말이다. 조걸위학에서, 당시 수운에 대한 동네 사람들의 흉언괴설은 바로 이 걸과 같은 폭군을 도와서 학정(虐政)을 조장한 것처럼 수운이 한울님으로부터 대도를 받은 그 사실을 세상 사람들, 특히 인근 마을 사람들과 친척들이 시기하고 험담하는 것으로 당시의 모습을 그렸다.[47] 이처럼 〈교훈가〉에서 수운을 둘러싼 당시 사회의 부정적 세상 사람들을 걸을 도와주는 사람들로 비유해 드러냈다고 할 수 있다.

2. 도척과 환퇴 - 음모, 음해의 세상 사람들

또 다른 난도난법 사회 반증 인물로 도척과 환퇴가 〈도덕가〉에 나온다. 이들 인물을 보면 먼저 도척[48]은 중국 춘추시대(春秋時代)에 살았던 몹시

---

46 수운 최제우, 〈敎訓歌〉, 『龍潭遺事』, 134-136쪽.
47 윤석산, 앞의 책, 345쪽.
48 盜跖 百科名片: 原名展雄, 又名柳下跖, 柳展雄, 相传是当时贤臣柳下惠的弟弟, 为鲁孝公的儿子公子展的后裔, 因以展为姓。系战国, 春秋之际奴隶起义领袖。"跖"一作"蹠"。在先秦古籍中被诬为"盗跖"和"桀跖"。

악한 사람이다.[49] 장주가 〈우언〉 속에 즐겨 도척이라는 인물을 등장시켰는데 강도가 당시 반체제자 모습이기 때문이라 하기도 한다. 도척은 유하혜의 동생이며, 유하혜는 춘추시대 초기 노나라 전금(展禽)으로, 『맹자』에 "유하혜의 풍도(風度)를 들은 자는 경박한 지아비가 돈후해지고, 비루한 지아비가 너그러워진다. 아우 척(跖)은 세상에 이름난 대도로 『장자』〈도척〉편에 9,000명의 부하를 거느리고 천하를 제 것인 양 우쭐대고 다니면서 제후의 나라를 황폐하게 만들었다."[50]고 했다. 그리고 환퇴[51]는 중국 춘추시대 송(宋)나라의 대부(大夫)이다. 공자가 송나라에 가서 제자들과 함께 큰 나무 아래에서 예를 익히고 있는데, 환퇴가 공자를 죽이려고 그 나무를 뽑았다고 한다. 『맹자』에 따르면 공자가 노나라와 위나라에서 즐겁지 않아 송나라를 지날 때 사마 환퇴가 그를 죽이고자 하므로 복색을 감추고 송나라를 지나갔다고 되어 있다. 『장자』에는 송나라 사람들이 나무를 베어 공자에게 덮치게 하여 큰 괴로움을 겪었다는 기록이 여러 차례 있다. 『좌전』에서 환퇴 기록 부분을 보면, 환퇴는 젊었을 때 송나라 경공(景公)의 총애를 받은 영신으로, 공자가 송나라에 갈 때 환퇴의 권세가 하늘을 찌를 때였고 공자는 위험을 예견하여 복색을 바꿔 안전을 기했다 한다.[52]

49 네이버백과사전.
50 시라카와 시즈카, 『전혀 다른 공자이야기-사람의 마음을 움직여 세상을 바꾸리라』, 장원철 옮김, 한길사, 2004, 237쪽.
51 桓魋：古人名. 任宋国主管军事行政的官--司马, 是宋桓公的后代. 他的弟弟司马牛是孔子的弟子.【身世考证】桓姓. 桓氏的源流有四：一是出自姜姓. 据《通志·氏族略》记载. 春秋时代齐襄公之弟子公子小白, 曾出奔莒国；襄公被杀后, 小白回到齐国继承君位. 任用管仲进行改革, 成为春秋五霸之首. 死后谥号为"桓", 即齐桓公. 其支庶子孙乃以谥为氏, 称桓氏. 一支是齐桓公之后；二是出自子姓. 其支庶子孙向鬼, 以王父的谥号为氏, 称为桓魋.
52 안핑친, 『공자평전』, 김기협 옮김, 돌베개, 2010, 137-138쪽.

이러한 도척과 환퇴가 나오는 〈도덕가〉의 관련 부분을 보자.

> 요순지세(堯舜之世)에도 도척(盜跖)이 있었거든
> 하물며 이세상에 악인음해(惡人陰害) 없단말가
> 공자지세(孔子之世)에도 환퇴(桓魋)가 있었으니
> 우리역시 이세상에 악인지설(惡人之說) 피(避)할소냐
> 수심정기(守心正氣) 하여내어 인의예지(仁義禮智) 지켜두고
> 군자(君子)말씀 본(本)받아서 성경이자(誠敬二字) 지켜내어
> 선왕고례(先王古禮) 잃잖으니 그어찌 혐의(嫌疑)되며
> 세간오륜(世間五倫) 밝은법(法)은 인성지강(人性之綱)으로서
> 잃지말자 맹세(盟誓)하니 그 어찌 혐의(嫌疑)될꼬[53]
> - 〈도덕가(道德歌)〉 (밑줄-필자)]

위 〈도덕가〉에서 수운은 요순과 대척된 도척의 세계, 공자와 대척된 환퇴를 등장시켜 세상의 악적인 상황을 거론하면서 극복의 길을 보여주었다. 즉 요순의 시대에도 도척과 같이 인륜에 벗어난 행동을 하는 사람이 있었고, 공자와 같은 성인도 음해한 사람이 있었는데, 세상 사람들의 음모와 음해가 있는 것은 세상일로 있을 수 있는 일이라고 생각했다. 그래도 옛 성인의 가르침인 인의예지(仁義禮智)를 지켜 내야 하고, 인의예지를 좀더 이상적으로 구현시키기 위해서는 사람들이 수심정기를 그 바탕으로 삼아야 한다고 보았다. 또 수운은 〈도덕가〉에서 세상이 효박하고 음해가 많다고 해도 바른 마음으로 수도에 전력하여 바른 삶과 세상을 이룩해야 한

---

53 수운 최제우, 〈道德歌〉, 『龍潭遺事』, 220-221쪽.

다는 가르침54을 강조했다. 이는 아무리 어려운 상황에서도 올바른 심법으로 지켜 내는 것 말고 다른 길이 없음을 보여준다.

3. 전자방과 단간목 - 난도난법적 인물

또 다른 난도난법 사회 반증 인물로 전자방과 단간목이 등장한다. 이들은 〈도수사〉에 등장하는데, 부정적인 학자 군상이라 할 수 있다. 전자방55은 전국시대 위나라의 학자인데 자하(子夏)의 제자로 위문후(魏文侯)의 스승이 되었는데 훗날 노장학(老莊學)을 따랐기 때문에 유가(儒家)에서는 난법난도를 한 사람이라고 비난을 하게 된다.56 공자 시대 유협, 문협으로 불리던 자들은 많은 유망자(流亡者)를 이끌었다. 『여씨춘추』〈존사〉 편에는 각지의 대도(大盜)를 기록하면서, 공자에게 배웠다는 노나라 양보(梁父)의 대도 안탁취, 자하에게 배웠다는 진(晉)나라 대장(大駔: 거간꾼) 단간목, 묵자에게 배웠다는 제나라 강도 고하와 현자석, 금활리에게 배웠다는 동방의 거물급 사기꾼(묵가 집단의 퇴물) 색로삼 등의 이름을 들었다. 또 단간목은 위문후의 빈객으로 궁벽한 뒷골목에 숨어 살았으나 명성은 천리에 퍼졌다고 일컬어지는 인물이다.57

그럼 전자방과 단간목이 나오는 〈도수사〉의 관련 부분을 살펴보자.

---

54 윤석산, 앞의 책, 500쪽.
55 田子方 百科名片：姓田，名无择，字子方，魏国人，魏文侯的友人，是孔子弟子子贡的学生，道德学问闻名于诸侯，魏文侯慕名聘他为师，执礼甚恭.
56 윤석산, 앞의 책, 440쪽.
57 시라카와 시즈카, 앞의 책, 236쪽.

어질다 모든벗은

우매(愚昧)한 이내사람 잊지말고 생각하소

성경현전(聖經賢傳) 살폈으니 연원도통(淵源道統) 알지마는

사장사장(師丈師丈) 서로전(傳)해 받는것이 연원(淵源)이오

그중(中)에 가장높아 신통육예(身通六藝) 도통(道通)일세

공부자(孔夫子) 어진도덕(道德) 일관(一貫)으로 이름해도

삼천제자(三千弟子) 그가운데 신통육예(身通六藝) 몇몇인고

칠십이인(七十二人) 도통(道通)해서 전천추(前千秋) 후천추(後千秋)에

일관(一貫)으로 전(傳)차해도 일천년(一千年) 못지나서

<u>전자방(田子方) 단간목(段刊木)이 난법난도(亂法亂道) 하였으니</u>

<u>그아니 슬플소냐 어질다 이내벗은</u>

<u>자고급금(自古及今) 본(本)을받아 순리순수(順理順數) 하였어라</u>[58]

- 〈도수사(道修詞)〉 (밑줄-필자)

위의 〈도수사〉에서 수운은 은적암으로 떠나고 남아 있는 제자들이 공부를 잘못할까 하여 여러모로 당부를 했다. 특히 제자들이 전자방과 단간목처럼 난도난법자가 되는 것을 경계하기 위해 스승의 가르침을 어기지 말며, 자기 멋대로 공부를 해서 잘못을 저지르지 말라[59]고 당부했다.

『용담유사』는 『동경대전』과 달리 일반 사람들이 쉽게 이해할 수 있는 글이다. 그러기에 특별히 상반된 상황의 대비법을 통해, 악인과 난도난법 사회 반중 인물들을 등장시켜 아쉬움, 사회적 감정과 시대 여건이나 현실에

---

58 수운 최제우, 〈道修詞〉, 『龍潭遺事』, 189-191쪽.
59 윤석산, 앞의 책, 452쪽.

서 어쩔 수 없음을 드러냈다. 이들 인물은 『동경대전』에는 나오지 않는 난 도난법 사회 반증 인물이다. 수운은 이들 걸, 도척과 환퇴, 전자방과 단간 목 등과 부정적 상황을 대비시키지만 다시개벽적 세계관인 개인의 무극대 도와 지기수련 지키기로 나갈 것임을 암시했다.

VI. 초인적 분신 인물들 - 두목지와 사광 · 편작

마지막으로 『용담유사』에 나타난 다섯 번째 중국 인물은 초인적 분신 인물 유형이다. 이 유형의 인물은 두목지, 사광, 편작이다. 두목지와 사광은 〈몽중노소문답가〉에, 편작은 〈안심가〉에 나온다. 또한 이들 인물은 한국 설화에도 자주 등장하는 중국 인물군[60]에 포함되어 있다.

1. 두목지 사광 편작 - 풍채와 총명, 명의의 비유

그럼 두목지와 사광, 편작을 살펴보자. 먼저 두목(杜牧)[두목지(杜牧之), 803-852][61]은 자가 목지이고 당의 경조부 만년현 사람으로 만당(晩唐)의 대표

---

[60] 손지봉은 중국차용설화 주인공을 황제, 공공민, 요, 후직, 강태공, 개자추, 공자, 맹자, 장자, 편작, 진시황, 항우, 동방삭, 조조, 제갈량, 석숭, 왕희지, 이태백, 두목지 등을 분석하고 있다. 또 이 논문에서 『구비문학대계』에 나오는 중국 인물로 순(舜)이야기 1편, 공자이야기 3편, 진시황(秦始皇)이야기 2편, 두목지(杜牧之) 이야기 1편도 소개하고 있다. 孫志鳳, 앞의 논문, 76쪽.

[61] 杜牧 百科名片(公元803-约852年): 字牧之, 号樊川居士, 汉族, 京兆万年人, 唐代诗人. 杜牧人称"小杜", 以别于杜甫. 与李商隐并称"小李杜". 因晚年居长安南樊川别墅, 故后世称"杜樊川", 著有《樊川文集》. 晚唐杰出诗人, 尤以七言绝句著称. 擅长文赋, 其

적 시인이다. 두목은 명문거족, 전통적인 세가(世家) 출신으로 10세 되던 해 조부가 죽고, 얼마 후 부친마저 세상을 떠나게 된다. 20세 되던 해 상서, 모전, 좌전, 국어, 십삼대사서 등을 읽게 되면서 국가 대사에 깊은 관심을 갖게 되었다. 두목의 생애는 정치적으로 이상과 현실이 부합되지 못한 고난의 여정이었지만 시가 방면에서 국계민생(國計民生)을 논하는 호매한 시풍을 보이며 사랑과 경물을 묘사한 맑고 아름다운 시들을 지은 만당의 대표적 시인이다.[62] 만당 시대의 시인에 어울리게 말의 수식에 능했으나, 내용을 더 중시했다. 주요 작품에는 〈아방궁의 부〉, 〈강남춘(江南春)〉 등이 있다. 또한 사광은 음악을 통해 지혜를 통찰할 수 있는 경지의 소유자였다.

그럼 두목지와 사광이 나오는 〈몽중노소문답가〉의 관련 부분을 보자.

십삭(十朔)이 이미되매 일일(一日)은 집가운데
운무(雲霧)가 자욱하며 내금강(內金剛) 외금강(外金剛)이
두세번 진동(震動)할때 홀연(忽然)히 산기(産氣)있어
아들아기 탄생(誕生)하니 기남자(奇男子) 아닐런가
얼굴은 관옥(冠玉)이오 풍채(風采)는 두목지(杜牧之)라
그러그러 지내나니 오륙세(五六歲) 되었더라
팔세(八世)에 입학(入學)해서 허다(許多)한 만권시서(萬卷詩書)
무불통지(無不通知) 하여내니 생이지지(生而知之) 방불(彷彿)하다
십세(十歲)를 지내나니 총명(聰明)은 사광(師曠)이오
지국(智局)이 비범(非凡)하고 재기(才器) 과인(過人)하니

《阿房宮賦》为后世传诵.
62 김성문, "두목(杜牧)", 이병한 외 22인 공저, 앞의 책, 781/825-826쪽.

평생(平生)에 하는근심 효박(淆薄)한 이세상에
군불군(君不君) 신불신(臣不臣)과 부불부(父不父) 자불자(子不子)를
주소간(晝宵間) 탄식(歎息)하니 울울(鬱鬱)한 그회포(懷抱)는
흉중(胸中)에 가득하되 아는사람 전혀없어
처자산업(妻子産業) 다버리고 팔도강산(八道江山) 다밟아서
인심풍속(人心風俗) 살펴보니 무가내(無可奈)라 할길없네
우습다 세상사람 불고천명(不顧天命) 아닐런가[63]
- 〈몽중노소문답가(夢中老少問答歌)〉 (밑줄-필자)

위의 〈몽중노소문답가〉에서 수운은 기남자(奇男子)가 어릴 때 이미 관옥이란 남자의 아름다운 얼굴과 두목지의 남성다운 풍채에 비유했다. 또 사광[64] 부분에서는 기남자의 성장기 10세 즈음 그의 지력에 대해 사광의 총명함으로 비유했다. 이처럼 두목지는 어린 날의 풍채를 사광은 유년기 시절의 자질인 총명성과 연결시켜 비유해 쓰고 있다.

이어서 편작이 나오는 〈안심가〉의 관련 부분을 보자.

거룩한 내집부녀(婦女) 이글보고 안심(安心)하소
소위서학(所謂西學) 하는사람 암만봐도 명인(名人)없데
서학이라 이름하고 내몸발천(發闡) 하렸던가
초야(草野)에 묻힌사람 나도또한 원(願)이로다

---

63 수운 최제우, 〈夢中老少問答歌〉, 『龍潭遺事』, 178-180쪽.
64 사광과 관련해서 『동경대전』 중 〈수덕문〉에서는 사광은 총명한 자로 나오나 지극정성의 수련경지와 대비시켜 그것을 뛰어넘는 경지로 설정하고 있다.

> 한울님께 받은재주 만병회춘(萬病回春) 되지마는
> <u>이내몸 발천(發闡)되면 한울님이 주실런가
> 주시기만 줄작시면 편작(扁鵲)이 다시와도
> 이내선약(仙藥) 당(當)할소냐 만세명인(萬世名人) 나뿐이다</u>[65]
> - 〈안심가(安心歌)〉 (밑줄-필자)

위의 〈안심가〉에서 수운은 명의 편작의 치료법을 자신의 선약과 비교할 수 없다고 표현했다. 이는 수운의 동학이 서학과는 다르며, 한울님으로부터 받은 무극대도가 이내 현현되면 세상의 악질(惡疾)을 모두 낫게 하게 될 것이니 안심하라는 말씀[66]이기도 하다. 〈안심가〉 역시 『동경대전』의 〈수덕문〉에 나오는 명의 편작이 다시 와 고친다 해도 더 나은 것은 선약이라고 제시했다. 위와 같이 수운은 중국 인물 중 초인적 분신 인물 유형을 통해 두목지는 어린 날 남성다운 풍채의 비유로, 사광은 유년기의 총명함의 비유로, 편작 치료법은 선약이 더 우수함의 비교법으로 썼다.

VII. 나가며

이상으로 수운의 『용담유사』에 나타난 중국 인물을 다섯 유형으로 살펴보았다.

첫째, 신화적 중국 인물 유형은 삼황오제와 요순, 기자로 〈권학가〉 〈안

---

65 수운 최제우, 〈安心歌〉, 『龍潭遺事』, 158-159쪽.
66 윤석산 주해, 앞의 책, 동학사, 2009, 386쪽.

심가〉,〈몽중노소문답가〉〈교훈가〉〈도덕가〉를 통해 보여주었다. 둘째, 정치·사상적 인물은 공자와 그의 삼천 제자와 신통육예 칠십이인 제자, 맹자로 〈안심가〉〈도수사〉〈몽중노소문답가〉〈도덕가〉를 통해 다양하게 보여주었다. 셋째, 통치자 인물은 진시황과 한무제로 〈안심가〉에서 보여주었다. 넷째, 난도난법 사회 반증 인물은 걸, 도척과 환퇴, 전자방과 단간목으로 〈교훈가〉〈도수사〉〈도덕가〉를 통해 의미를 드러냈다. 다섯째, 초인적 분신 인물은 두목지와 사광, 편작으로 〈안심가〉와 〈몽중노소문답가〉에서 드러냈다. 이 다섯 유형은 수운의 신화적 자아와 정치·사상적 자아를 드러낼 뿐만 아니라 수운이 처한 시대를 통치자적 상황과 난도난법 사회 반증 인물 상황으로 연결지어 다양하게 표출하였다고 볼 수 있다.

이상과 같이 볼 때 수운은 『용담유사』의 중국 인물을 통해 태평성세의 군주이고 과거 동양의 유토피아의 상징적 비유인 삼황오제와 요순, 공맹을 빌려 다양하게 대비하여 자신의 세계관으로 재해석했다. 삼황오제처럼 살아야 하며, 요순지세와 공맹지덕 세상이 아닌 지금을 다시개벽적 세계관으로 이상 사회로 만들어야 한다고 설파했다. 역설적으로 그렇지 않은 이 세상은 부족하고 부덕한 것이다. 또 걸, 도척과 환퇴를 빌려 시대 상황과 개인 상황이 악조건속에 놓여 있다 해도 결국 올바른 심법에 의해 극복할 것이라고 했다. 진시황과 한무제는 우리 도의 특별한 선약을 제시하기 위해, 전자방과 단간목은 순리순수한 제자만이 나오기를 바라면서 썼다고 볼 수 있다.

이런 점을 통해 보면 결국 수운은 『용담유사』에서 중국 인물을 통해 어려운 시대 상황에서 올바른 도를 실천하는 것이 최선임을 강변했다고 볼 수 있다. 이상적 제왕과 이상적 성인들을 현재의 세상과 대비하기 위해 썼고, 수운은 그 너머의 세계까지 제시한 것이다.

9장 『해월신사법설』에 나타난 중국 인물*

* 졸고, "『해월신사법설』에 나타난 중국 인물 연구",『동학학보』제24호, 동학학회, 2012. 이 논문을 수정한 것이다.

Ⅰ. 들어가며

 필자는 수운 최제우의 『동경대전』과 『용담유사』에서 중국 인물이 어떠한 양상으로 나타났는지 살펴본 바 있다. 필자가 살펴본 중국 인물 유형은 『동경대전』에는 신화적 인물, 정치·사상적 인물, 문예적 인물, 기타 인물[1]로, 『용담유사』에는 신화적 인물, 정치·사상적 인물, 통치자 인물, 난도난법 사회의 반증 인물, 초인적 분신 인물[2]로 분석한 바 있다.

 수운 최제우의 도를 계승한 해월(海月) 최시형(崔時亨, 1827-1898)의 사상이 녹아 있는 『해월신사법설(海月神師法說)』에서 필자는 중국 인물 유형이 어떠한 양상으로 나타나는지 살펴보려고 한다. 해월 법설을 체계적으로 정리한 최초의 것은 1961년 판 『천도교경전』[3]이라고 할 수 있다. 이러한 『해월신사법설』은 해월이 정선, 영월, 단양, 영양 등 강원도와 충청도, 경상도 산간을 다니며 펼친 가르침의 말들을 바탕으로 한 기록들[4]이다.

 『해월신사법설』에 나타난 중국 인물은 〈오도지삼황(吾道之三皇)〉에 삼황씨(三皇氏), 〈개벽운수(開闢運數)〉 〈명심수덕(明心修德)〉 〈기타(其他)〉에

---

1 졸고, "『동경대전』에 나타난 중국 인물 연구", 앞의 논문.
2 졸고, "『용담유사』에 나타난 중국 인물 연구", 앞의 논문.
3 윤석산, "최시형 법설의 기초 문헌 연구", 『동학학보』 제4호, 동학학회, 2002, 10, 160쪽.
4 위의 논문, 159쪽.

천황씨(天皇氏), 〈독공(篤工)〉〈성인지덕화(聖人之德化)〉에 요순(堯舜), 〈내칙(內則)〉에 문왕(文王), 〈독공〉에 공맹(孔孟), 〈강서(降書)〉에 맹자(孟子), 〈독공〉에 제갈량(諸葛亮)과 강태공(姜太公), 〈개벽운수〉〈기타〉에 요순공맹, 〈심령지령(心靈之靈)〉에 한무제(漢武帝), 〈부화부순(夫和婦順)〉에 도척(盜跖) 등이다.

『해월신사법설』에는 수운의 『동경대전』과 『용담유사』에 나오는 중국 인물과 공통된 천황씨, 삼황씨, 요순과 공맹, 공자와 제갈량, 강태공, 한무제, 도척이 수용되었다. 필자는 수운의 『동경대전』과 『용담유사』에서 신화적 인물(천황씨·오제·항아·삼황오제·요순·기자), 정치·사상적 인물(공자와 자공·삼천 제자·강태공·주렴계와 제갈량·공맹·칠십이인 제자), 통치자 인물(진시황과 한무제), 문예적 인물(도연명과 이태백·소식·왕희지·두목지), 난도난법적 사회의 반증 인물(걸과 도척과 환퇴, 전자방과 단간목), 초인적 분신 인물(사광과 편작, 석숭)[5]로 분석한 바 있다.

수운 최제우의 『동경대전』과 『용담유사』, 해월 최시형의 『해월신사법설』에 등장하는 중국 인물을 표로 정리하면 다음과 같다.

---

5 『해월신사법설』에는 『동경대전』, 『용담유사』와 달리 신화적 인물과 정치·사상적 인물에 치중되어 나타나고 있다.

〈『동경대전』과 『용담유사』, 『해월신사법설』에 등장하는 중국 인물〉

유형	『동경대전』과 『용담유사』의 중국 인물	『해월신사법설』의 중국 인물	수운과 해월의 공통 인물
신화적 인물	천황씨, 오제 항아 삼황오제 요순, 기자	〈오도지삼황〉의 삼황씨 〈개벽운수〉의 천황씨 〈명심수덕〉의 천황씨 〈기타〉의 천황씨	천황씨, 삼황씨
		〈성인지덕화〉의 요순 〈개벽운수〉의 요순공맹 〈기타〉의 요순공맹	요순
정치・사상적 인물	공자, 자공, 삼천제자, 강태공, 제갈량, 주렴계, 공부자, 공맹, 72인	〈독공〉의 요순과 공맹 〈내칙〉의 문왕과 공자 〈강서〉의 맹자	공자, 공맹
		〈독공〉의 제갈량과 강태공	제갈량, 강태공
통치자 인물	진시황, 한무제	〈심령지령〉의 한무제	한무제
문예적 인물	도연명, 이태백, 소식, 왕희지, 두목지	없음	없음
난도난법 사회반증 인물	걸, 도척과 환퇴 전자방과 단간목	〈부화부순〉의 도척	도척
초인적 분신 인물	사광과 편작, 석숭	없음	없음

　그동안 해월 관련 연구는 사상, 기초 문헌, 정치사상, 에코페미니즘, 서양철학과 비교 등[6] 여러 가지로 진행되었으나 『해월신사법설』에 대한 문

---

[6] 최민자, "우주진화적 측면에서 본 해월의 삼경사상", 『동학학보』 제3호, 동학학회, 2002; 문영석, "해월 최시형의 사상연구", 『동학학보』 제3호, 동학학회, 2002; 윤석산, 앞의 논문; 김용휘, "해월의 마음의 철학", 『동학학보』 제4호, 동학학회, 2002. 10; 오문환, 『해월 최시형의 정치사상』, 모시는사람들, 2003; 정정숙, "해월사상과 에코페미니즘", 『동학학보』 제9권 2호, 동학학회, 2005; 김정호, "해월 최시형 사상에 나타난 정치사회적 실천론의 인식론적 토대와 의의", 『동학학보』 제15호, 동학학회, 2008. 6; 허경, "미셸 푸코의 자기의 테크놀로지와 해월 최시형의 향아설위", 『동학학보』 19호, 동학학회, 2010. 6.

학적 접근은 거의 없다. 『해월신사법설』에 대한 문학적 고찰은 필자가 부분적으로 진행한 신화적 고찰[7], 수사학적 고찰[8]이 있다.

이 글에서는 『해월신사법설』에 등장하는 중국 인물 유형 분석을 통해 해월의 중국 인물에 대한 사유를 알아보고자 한다. 그 인물 유형은 수운의 중국 인물 유형을 분석한 틀로 볼 때 신화적 인물(삼황씨·천황씨·요순), 정치·사상적 인물(공맹·문왕·제갈량·강태공), 통치자 인물(한무제), 난도난법 사회의 반증 인물(도척)로 나타났다.

특히 이 글에서는 해월이 도통의 여러 단계를 독특하게 드러내고 있어 수운의 중국 인물 분석 틀이 아닌 다른 각도의 틀로 분석하고자 한다. 첫째, 통섭적 성인 유형(삼황씨·천황씨), 둘째, 성인적 경지의 인물 유형(요순·공맹·요순과 문왕·공자·맹자), 셋째, 마음을 연 인물 유형(제갈량·강태공), 넷째, 변화 가능성이 내재된 개과천선형 비유의 인물 유형(한무제·도척)으로 나누어 그 특성을 살펴보려고 한다.

II. 통섭적 성인 - 삼황씨와 천황씨

『해월신사법설』에 등장하는 첫 번째 중국 인물은 통섭적 성인 유형으로 삼황씨와 천황씨가 나온다. 삼황씨와 천황씨는 〈오도지삼황〉, 〈개벽운수〉, 〈명심수도〉, 〈기타〉에 나온다.

---

7 졸고, "동양의 신화와 동학 경전의 비교", 앞의 논문.
졸고, "목소리와 바위, 새와 저울의 현상학", 앞의 논문.
8 졸고, "동양 신화의 경전 수사학", 앞의 논문.

1. 삼황씨 - 우주 전체를 관한 통섭적 성인

삼황씨는 천황씨·지황씨·인황씨로 이상적 제왕 신화의 주인공이자 중국 고대의 전설적 제왕이다. 그럼 삼황씨가 『해월신사법설』에 어떻게 나타났는지 살펴보자.

천황씨·지황씨·인황씨를 포함한 삼황씨가 나오는 〈오도지삼황〉의 관련 부분을 살펴보자.

> 天地非明이라 日月明明이요 日月非明이라 天皇其明이요 天皇非明이라 地皇尤明이로다 天皇道와 地皇德을 人皇이 明之하니 天皇地皇出世以後에 人皇出世는 理之固然矣이라
> 천지가 밝은 것이 아니라 일월이 밝고 밝은 것이요, 일월이 밝은 것이 아니라 천황이 밝은 것이요, <u>천황이 밝은 것이 아니라 지황이 더욱 밝은 것이로다. 천황의 도와 지황의 덕을 인황이 밝히나니, 천황·지황이 세상에 난 뒤에 인황이 세상에 나는 것은 이치가 본래 그러한 것이니라.</u>[9]
> - 〈오도지삼황(吾道之三皇)〉 (밑줄-필자)

위의 〈오도지삼황〉에서 해월은 삼황씨를 제목에 포함시키고 자세하게 풀어 드러내면서 천황씨의 밝은 것을 지적하고, 이어 지황씨의 더욱 밝은 것을 지적했다. 그러나 해월은 인황씨를 통해 천황의 도와 지황의 덕을 밝힐 수 있기에 연차적 고리로 통합시켜 드러냈다. 이런 점은 우주 전체로 볼 때 천황의 덕과 지황의 덕은 부분적인 덕이며, 그 덕의 중개자 인황씨

---

[9] 해월 최시형, 〈吾道之三皇〉, 『海月神師法說』, 322쪽.

로 하여금 천황과 지황을 연결 통합시켜, 우주 전체의 통합적인 덕을 표출한 것이라 볼 수 있다. 즉 해월은 삼황씨를 우주 전체를 관(觀)한 통섭적 성인으로 밝힌 것이다. 또 해월은 삼황씨 중 천황씨만을 분리시켜 〈개벽운수〉·〈명심수덕〉·〈기타〉에 등장시켰다.

그럼 천황씨가 세 번이나 등장하는 〈개벽운수〉의 관련 부분을 보자.

> 先天이 生後天하니 先天之運이 生後天之運이라 運之變遷과 道之變遷은 同時出顯也니라 故로 運則 天皇氏始創之運也요 道則天地開闢日月初明之道也요 事則 今不聞古不聞之事也요 法則 今不比古不比之法이니라
> 吾道는 回復天皇氏之根本大運也니라
> 天皇氏 無爲化氣之根本을 孰能知之리오 知者鮮矣니라
> 선천이 후천을 낳았으니 선천운이 후천운을 낳은 것이라, 운의 변천과 도의 변천은 같은 때에 나타나는 것이니라. 그러므로 <u>운인즉 천황씨가 새로 시작되는 운이요, 도인즉 천지가 개벽하여 일월이 처음으로 밝는 도요, 일인즉 금불문고불문의 일이요, 법인즉 금불비고불비의 법이니라.</u>(중략)
> <u>우리 도는 천황씨의 근본 큰 운수를 회복한 것이니라.</u>
> <u>천황씨 무위화기의 근본을 누가 능히 알 수 있겠는가. 아는 이가 적으니라.</u>[10]
> - 〈개벽운수(開闢運數)〉 (밑줄-필자)

위의 글 〈개벽운수〉에서 해월은 천황씨와 관련시켜 첫째, 새로 시작되는 운으로서 천황씨의 도, 둘째, 우리 도가 천황씨의 큰 운수를 회복한 것,

---

10 해월 최시형, 〈開闢運數〉, 『海月神師法說』, 327-329쪽.

셋째, 무위화기의 근본으로서 천황씨를 보여주었다. 특히 해월은 우리 도를 천황씨의 근본인 큰 운수를 회복하는 것이라고 의심 없이 천명했으며, 천황씨가 태어나는 개벽의 운에 대해 설명했다. 여기에서 개벽의 운 또는 천황씨의 운은 새로운 인간의 탄생[11]이다. 이는 한울사람의 무극대도이자 무위화기의 근본인 사람을 드러낸 것이라 볼 수 있다.

이어서 해월은 〈명심수덕〉에서 수운(水雲)의 말을 인용하여 천황씨를 보여주었다.

日太古兮天皇氏는 我先師自比之意也오 山上有水는 吾敎道統之淵源也라
知此玄機眞理然後에 有以知開闢之運無極之道矣라
말씀하시되 태고에 천황씨는 우리 스승께서 스스로 비교한 뜻이요, 산위에 물이 있는 것은 우리교-도통의 연원이라. 이러한 현기와 진리를 안 연후에 개벽의 운과 무극의 도를 알 것이라.[12]
- 〈명심수덕(明心修德)〉 (밑줄-필자)

위의 〈명심수덕〉에서 해월은 천황씨를 수운이 제시한 것과 비교하여 보여주었다. 수운은 〈불연기연(不然其然)〉에서 "아! 이같이 헤아림이여. 그 그러함을 미루어 보면 기연은 기연이나 그렇지 않음을 찾아서 생각하면 불연은 불연이라. 왜 그런가. 태고에 천황씨는 어떻게 사람이 되었으며 어떻게 임금이 되었는가. 이 사람의 근본이 없음이여, 어찌 불연이라고 이르지 않겠는가. 세상에 누가 부모 없는 사람이 있겠는가. 그 선조를 상고하

---

11 오문환, 앞의 책, 114쪽.
12 해월 최시형, 〈明心修德〉, 『海月神師法說』, 378쪽.

면 그렇고 그렇고 또 그런 까닭이니라."[13]라고 했다. 수운은 천황씨를 통찰해 내면서 인간의 형성 과정과 군왕의 형성 과정을 통합시켜 불연과 기연의 철학관[14]으로 해석했는데 해월은 이 관점을 그대로 수용했다.

이런 점을 통해 해월은 수운의 천황씨와 대비시켜 인류의 최초로 이루어지는 인간의 형성 과정과 거룩한 성인의 군왕학을 빌려 천황씨를 강조했다고 할 수 있다.

마지막으로 해월은 〈기타〉에서도 천황씨를 세 번 등장시켰다.

> 天皇氏는 元來 天人合一의 名辭라, 故로 天皇氏는 先天開闢-有人의 始神의 機能으로 人의 原理를 包含한 義가 有하니, 萬物이 皆 天皇氏의 一氣라. 今日 大神師 天皇氏로써 自處하심은 大神師 亦是 神이신 人이시니 後天五萬年에 此理를 傳케 함이니라.
>
> <u>천황씨는 원래 한울과 사람이 합일한 명사라, 그러므로 천황씨는 선천개벽으로 사람을 있게 한 시조신의 기능으로 사람의 원리를 포함한 뜻이 있으니, 만물이 다 천황씨의 한 기운이니라. 오늘 대신사께서 천황씨로써 자처하심은 대신사 역시 신이신 사람이시니 후천 오만년에 이 이치를 전케 함이니라.</u>[15]
>
> - 〈기타(其他)〉 (밑줄-필자)

위의 글 〈기타〉에서 해월은 첫째, 천황씨를 한울과 사람이 합일된 것,

---

13 수운 최제우, 〈不然其然〉, 『東經大全』, 58-59쪽.
14 졸고, "동양의 신화와 동학 경전의 비교", 앞의 논문.
15 해월 최시형, 〈其他〉, 『海月神師法說』, 422-423쪽.

둘째, 선천개벽으로 사람을 있게 한 시조신 기능, 셋째, 만물의 원리로서 드러냈다. 또 해월은 천황씨로 자처한 수운이 신이신 사람 인신(人神)이기에 후천 오만년의 무극대도 이치가 이어진다고 밝혔다. 이 부분을 보면 『회상 영적실기(繪像靈蹟實記)』에 드러난 것같이 '계해년(1863) 수운 탄생일에 모인 제자들에게 후세 사람이 반드시 나에게 천황씨라 이를 것'[16]이라고 수운이 밝힌 것이 연상된다. 즉 해월은 천황씨를 천인합일의 명사, 만물의 일기(一氣), 후천 오만년의 도를 이룩한 신인, 최고의 경지인 통섭적 성인 인신으로서 정의했다.

III. 성인적 경지의 인물
- 요순 · 요순공맹 · 맹자 · 문왕과 공자

『해월신사법설』에서 두 번째로 드러난 중국 인물 유형은 신화적 인물 요순과 정치 · 사상적 인물군을 통합시킨 성인적 경지의 인물 유형이다. 이 유형의 인물은 요순, 공맹, 맹자, 문왕, 공자 등이다. 여기에서 해월은 인물들을 묶어서 드러냈는데 요임금과 순임금인 요순으로, 그리고 공자와 맹자를 공맹처럼 간략하게 묶어 나오거나, 간략하게 한후 병치시키거나, 두 인물을 병치시켜 요순공맹, 문왕과 공자 등 여러 지칭으로 동시에 나타냈다. 이러한 인물들은 요순은 〈성인지덕화〉에, 요순공맹은 〈개벽운수〉와 〈기타〉에, 요순과 공맹은 〈독공〉에, 맹자는 〈강서〉에, 문왕과 공자는 〈내칙〉에 나온다. 즉 해월은 요순, 요순공맹, 요순과 공맹, 맹자, 문왕과 공

---

16 〈生朝會食圖〉, 『繪像 靈蹟實記』, 시천교총부, 1915.

자 등의 표현으로 다양하게 보여주었다.

1. 요순 - 덕화적 훈육 방법의 성인

이들 인물 유형 중 먼저 요순을 보자. 해월은 〈성인지덕화〉에서 요순을 네 번이나 등장시켰다. 요[17]는 가장 이상적인 국왕으로 추앙받은 인물이다. 순[18] 역시 요와 더불어 태평성대의 군주로 일컬어지는 중국의 성군으로 인간 승리의 모범[19]이 되었다.

그럼 요순이 나오는 〈성인지덕화〉의 관련 부분을 보자.

> 聖人은 於凡人에 常以溫良和氣로 薰陶德聖하나니 諄諄然 眷眷曉諭하고 不出苛責之言이니라 聖人之德化는 捨己德人하고 凡人之私心은 利己害人이니라 堯舜之世에 民皆爲堯舜이나 民豈可以爲皆堯舜也리오 是堯舜之德化中 薰育矣니라
> 성인은 세상 사람에게 항상 온화한 기운으로 덕성을 베풀어 훈육하나니, 거듭 일러 친절히 가르치고 돌보고 돌보아 알아듣게 타이르고, 가혹하게 꾸짖는 말씀을 입 밖에 내지 아니하느니라. 성인의 덕화는 자기를 버리어

---

17 『맹자』〈藤文公章句〉에서 요임금에 대해 하늘의 위대함을 본 받아 천하만인을 잘 살게 해주는 덕을 발휘하고 있다고 밝히고 있다. 車柱環 譯著, 『新完譯 孟子』, 藤文公章句 상, 明文堂, 2007, 167쪽.
18 『맹자』〈離婁章句〉에서 순임금에 대해 모든 사물의 실정을 똑똑하게 이해하고 있으며, 인간사의 올바른 질서를 유지시키는 인륜을 잘 관찰하여 알고 있었으며, 마음 속에서 우러나는 인과 의의 방향에 따라 자연스럽게 행동하고, 의가 善美한 것이라 해서 억지로 하지 않았다고 밝히고 있다. 車柱環 譯著, 앞의 책, 離婁章句 하, 254쪽.
19 정재서, 앞의 책, 259쪽.

사람에게 덕이 되게 하고, 세상 사람의 사사로운 마음은 자기만 이롭게 하고 사람을 해롭게 하느니라. <u>요순의 세상에 백성이 다 요순이 되었다 하나, 백성이 어찌 다 요순이 되었겠는가. 이것은 요순의 덕화 속에 훈육되었기 때문이니라.</u>[20]

- 〈성인지덕화(聖人之德化)〉 (밑줄-필자)

위의 〈성인지덕화〉에서 해월은 요순을 온화한 기운과 덕성에 의한 친절한 교육을 통한 방법을 중심으로 설명했다. 여기서 해월은 꾸짖는 교육 방법을 경계하며 성인들의 방법은 타자에게 덕화를 미치고 있다고 보았다. 이는 해월이 범인들의 사사로운 마음이 타자에게 해를 끼치는 것과 다르게 본 것이라 할 수 있다. 즉 해월은 요순 세상에서 덕화적 훈육 방법으로 백성을 가르쳐 오면 백성이 요순이 되는 이치임을 강조한 것이다.

2. 요순공맹 - 가장 이상적인 성현

다음으로 해월은 요순과 공맹을 같이 묶어서 보여주었다.

요순과 함께 거론된 공자와 맹자를 보면 요순과 함께 요순공맹으로 표현되거나 또 맹자 단독으로 나오는 경우도 있다. 요순공맹은 〈개벽운수〉와 〈기타〉에, 요순과 공맹은 〈독공〉에, 맹자는 〈강서〉에 나온다.

그럼 요순공맹으로 나오는 〈개벽운수〉의 관련 부분을 보자.

吾道之運에 堯舜孔孟之聖材多出矣니라

---

20 해월 최시형, 〈聖人之德化〉, 『海月神師法說』, 318쪽.

吾道는 回復天皇氏之根本大運也니라

天皇氏 無爲化氣之根本을 孰能知之리오 知者鮮矣니라

人是天人이요 道是大先生主無極大道也니라

<u>우리 도의 운수에 요순공맹의 성스러운 인물이 많이 나리라.</u>

우리 도는 천황씨의 근본 큰 운수를 회복한 것이니라.

천황씨 무위화기의 근본을 누가 능히 알 수 있겠는가. 아는 이가 적으니라.

사람은 한울사람이요, 도는 대선생님의 무극대도니라.[21]

- 〈개벽운수(開闢運數)〉(밑줄-필자)

위 〈개벽운수〉에서 해월은 요순과 공맹을 묶어 성스러운 성현의 비유 존재자로서 요순공맹을 천황씨와 연결지어 보여주었다.

또 요순공맹으로 나오는 〈기타〉의 관련 부분을 보자.

大神師 恒言하시되 此世는 堯舜孔孟의 德이라도 不足言이라 하셨으니 이는 現時가 後天開闢임을 이름이라. 先天은 物質開闢이요 後天은 人心開闢이니, 將來 物質發明이 其極에 達하고 萬般의 事爲 空前한 發達을 遂할지니, 是時에 在하여 道心은 더욱 微하고 人心은 더욱 危할지며, 더구나 人心을 引導하는 先天道德이 時에 順應치 못할지라. 故로 天의 神化中에 一大 開闢의 運이 回復되었나니, 故로 吾道의 布德天下 廣濟蒼生은 天의 命하신 바니라.

<u>대신사께서 늘 말씀하시기를 이 세상은 요순공맹의 덕이라도 부족언이라 하셨으니 이는 지금 이때가 후천개벽임을 이름이라.</u>

---

21 해월 최시형, 〈開闢運數〉, 『海月神師法說』, 328-329쪽.

선천은 물질개벽이요 후천은 인심개벽이니 장래 물질 발명이 그 극에 달하고 여러 가지 하는 일이 전례 없이 발달을 이룰 것이니, 이때에 있어서 도심은 더욱 쇠약하고 인심은 더욱 위태할 것이며 더구나 인심을 인도하는 선천 도덕이 때에 순응치 못할지라.
그러므로 한울의 신령한 변화 중에 일대 개벽의 운이 회복되었으니, 그러므로 우리 도의 포덕천하·광제창생은 한울의 명하신 바니라.[22]
- 〈기타(其他)〉 (밑줄-필자)

위와 같이 해월은 〈기타〉에서 요순공맹의 덕을 세상의 욕망계와 대비하여 보여주었다. 즉 요순공맹의 덕을 후천개벽 시대와 대비해서 보여주었다. 특히 이 부분은 수운의 『용담유사』의 〈몽중노소문답가〉에서 '아서라 이 세상은 요순지치(堯舜之治)라도 부족시(不足施)요 공맹지덕(孔孟之德)이라도 부족언(不足言)이라 흉중(胸中)에 품은 회포(懷抱)'[23]로 시작되듯이, 해월에 의해 해석과 세계관이 확장되었다고 볼 수 있다. 여기서 해월은 동학이 천지가 개벽하던 큰 운수를 다시 회복한다고 하였다.

이어서 요순과 공맹이 병렬되어 나오는 〈독공〉의 관련 부분을 보자.

余 少時 自思에 上古聖賢은 意有別樣異標矣러니 一見大先生主하고 心學 以後에는 始知非別異人也요 只在心之定不定矣니라 行堯舜之事하고 用孔孟之心이면 孰非堯舜이며 孰非孔孟이리오 諸君은 體吾此言하여 自强不息이 其可矣哉인저 吾雖未貫이나 唯望諸君之先通大道也로라

---

22 해월 최시형, 〈其他〉, 『海月神師法說』, 416-418쪽.
23 수운 최제우, 〈夢中老少問答歌〉, 『龍潭遺事』, 182쪽.

내가 젊었을 때에 스스로 생각하기를 옛날 성현은 뜻이 특별히 남다른 표준이 있으리라 하였더니, 한번 대선생님을 뵈옵고 마음공부를 한 뒤부터는, 비로소 별다른 사람이 아니요 다만 마음을 정하고 정하지 못하는 데 있는 것인 줄 알았노라. <u>요순의 일을 행하고 공맹의 마음을 쓰면 누가 요순이 아니며 누가 공맹이 아니겠느냐. 여러분은 내 이 말을 터득하여 스스로 굳세게 하여 쉬지 않는 것이 옳으니라. 나는 비록 통하지 못했으나 여러분은 먼저 대도를 통하기 바라노라.</u>[24]
- 〈독공(篤工)〉(밑줄-필자)

위와 같이 해월은 〈독공〉에서 요순과 공맹의 덕에 의한 대도의 세계관을 통해 비전을 보여주었다. 해월은 1860년 수운과의 만남을 한순간도 잊지 못했으며 그 믿음이 흔들리지 않았다고 스스로 확언하였다. 해월의 믿음은 누구나 요순과 공맹 같은 성인이 되기를 기원하고 있다.

마지막으로 맹자는 〈강서〉에서 한 번 나온다.

鄒聖 曰「莫之爲而爲者天也라」하니 此는 信天也니라 正心正身하여 勿獲罪于天하고 盡誠盡忠하여 勿獲罪于上하라.
<u>추성(맹자)이 이르기를 "함이 없이 되는 것은 한울이라." 하였으니 이는 한울을 믿음이니라.</u> 마음과 몸을 바르게 하여 한울님께 죄를 얻지 말고, 정성과 충성을 다하여 위에 죄를 얻지 말라.[25]
- 〈강서(降書)〉(밑줄-필자)

---

24 해월 최시형, 〈篤工〉, 『海月神師法說』, 313-314쪽.
25 해월 최시형, 〈降書〉, 『海月神師法說』, 397쪽.

위의 〈강서〉에서 해월은 무위이화의 믿음을 한울님의 믿음과 동시에 언급했다. 해월은 『맹자』〈이루 장구〉에서 말한 "사람이 하려던 것이 아닌데 그렇게 되어지는 것은 하늘의 뜻이다. 사람이 그런 사태를 오게 하지 않았는데 그런 사태가 닥쳐오는 것은 명이다."(莫之爲而爲者 天也 莫之致而至者 命也)[26]를 인용하면서, 마음과 몸을 바르게 하고 정성과 충성을 다할 것을 강조했다.

3. 문왕과 공자 - 성인의 비유

수운의 『동경대전』과 『용담유사』와 달리 『해월신사법설』〈내칙〉에 문왕[27][28]은 공자와 같이 한 번 나온다. 문왕에게는 문왕사우(文王四友)라고 불리는 충신 네 명이 있었다. 그는 유리(羑里)에서 돌아온 후 아들 백읍고(伯

---

26 車柱環 譯著, 앞의 책, 萬章章句, 292-294쪽.
27 周文王(前1152-前1056), 即殷商西伯, 又称周侯, 周季历之子, 姬姓, 名昌. 先秦时期贵族有姓有氏, 男子称氏, 女子称姓. 故周文王虽姬姓, 却不叫姬昌. "姬昌"一说在东汉时期成型, 后世因之, 遂称文王为姬昌. 周文王, 姓姬名昌, 季历之子, 华夏族, 西周奠基人. 季历死后由他继承西伯侯之位, 又称伯昌. 在位50年. 商纣时为西伯侯, 建国于岐山之下, 积善行仁, 政化大行, 因崇侯虎向纣王进谗言, 而被囚于羑里, 后得释归. 益行仁政, 天下诸侯多归从, 子武王有天下后, 追尊为文王.
28 『맹자』〈離婁章句〉에서 문왕은 백성을 끔찍하게 아껴 백성들 보기를 마치 상처를 입은 사람 대하듯이 하였고, 올바른 도를 바라기를 마치 그것을 본 일이 없어 보고 싶어 견디는 것 같이 하였다고 한다. 車柱環 譯著, 앞의 책, 離婁章句 하, 254-255쪽.
『시경』〈문왕지습〉에서 "문왕께선 하늘 땅을 오르내리며 하나님 곁을 떠나지 않으시네/ 하나님의 일은 소리도 없고 냄새도 없는 것 문왕을 본받으면 온 세상이 믿고 따르게 되리. /문왕께선 삼가고 조심하시며, 하나님을 밝게 섬기어 많은 복을 누리셨으니, 그분의 덕은 도에 어긋나지 않아 사방 나라들을 거두어들이시었네."로 잘 표현되고 있다. 金學主 譯著, 『新完譯 詩經』, 明文堂, 2010, 523-524/528쪽.

邑考)의 비참한 죽음과 주의 잔인무도함, 그리고 백성들의 고통을 생각하면서 밥을 먹을 때나 잠을 잘 때나 한시도 마음이 편한 때가 없었다. 또 그는 자신의 나라를 잘 다스리고 나서 제후들과 암암리에 연합하여 때가 오면 군사를 일으켜 주(紂)를 토벌하기로 결심했고, 그렇게 하여 백성들의 고통을 덜어 주고 아들의 원수를 갚을 수 있으며 또 자신의 원대한 이상을 실현할 수 있다고 보았다. 문왕은 강태공(姜太公)을 국사로 모신 뒤로 근처에 있는 작은 나라를 병합하고자 했다.[29]

그럼 이러한 문왕이 나오는 〈내칙〉의 관련 부분을 보자.

> <u>이대로만 시행하시면 문왕 같은 성인과 공자 같은 성인을 낳을 것이니, 그리 알고 수도를 지성으로 하옵소서.</u>[30]
> - 〈내칙(內則)〉 (밑줄-필자)

이와 같이 〈내칙〉에서 해월은 문왕 같은 성인을 공자 같은 성인과 동격으로 함께 거론하며 강조했다. 특히 해월은 부녀자들이 태중에 있는 생명을 위한 기도에서 문왕 같은 성인과 공자 같은 성인을 낳기 위한 방법론으로 수도를 지성으로 드릴 것을 강조했다.

---

29 袁珂, 『중국신화전설 I』, 전인초·김선자 옮김, 민음사, 1992, 670-678쪽.
30 해월 최시형, 〈內則〉, 『海月神師法說』, 373쪽.

IV. 마음을 연 인물 - 강태공과 제갈량

1. 강태공과 제갈량 - 마음을 연 인물

『해월신사법설』에 나오는 세 번째 중국 인물은 마음을 연 인물 유형이다. 수운의『동경대전』과『용담유사』에는 정치·사상적 인물로 강태공과 제갈량이 나온다. 그러나 해월의 경우 〈독공〉에 강태공과 제갈량이 한 번씩 나오는데, 수운의 경우와 다른 양상으로 나타나 있다.

그럼 강태공과 제갈량이 등장하는 〈독공〉의 관련 부분을 보자.

> 淺見薄識이 不知道之根本하고 輒曰「予知라」하니 吾不言而良發一笑하노라 人皆是 諸葛亮 姜太公을 道通謂之나 我思之에 實非道通也로라 如干開心을 豈曰道通乎아 與天地로 合其德하여 能行天地造化然後에 方可謂之道通也니라 道通은 人欲千萬이나 今觀所行則 人知小利하고 不知大利하니 可嘆可惜也로다
>
> 웬만큼 아는 것을 가지고 도의 근본을 알지도 못하면서 문득 "내가 아노라." 하지마는, 나는 아무런 말도 하지 않고 좋게 한번 웃노라.
> <u>사람들이 다 제갈량과 강태공을 도통하였다 하지마는, 내가 생각하기엔 정말 도통이 아니라고 보노라. 약간의 마음이 열렸다고 해서 어찌 도통이라고 말할 수 있겠느냐.</u> 천지와 더불어 그 덕에 합하여 능히 천지조화를 행한 뒤에라야 바야흐로 도통하였다 이르리라. 도통은 사람마다 하고자 하나 지금 소행을 보면 사람이 작은 이익만 알고 큰 이익은 알지 못하니, 탄

식스럽고 애석한 일이로다.[31]

- 〈독공(篤工)〉 (밑줄-필자)

위의 〈독공〉에 나타난 바와 같이 해월은 제갈량과 강태공의 도통에 대해 약간 마음이 변화하는 인물로 평가했다. 세간에서 통하는 보통 사람들의 평가로 제갈량과 강태공을 도통이라 하는 것과 대비하여 해월은 천지합덕 천지조화를 행한 경우여야 한다고 생각했으므로 거기에 미치지 못한 그들을 마음이 열린 정도로만 보았다. 이는 해월이 도통의 단계를 천지합덕과 천지조화의 원리까지 파악한 것으로 보았기 때문이다. 해월은 인사가 만사인 도통을 최고의 도통이 아닌 차선의 도통으로 평가한 것이다.

V. 변화 가능성이 내재된 개과천선형 비유의 인물
   - 한무제와 도척

『해월신사법설』에 등장하는 네 번째 중국 인물은 변화 가능성이 내재된 개과천선형 인물 유형이다. 이 유형으로 한무제와 도척을 들 수 있다. 수운의 경우 한무제는 통치자 인물로, 도척은 난도난법 사회의 반증 인물로 분석한 바 있다. 그런데 해월은 이 인물들을 변화 가능성이 내재된 개과천선형 비유의 인물로 보여주었다. 한무제(B.C.156-B.C.87)와 도척은 〈심령지령〉과 〈부화부순〉에 나온다.

---

31 해월 최시형, 〈篤工〉, 『海月神師法說』, 314-315쪽.

1. 한무제 - 개과천선형 비유의 인물

그럼 한무제가 나오는 〈심령지령〉 관련 부분을 보자.

> 世人은 不知天靈之靈하고 亦不知心靈之靈而但知雜神之靈하니 豈非病乎아 今俗所謂 城隍 帝釋 城主 土王 山神 水神 石神 木神等 淫祀는 筆不難記也니라 此是 漢武帝時 巫蠱餘風을 尙今未革하고 染心成痼하니 非但愚婦愚夫之病根難治라 腐儒俗士도 汪汪流入하여 習與成俗하니 可謂寒心處也로다 此等痼疾은 非大方家之手段이면 實難治療라 故로 余敢論而言之하노니 明而察之하여 快斷病根하고 同歸一理하여 勿獲罪于天하라
>
> 세상 사람은 천령의 영함을 알지 못하고 또한 심령의 영함도 알지 못하고, 다만 잡신의 영함만을 아니 어찌 병이 아니겠는가. 지금 세속에서 이르는 성황이니 제석이니 성주니 토왕이니 산신이니 수신이니 석신이니 목신이니 하는 등의 음사는 붓으로 다 기록하기 어려운 것이니라. <u>이것은 한무제 때에 무당이 하던 여풍을 지금까지 고치지 못하고 마음에 물들어 고질이 되었으니, 다만 어리석은 사람들의 병근을 고치기 어려울 뿐 아니라 썩은 유생과 속된 선비도 왕왕 흘러들어 습관과 풍속을 이루었으니, 가히 한심한 것이라 이르리로다.</u> 이러한 고질은 대방가의 수단이 아니면 실로 고치기 어려우니라. 그러므로 내 감히 논하여 말하는 것이니 밝게 살피어 쾌히 병든 뿌리를 끊고 한 이치로 돌아와 죄를 한울님께 얻지 말라.[32]
>
> - 〈심령지령(心靈之靈)〉 (밑줄-필자)

---

32 해월 최시형, 〈心靈之靈〉, 『海月神師法說』, 274-275쪽.

위의 〈심령지령〉에서 해월은 한무제 시대 때부터 비롯된 잡신(雜神)의 영함과 음사적(淫祀的) 배경이 되어 온 썩은 유생과 속된 선비들을 향해 그들에게 병든 뿌리를 단절하고 한 이치로 돌아올 것을 권고했다. 그는 세속의 음사가 한무제 때부터 기원된 것을 지적하면서 그런 부패 타락 시대 사람들에 대해 개과천선할 것을 촉구했다.

2. 도척 - 음모, 음해의 세상 사람들

또한 해월은 〈부화부순〉에서 악의 인물과 대비된 세계를 보여주기 위해 도척을 등장시켰다. 도척은 중국 춘추시대에 살았던 몹시 악한 사람이다. 그럼 도척이 나오는 〈부화부순〉의 관련 부분을 보자.

> 女人은 偏性이라 其或生性이라도 爲其夫者 盡心盡誠하여 拜之하라 一拜 二拜하며 溫言順辭로 勿加怒氣하면 雖盜跖之惡이라도 必入於化育之中이니 如是拜 如是拜하라.
> 여자는 편성이라, 혹 성을 내더라도 그 남편 된 이가 마음과 정성을 다하여 절을 하라. 한 번 절하고 두 번 절하며 온순한 말로 성내지 않으면, <u>비록 도척의 악이라도 반드시 화할 것이니, 이렇게 절하고 이렇게 절하라.</u>[33]
> - 〈부화부순(夫和婦順)〉 (밑줄-필자)

위의 〈부화부순〉에서 해월은 도척의 악이 비유된 세계변화 가능성을 내포하고 있다고 보았다. 또 해월은 여성의 편성을 지적하며 남편이 마음과

---

33 해월 최시형, 〈夫和婦順〉, 『海月神師法說』, 341쪽.

정성을 다한다면 비록 도척의 악에 해당될지라도 변화할 것이라는 믿음을 갖고 언급했다.

VI. 나가며

이상과 같이 『해월신사법설』에 나타난 중국 인물을 크게 네 유형, 첫째, 통섭적 성인 유형, 둘째, 성스러운 인물 유형, 셋째, 마음의 변화를 일으킨 인물 유형, 넷째, 개과천선이 가능한 인물 유형으로 나누어 살펴보았다.

첫째, 통섭적 성인 유형은 〈오도지삼황〉〈개벽운수〉〈명심수덕〉〈기타〉에 삼황씨와 천황씨로 등장한다. 둘째, 성스러운 인물 유형은 〈성인지덕화〉〈개벽운수〉〈기타〉〈독공〉〈강서〉〈내칙〉에서 요순, 요순공맹, 맹자, 문왕과 공자로 등장한다. 셋째, 마음을 연 인물 유형은 〈독공〉에서 강태공과 제갈량으로 나온다. 넷째, 변화 가능성이 내재된 개과천선형 비유의 인물 유형은 〈심령지령〉과 〈부화부순〉에 한무제와 도척으로 나온다.

이렇게 해월은 도통의 단계를 네 단계로 나누어 중국 인물에 대한 사유의 태도를 드러냈다. 통섭적 성인의 단계, 성인적 경지의 인물, 마음을 연 인물, 변화 가능성이 내재된 개과천선형 비유의 인물로 독특하게 드러내고 있어 부정적 인물군에게도 가능성을 열어 놓고 있었다. 이를 통해 해월은 인간에 대해 무한의 긍정적 태도를 가졌음을 알 수 있다.

# 10장 『의암성사법설』에 나타난 중국 인물*

* 졸고, "『의암성사법설』에 나타난 중국 인물 연구", 『동학학보』 제27호, 동학학회, 2013. 4. 이 논문을 수정한 것이다.

Ⅰ. 시작하며

필자는 수운 최제우의 『동경대전』[1]과 『용담유사』[2], 해월 최시형의 『해월신사법설』[3]에 나타난 중국 인물 유형을 분석한 바 있다. 그 연구의 일환으로 의암(義庵) 손병희(孫秉熙, 1861-1922)의 『의암성사법설(義庵聖師法說)』에 나타난 중국 인물 유형을 신화적 인물 및 정치·사상적 인물을 중심으로 분석해 보고자 한다.

그동안 의암 관련 연구는 무체법경 연구[4], 3·1운동과 관련한 연구[5], 푸코나 허버트 미드와 비교 연구[6], 이신환성의 철학적 의미 연구[7] 등이 있다. 이들 논문은 의암의 법설의 한 부분을 집중 조명하거나, 독립운동과 연관

---

1 졸고, "『동경대전』에 나타난 중국 인물 연구", 앞의 논문.
2 졸고, "『용담유사』에 나타난 중국 인물 연구", 앞의 논문.
3 졸고, "『해월신사법설』에 나타난 중국 인물 연구", 앞의 논문.
4 오문환, "의암 손병희의 성심관: 무체법경을 중심으로", 『동학학보』 제11호, 동학학회, 2006.
5 이현희, "의암 손병희성사와 천도교의 3·1운동", 『동학학보』 제11호, 동학학회, 2006.
6 김용해, "손병희의 무체법경과 조지 허버트 미드의 '정신, 자아 그리고 사회'", 『동학학보』 제11호, 동학학회, 2006; 허경, "푸코의 계보학으로 본 동학 개념의 '근대적' 변천: 의암 손병희", 『동학학보』 제11호, 동학학회, 2008.
7 조극훈, "의암 손병희의 '이신환성'에 나타난 철학적 의미", 『동학학보』 제24호, 동학학회, 2012.

지어 해석하거나 외국 철학자와 비교를 중심으로 이루어져서 『의암성사법설』 전반에 수용된 중국 인물 분석은 간과하고 있다.

이 글에서는 『의암성사법설』에 등장하는 중국 인물 유형 분석을 통해 의암의 중국 코드 관련 사유를 알아보고자 한다. 수운의 경전을 분석한 틀에 맞추어 보면 의암의 경우 신화적 인물과 정치·사상적 인물로 분석된다.

〈수운·해월·의암의 경전에 나타난 중국 인물〉

유형	『동경대전』과 『용담유사』의 중국 인물	『해월신사법설』의 중국 인물	『의암성사법설』의 중국 인물
신화적 인물	천황씨, 오제 요순, 항아 삼황오제, 기자	삼황씨, 천황씨 요순, 문왕 요순공맹	〈신통고〉의 천황씨 〈삼전론〉의 삼황오제(헌원씨), 요순(우순씨), 치우, 유묘 〈몽중문답가〉의 삼황오제 〈신앙통일과 규모일치〉의 요순 〈우음〉의 요순
정치·사상적 인물	공자, 자공, 삼천제자 강태공, 제갈량, 주렴계, 공부자, 공맹, 72인, 삼천제자	공자, 공맹, 맹자 제갈량과 강태공	〈교비평설〉의 노자 〈척언허무장〉의 공자 〈치국평천하지정책장〉의 맹자
통치자 인물	진시황, 한무제	한무제	없음
문예적 인물	도연명, 이태백, 소식, 왕희지, 두목지	없음	없음
난도난법 사회반증 인물	걸, 도척과 환퇴, 전자방과 단간목	도척	〈우음〉의 걸주
초인적 분신 인물	사광과 편작, 석숭	없음	없음

이 인물들은 천황씨(天皇氏), 삼황씨(三皇氏), 요순(堯舜), 노자(老子), 공자(孔子), 맹자(孟子) 등이다. 신화적 인물로는 〈신통고(神通考)〉의 천황씨, 〈삼전론(三戰論)〉의 삼황오제(헌원씨), 요순(우순씨), 치우 및 유묘, 〈몽중문답가(夢中問答歌)〉의 삼황오제, 〈신앙통일과 규모일치(信仰統一과 規模一致)〉의 요순, 〈우음(偶吟)〉의 요순이 있다. 또 정치·사상적 인물로는 〈교비평설(敎 批評說)〉의 노자, 〈척언허무장(斥言虛誣章)〉과 〈치국평천하지정

책장(治國平天下之政策章)〉에서의 공자 및 맹자 등이 있다. 이처럼 『의암성사법설』에는 수운의 경전에 여러 유형의 중국 인물이 등장한 것과 달리 신화적 인물과 정치·사상적 인물이 집중되어 나타난다. 즉 수운의 『동경대전』과 『용담유사』에 보이는 중국 인물 유형인 통치자 인물, 문예적 인물, 초인적 분신 인물 등은 거의 보이지 않는다.

『의암성사법설』에서 중국 인물이 나오는 특징으로 〈신통고〉에서는 천황씨가 여섯 번이나 나온다. 또 〈삼전론〉에는 여러 신화적 인물들 삼황오제(헌원씨), 요순(우순씨), 치우 및 유묘가 한꺼번에 집중되어 나온다. 그리고 〈몽중문답가〉, 〈신앙통일과 규모일치〉, 〈우음〉, 〈교 비평설〉, 〈척언허무장〉과 〈치국평천하지정책장〉에는 삼황오제, 요순, 노자, 공자 및 맹자가 한두 번씩 언급되었다.

이 글에서는 『의암성사법설』에 나오는 중국 인물을 두 유형으로 나누어 분석하고자 한다. 첫째, 신화적 인물 유형인 삼황오제(천황씨, 헌원씨)와 요순(우순씨), 치우 및 유묘, 둘째, 정치·사상적 인물 유형인 노자, 공자와 맹자를 중심으로 분석하고자 한다.

II. 중국의 신화적 인물 - 천황씨·헌원씨·치우

의암 손병희가 『의암성사법설』에서 보여준 첫 번째 중국 인물은 신화적 인물 유형으로 천황씨, 삼황오제, 요순, 치우 등이다. 이들 인물 중 천황씨는 〈신통고〉에, 삼황오제(헌원씨)·요순(우순씨)·치우·유묘는 〈삼전론〉에, 삼황오제는 〈몽중문답가〉에, 요순은 〈신앙통일과 규모일치〉와 〈우음〉에 나온다.

이 신화적 인물에 대한 분석 과정은 삼황오제(천황씨, 헌원씨), 요순(우순씨), 기타 인물인 치우와 유묘 등으로 나누어 살펴보고자 한다.

1. 천황씨와 헌원씨 - 태평성세의 비유와 우리 도의 회복

『의암성사법설』에 나오는 첫 번째 신화적 인물은 삼황오제 중에서 천황씨와 헌원씨이다. 삼황오제의 경우 명칭이 다양하게 표현되어 나오는데, 삼황오제가 한 덩어리로 나오는 경우, 삼황과 오제가 분리되어 나오는 경우, 삼황 중 한 명인 천황씨로 나오는 경우, 오제 중 한 명인 헌원씨로 나오는 경우가 있다. 또 천황씨의 경우 〈신통고〉에 무려 여섯 번이나 나오고, 삼황오제는 〈몽중문답가〉에, 헌원씨는 〈삼전론〉에 나온다.

천황씨를 포함한 삼황씨는 이상적 제왕 신화의 주인공이자 중국 고대의 전설적 제왕이다. 또 일반적으로 오제에 해당하는 인물은 복희·신농·황제·소호·전욱인데, 의암은 오제 중 한 명인 황제를 헌원씨(軒轅氏)라는 이름으로 표현했다. 황제 헌원[8]에 대해 『한서지리지』에 "옛날에 황제가 계셨다. 배와 수레를 만들어 서로 통하지 않던 것을 건네게 해 천하를 통행할 수 있게 했다. 1만 리의 땅을 네모지게 나누고 넓은 들을 구획하고, 주로 경계를 두어 백리에 이르는 나라를 1만 곳이나 만들었다."[9]라고 기록되어 있다. 이처럼 황제 헌원은 중국을 통일해 국가를 세운 최초의 군주이

---

8 軒轅即黃帝. 姓姬. 居于軒轅之丘. 故名曰軒轅. 出生, 创业和建都于有熊(今河南新郑), 故亦称有熊氏. 因有土德之瑞. 故号黃帝. 曾战胜炎帝于阪泉. 战胜蚩尤于涿鹿. 诸侯尊为天子, 后人以之为中华民族的始祖. 也指中华民族, 车辆, 星座名等. www.baidu.com.

9 반고, 『한서지리지·구혁지』, 이용원 역해, 자유문고, 2007, 16쪽.

자 여러 문물을 만들어 중국 문명을 창시한 인물로 숭배를 받아 왔다.

그럼 『의암성사법설』에 등장하는 신화적 인물 삼황오제(천황씨, 헌원씨)가 나오는 〈신통고〉, 〈삼전론〉, 〈몽중문답가〉 부분을 살펴보자.

먼저 의암이 천황씨를 드러낸 〈신통고〉의 정확한 출전은 〈무체법경(無體法經)〉 중 〈신통고〉(이하 신통고)이다. 이 〈신통고〉에서 의암은 신화적 인물 천황씨를 삼황씨 중에서 분리시켜 드러냈다. 이 경전에서 의암은 천황씨를 무려 여섯 번이나 등장시켰는데 관련 부분을 살펴보자.

1. 大神師之自謂天皇氏는 非自居天上이요 但以見性覺心으로 居於三界天之最上天也 明矣니라 故로 空空寂寂之 無形天과 圓圓充充之 有情天과 塵塵濛濛之 習慣天이 俱在性心左右之玄眞兩方이니라.

대신사께서 자신을 ① <u>천황씨라고 말씀하신 것은</u> 자신이 한울 위에 계시다는 것이 아니요, 다만 성품을 보고 마음을 깨달아 삼계천의 맨 윗 한울에 계시다는 것이 명백하니라. 그러므로 비고 비어 고요하고 고요한 무형천과 둥글고 둥글고 가득하고 가득한 유정천과 티끌이 자욱하고 자욱한 습관천이 다 성품과 마음 좌우의 현묘하고 참된 두 곳에 있는 것이니라.

2. 由是 究性心則 奚獨 大神師以天皇氏 自居리오 人皆有侍天이니 及其見性覺心에는 一也이라 神師는 居玄眞兩間하여 性一邊은 不生不滅이요 心一邊은 萬世極樂이니라.

이로 말미암아 성품과 마음을 연구하면 어찌 홀로 대신사만이 ② <u>천황씨가 되겠는가.</u> 사람은 다 모신 한울이 있으니 그 성품을 보고 마음을 깨달음에 이르러는 하나이니라. 신사께서는 현묘하고 참된 두 사이에 계시어 성품의 한쪽은 불생불멸이요, 마음의 한쪽은 만세극락이니라.

3. 人之覺性은 只在自心自誠이요 不在乎 天師權能이니 自心自覺이면 身是天 心是天이나 不覺이면 世自世 人自人이니라 故로 覺性者를 謂之天皇氏요 不覺者를 謂之凡人이니라.

사람의 성품을 깨닫는 것은 다만 자기 마음과 자기 정성에 있는 것이요, 한울과 스승의 권능에 있는 것이 아니니, 자기 마음을 자기가 깨달으면 몸이 바로 한울이요 마음이 바로 한울이나, 깨닫지 못하면 세상은 세상대로 사람은 사람대로이니라. 그러므로 성품 깨달은 사람을 ③ <u>천황씨라 이르고</u>, 깨닫지 못한 사람을 범인이라 이르느니라.

4. (중략)

5. 一體三變은 性心所能이니 此之謂天皇氏요 若三端에 能一이면 謂之聖이요 三端에 不能一이면 謂之凡이니 皇聖凡이 別無妙法이요 只在心之定不定이니라.

일체가 세 가지로 변하는 것은 성품과 마음이 할 수 있는 것이니 이를 ④ <u>천황씨라 이르고</u>, 만약 세 가지에 하나가 능하면 성인이라 이르고, 세 가지에 하나라도 능치 못하면 범인이라 이르나니, ⑤ <u>천황씨와 성인과 범인이</u> 별다른 묘법이 없는 것이요, 다만 마음을 정하고 정치 못하는 데 있느니라.

6. 見性覺心이면 我心極樂이요 我心天地요 我心風雲造化니라 心外에 無空空 無寂寂 無不生 無不滅 無極樂 無動作 無喜怒 無哀樂이니 惟我道人은 自心自誠하고 自心自敬하고 自心自信하고 自心自法하여 一毫無違면 無去無來하며 無上無下하며 無求無望하여 自爲天皇氏也니라.

성품을 보고 마음을 깨달으면 내 마음이 극락이요, 내 마음이 천지요, 내 마음이 풍운조화이니라. 마음 밖에 빈 것도 없고, 고요함도 없고, 불생도 없고, 불멸도 없고, 극락도 없고, 동작도 없고, 희로도 없고, 애락도 없으니, 오직 우리 도인은 자심을 자성하고 자심을 자경하고 자심을 자신하고 자심을 자법하여 털끝만치라도 어김이 없으면 가는 것도 없고 오는 것도 없으며, 위도 없고 아래도 없으며, 구할 것도 바랄 것도 없어 스스로 ⑥ <u>천황씨가 되는 것이니라.</u>[10]

－〈신통고(神通考)〉 (번호 및 밑줄-필자)

위의 〈신통고〉에서 의암은 천황씨를 여섯 번에 걸쳐 여러 단계로 세분하여 보여주었다.

그럼 의암이 〈신통고〉에서 여섯 번에 걸쳐 보여준 천황씨를 자세히 나누어 살펴보자. 1의 ①에서 의암은 수운(水雲) 최제우(崔濟愚)가 바로 천황씨라는 말씀을 인용하면서 여기서 천황씨는 형이상학적 공간의 위치에 상관없고 다만 성품을 보고 마음을 깨달은 상태라는 것을 보여준다. 그래서 의암은 천황씨를 삼계천(三界天) 맨 위의 한울로 보며 그것도 무형천(無形天), 유정천(有情天), 습관천(習慣天)으로 나누어 형이상학적 공간과 형이하학적 공간에 상관없이 현묘와 참된 곳인 최상적 위치로 설정해서 보여주었다.

2의 ②에서 의암은 천황씨를 대신사인 수운과 신사인 해월(海月)을 모두 등장시키면서 제시했다. 실체적 존재인으로 수운만이 천황씨 유일자가 아니라 그것은 누구에게나 가능한 경지임을 열린 결말로 제시했다. 즉 성품을 보고 마음의 깨달음 상태를 통해 보여주었다. 이어 의암은 해월의

---

10 의암 손병희, 〈神通考〉, 『義菴聖師法說』, 446-450쪽.

해석을 인용하여 깨달음 상태를 현묘와 참됨 사이에 불생불멸(不生不滅)과 만세극락(萬世極樂)까지 덧붙여 보여주었다.

3의 ③에서 의암은 성품과 깨닫는 것에 대한 방법론으로 천황씨와 범인을 대비시켜 보여주었다. 자기 마음과 자기 정성, 자기가 깨달은 몸과 마음이 한울님 상태가 되는 경지의 유무에 따라 천황씨와 범인이 되는 차이를 나누어 설명했다.

다음으로 의암은 3 ③ 방법론에 이어 5의 ④와 ⑤단계를 깨달음이 능한 정도의 3단계 천황씨-성인-범인과 관련지어 보여주었다. 여기에서 성(性)·심(心)·신(身) 세 가지 모두에 도달한 자를 천황씨, 그중의 하나가 능하면 성인, 하나라도 도달하지 못한 자는 범인이라 했고, 마음을 정하느냐 마느냐에 따라 세 부류가 각각 나누어진다고 보았다.

마지막 6의 ⑥에서는 성품을 보고 마음을 깨달으면 극락과 천지의 상태이며, 또 풍운조화의 도인들이 자신의 마음을 자성(自誠)·자경(自敬)·자신(自信)·자법(自法) 하는 경지가 되면 스스로 천황씨가 되는 길이라 제시하면서, 천황씨의 비유가 누구에게나 가능한 것이라고 했다.

이처럼 〈신통고〉에서 의암 손병희는 천황씨를 등장시켜 성품과 마음을 깨달아 성인이 되는 법, 도를 닦는 사람들이 마음을 정하고 목표를 정해서 바르게 닦아 나아가는 법을 제시했다. 이 단계는 대신사 수운이 후천 천황씨가 되신 것으로 신과 통하여 인류 역사상 최초로 성·심·신 세 가지를 합해서 깨달으셨기 때문에 가능하다고 보면서 누구든지 수운 대신사와 같이 성·심·신 세 가지를 합해서 깨닫게 되면 대신사와 같은 위치에 오르게 된다고 할 수 있다. 사람은 누구나 다 한울님을 모시고 있으므로 도를 닦는 사람들은 먼저 나도 대신사와 같은 사람이 되겠다고 마음을 정해야 한다[11]는 것이 중요하다.

2. 삼황과 헌원씨 - 경천순천하는 성현들의 삶 제시

또 의암은 〈삼전론〉[12]에서 신화적 인물을 삼황오제 중 삼황과 오제로 분리시켜 보여주며, 오제 중 한 명인 황제는 헌원씨라는 명칭으로 등장시켰다.

그럼 삼황오제와 헌원씨가 나오는 〈삼전론〉 관련 부분을 보자.

> 太古之無爲兮여 其氣也未發이요 三皇之基礎兮여 道本乎心이요 五帝之孩提兮여 施措於治法이라 人氣也淳厚하니 民皆爲堯舜이요 敎導以聖道하니 世莫非堯舜이라 人道之將泰兮여 人各有人心이라 惟彼軒轅時之蚩尤와 虞舜世之有苗가 背化而作亂하니 豈可無善惡之別乎아.
>
> 태고의 '무위' 시대는 그 기운이 아직 발하지 않은 때요, ① 삼황이 세상의 기초를 세움이여, 도를 마음에 근본하였음이요, ② 오제가 문물제도를 시작함이여, 정치와 법을 바르게 폄이라. 사람이 순후하니 백성이 다 요순이요, 성도로써 가르치니 세상이 다 요순 아님이 없느니라. 인도가 커지면서 사람은 각각 인심이 있는지라, ③ '헌원씨' 시대에는 '치우'가 작란하고, '우순씨' 세상에는 '유묘'가 교화를 배반하고 작란하니, 이런 일을 본다 해도 어찌 선악의 차별이 없다고 하겠는가.[13]

---

11 解義 李旽魯, 〈神通考〉, 『義菴聖師法說 解義』(上), 천법출판사, 2000, 57쪽.
12 1903년(계묘년) 〈삼전론〉 지음.
13 의암 손병희, 〈三戰論〉, 『義菴聖師法說』, 625-626쪽.

-〈삼전론(三戰論)〉 (번호 및 밑줄-필자)

위의 글 〈삼전론〉에서 의암은 삼황을 세상의 기초 건립자로서 도가 마음에 근본적으로 자리 잡고 있다고 보았다. 또 오제는 문물제도의 시원자로서 정치와 법을 교화시킨 자로 보았다. 즉, 〈삼전론〉에서 의암은 삼황과 오제를 각각 세상의 기초 건립자와 문물제도 시원자로 각각 강조하여 보여주었다. 이에 비해 의암은 헌원씨 시대를 선악 차별로 대비시켜 드러내면서 사람의 도를 실현하고 사람의 마음을 구현한 인도(人道)와 인심(人心)이 중요함을 보여주었다.

3. 삼황오제 - 태평성세의 비유와 우리 도의 회복

의암은 〈삼전론〉에 이어 〈몽중문답가〉에서도 삼황오제를 드러내는데 관련 부분을 보자.

> 좋은 시절(時節) 정(定)할테니 어찌아니 좋을소냐
> 요순세계(堯舜世界) 다시와도 이와같긴 못할테요
> <u>삼황오제(三皇五帝) 다시온들 이에서 지날소냐</u>
> 좋을시고 좋을시고 오만년(五萬年)의 회복지운(回復之運)
> 희호세계(熙皞世界) 분명(分明)하다 불망기본(不忘其本) 그이치(理致)를
> 염념불망(念念不忘) 잊지말아 한탄(恨歎)말고 있게되면
> 너의소원(所願) 이루리라 (후략)[14]

---

14 의암 손병희, 〈夢中問答歌〉, 『義菴聖師法說』, 723-724쪽.

- 〈몽중문답가(夢中問答歌)〉 (밑줄-필자)

위 의암의 〈몽중문답가〉는 수운의 〈몽중노소문답가(夢中老少問答歌)〉[15]를 연상시킨다. 이 가사에서는 유토피아로 비유된 요순 시절을 인용하면서 이것과 병행하여 비유된 이상 세계를 삼황오제 시대로 표현했다. 그러나 의암은 여기서 한 단계 더 나아가 오만년 회복지운이 순리순수하게 지켜지는 그 세계에 대한 인식의 중요성을 재발견했다고 볼 수 있다. 특히 〈몽중문답가〉에서 호시절을 정하는 것은 삼황오제가 재림하는 것이 아니라 오만년의 회복된 운이라고 표현했다. 그런 면에서 이 가사에 나오는 삼황오제는 요순 세계와 마찬가지로 태평성세의 비유로 보여주지만 의암은 우리 교의 도로 회복된 운을 더 강조한 것이다.

4. 요순 - 덕화적 훈육 방법

의암이 두 번째 신화적 인물로 드러낸 인물은 요순이다. 요순이 등장하는 경우는 요순으로 드러내는 경우와 우순씨(虞舜氏)로 드러내는 경우가 있다. 즉 요순이 묶여 나오는 경우와 순임금을 따로 떼어 내 우순씨란 이름으로 드러내는 경우가 있다. 의암은 『의암성사법설』 중 〈몽중문답가〉 〈신앙통일과 규모일치〉 〈우음〉에서는 요순으로, 〈삼전론〉에서는 우순씨

---

15 수운의 〈몽중노소문답가〉(1861)는 꿈 속에 어느 도사와 문답을 하는 내용으로 되어 있다. 특히 이 가사에 나오고 있는 기남자로 지칭하는 한 사람의 탄생이나 성장과정 등이 수운의 여러 면모와 많이 유사하며 '몽중노소문답가'는 수운 자신의 출자를 매우 비유적으로 노래한 가사로 추정된다. 윤석산, 『주해 東學經典-동경대전·용담유사』, 앞의 책, 413쪽.

로 드러냈다.

  그럼 이러한 요순이 나오는 〈몽중문답가〉〈신앙통일과 규모일치〉〈신통고〉〈우음〉〈삼전론〉의 관련 부분을 살펴보자.

    좋은 시절(時節) 정(定)할테니 어찌아니 좋을소냐
    <u>요순세계(堯舜世界) 다시와도 이와같진 못할테요</u>
    삼황오제(三皇五帝) 다시온들 이에서 지날소냐
    좋을시고 좋을시고 오만년(五萬年)의 회복지운(回復之運)
    희호세계(熙皞世界) 분명(分明)하다 불망기본(不忘其本) 그이치(理致)를
    염념불망(念念不忘) 잊지말아 한탄(恨歎)말고 있게되면
    너의소원(所願) 이루리라 축문(祝文)지어 현송(現誦)하며
    불고사생(不顧死生) 맹서(盟誓)해서 삼재인륜(三才人倫) 다시정(定)해
    다짐맹서(盟誓) 하는줄을 내가어찌 모를소냐
    이대로만 하게되면 돌아오는 그때에는
    음양조화(陰陽造化) 다알아서 주찰천하(周察天下) 할터이오
    소원(所願)대로 행(行)할테니 한탄(恨歎)말고 돌아가서
    너의사장(師丈) 교훈(敎訓)받아 일사위법(一事違法) 하지말고
    차체도법(次第道法) 밝혀내어 순리순수(順理順受) 하였어라
    수작(酬酌)하는 그거동(擧動)을 잠심(潛心)하여 보다가서
    봉황(鳳凰)의 울음소리 홀연(忽然)히 잠을깨니
    불견기처(不見其處) 되었더라
    전후좌우(前後左右) 살펴보니 침상일몽(枕上一夢) 그뿐일세[16]

---

16 의암 손병희, 〈夢中問答歌〉, 『義菴聖師法說』, 723-725쪽.

- 〈몽중문답가(夢中問答歌)〉 (밑줄-필자)

위의 〈몽중문답가〉에서 의암은 유토피아 비유의 시절 삼황오제와 병행하여 요순 역시 비유 세계로 표현했다. 이 역시 삼황오제와 마찬가지로 오만년 회복의 운수가 순리순수하게 지켜지는 그 세계에 대한 인식의 중요성을 재발견한 것이라 볼 수 있다. 즉 만물 회생의 조화 이치와 한울님 공경의 뜻에 순종하여 음양 이치의 조화 기운과 우주의 순환 근본의 혜택 등 한울님의 뜻을 위해 맹서할 것과 천리 순종에 대해 피력했다.

다음으로 요순이 나오는 〈신앙통일과 규모일치〉의 관련 부분을 보자.

> 教人으로서 教會의 德化를 不知함은 堯舜之世에 堯舜의 德化를 不知함과 如하니라 我의 目的한 바와 諸君의 目的한 바가 이미 同一하고 諸君의 目的한 바와 大神師의 目的한 바가 또한 同一한 것이니 同一한 目的을 達成하려면 精神이 一致해야 하나니라 吾人의 本來精神이 꼭 一致하고보면 天下를 驅하여 動코자 하여도 敢히 動치 못하나니라.
>
> 교인으로서 교회의 덕화를 알지 못함은 <u>요순 때에 요순의 덕화를 알지 못함과 같으니라.</u> 나의 목적한 바와 여러분의 목적한 바가 이미 같고, 여러분의 목적한 바와 대신사의 목적한 바가 또한 같은 것이니, 같은 목적을 달성하려면 정신이 일치해야 하느니라. 우리의 본래 정신이 꼭 일치하고 보면 천하가 달려들어 움직이고자 해도 감히 움직이지 못하느니라.[17]
>
> - 〈신앙통일과 규모일치(信仰統一과 規模一致)〉 (밑줄-필자)

---

17 의암 손병희, 〈信仰統一과 規模一致〉, 『義菴聖師法說』, 710-711쪽.

위의 글 〈신앙통일과 규모일치〉에서 의암은 교인에게 교회의 덕화(德化)를 요순의 덕화에 비유해 강조했다. 즉 의암은 교회의 덕화를 모르는 이가 요순의 덕화도 모른다고 대비해서 보여주었다. 더욱이 의암 자신이 교회의 덕화를 목적함과 교인이 세운 목적이 같아야 하고, 또 같은 목적을 위해 정신 일치가 되고 본래 정신까지 일치해야 함을 설파했다. 이는 대신사 수운의 목적, 정신 일치, 본래 정신과 의암의 정신, 교인의 정신 모두가 일치하는 인간이 주체가 된 자력적 신앙을 강조[18]한 것이라고 볼 수 있다. 즉 덕화를 모르는 자에게 천하를 지켜 내는 삼위일체적 요순의 덕화 방법으로 정신 통일의 방법을 제시한 것이다.

이어 〈우음〉에서도 요순이 등장한다. 이 〈우음〉은 〈시문(詩文)〉의 내용 중에 있다. 〈우음〉에서 요순이 나오는 부분을 살펴보자.

有鬼神則 堯舜治

無鬼神則 桀紂亂

鳳凰臺役鳳凰遊

天心守處天心開

臥龍水性合 風浪自然靜

<u>귀신이 있으면 요순의 다스림이요, 귀신이 없으면 걸주의 난이니라.</u>

봉황대를 지어야 봉황이 놀고, 천심을 지키는 곳에 천심이 열리더라.

누운 용이 물 성품에 합하니, 바람과 물결이 자연히 고요하니라.[19]

- 〈우음(偶吟)〉 (밑줄-필자)

18　김용휘, 「시천주 사상의 변천을 통해 본 동학 연구」, 앞의 논문, 154쪽.
19　의암 손병희, 〈詩文 중 偶吟〉, 『義菴聖師法說』, 768-769쪽.

위 〈우음〉에서 의암은 귀신(鬼神) 유무와 연관시켜 요순지치와 걸주난(桀紂亂)으로 대비했고 그 상황을 세상 비유로 보여주었다. 여기에서 걸주(걸왕, 주왕)는 귀신의 경지가 없는 경우로 나온다. 걸주는 동양의 부정적 통치자의 전형이다. 특히 걸은 신화 속의 악의 화신으로 온갖 잔인하고 끔찍한 악행을 저지르는 것으로 이름을 날린 폭군이다. 또한 걸은 백성들의 고혈을 짜 화려한 궁전을 짓게 하고, 간신과 애첩들로 하여금 나라를 망치게[20] 했다. 걸주와 연결되어 나오는 귀신의 의미에 대해 해월(海月)의 해석 〈천지인(天地人) · 귀신(鬼神) · 음양(陰陽)〉을 보자. "사람의 동하고 정하는 것이 마음이 시키는 것이냐, 기운이 시키는 것이냐. 기운은 주가 되고 마음은 체가 되고 귀신은 용사하는 것이니 조화란 것은 귀신의 좋은 재능이니라. 귀신이란 것은 무엇인가. 음양으로 말하면 음은 귀, 양은 신이요, 성심으로 말하면 성은 귀, 심은 신이요, 굴신으로 말하면 굴은 귀, 신은 신이요, 동정으로 말하면 정은 귀, 동은 신이니라."[21]라고 보았다. 이러한 기준의 귀신의 유무에 따라 요순 세상과 걸주의 난세로 대비시켜 보여주었다. 또한 선령(善靈)의 가치관이 주가 되었던 시대를 강조하며 천심을 지키는 곳에 천심이 열린다는 것을 부각시켰다. 이는 견성한 사람이 세상을 다스리면 극락이고 그렇지 않으면 난세이며, 성인과 악인의 구분이 다른 곳에 있는 것이 아니라 오직 견성 여부에 있다[22]고 볼 수 있다.

마지막으로 의암이 〈삼전론〉에서 보여주는 신화적 인물은 요순으로 묶인 덩어리로 나오는 대신 순임금을 따로 떼어 내 우순씨[23]란 이름으로 드

---

20 정재서, 앞의 책, 293-295쪽.
21 해월 최시형, 〈天地人 · 鬼神 · 陰陽〉,『海月神師法說』, 265-266쪽.
22 오문환, 앞의 논문, 125-126쪽.
23 虞舜. 우는 有虞氏 부락을 가리키며, 순은 이 부락의 수령으로 추정된다. 사마천,『완

러냈다. 그 부분을 살펴보자.

> 太古之無爲兮여 其氣也未發이요 三皇之基礎兮여 道本乎心이요 五帝之孩
> 提兮여 施措於治法이라 人氣也淳厚하니 民皆爲堯舜이요 敎導以聖道하니
> 世莫非堯舜이라 人道之將泰兮여 人各有人心이라 惟彼軒轅時之蚩尤와 虞
> 舜世之有苗가 背化而作亂하니 豈可無善惡之別乎아.
>
> 태고의 '무위' 시대는 그 기운이 아직 발하지 않은 때요, 삼황이 세상의 기초를 세움이여, 도를 마음에 근본하였음이요, 오제가 문물제도를 시작함이여, 정치와 법을 바르게 폄이라. 사람이 순후하니 백성이 다 요순이요, 성도로써 가르치니 세상이 다 요순 아님이 없느니라. 인도가 커지면서 사람은 각각 인심이 있는지라, '헌원씨' 시대에는 '치우'가 작란하고, '<u>우순씨</u> <u>세상</u>에는 '유묘'가 교화를 배반하고 작란하니, 이런 일을 본다 해도 어찌 선악의 차별이 없다고 하겠는가.[24]
>
> -〈삼전론(三戰論)〉(밑줄-필자)

위의 글〈삼전론〉에서 의암은 세상의 기초 건립자로서 삼황, 문물제도 시원자로서 정치와 법의 교화자로서 오제를 그려냈다. 이어서 치우(蚩尤)[25]는 헌원씨 세상과 대비시켜 보여주었다. 이는 해월의〈성인지덕화(聖

역 사기 本紀』[1], 김영수 옮김, 알마, 2011, 236쪽 참조.

24 의암 손병희,〈三戰論〉,『義菴聖師法說』, 625-626쪽.
25 蚩尤: 上古时代九黎族部落酋长, 关于他的身份, 有各种不同的解释. 约在4600多年以前, 黄帝战胜炎帝后, 在今河北涿鹿县境内, 展开了与蚩尤部落的战争--涿鹿之战, 蚩尤战死. 东夷, 九黎等部族融入了炎黄部族, 形成了今天中华民族的最早主体. 河北省涿鹿县境内现存有轩辕丘, 蚩尤坟, 黄帝泉(阪泉), 蚩尤三寨, 蚩尤泉, 八卦村, 定车台, 蚩尤血染山, 土塔, 上下七旗, 桥山等遗址遗存. 具体可详阅《涿鹿县志》,《史记》,《水

人之德化)〉에서 "요순의 세상에 백성이 다 요순이 되었다 하나, 백성이 어찌 다 요순이 되었겠는가. 이것은 요순의 덕화 속에 훈육되었기 때문이니라."[26]라고 하였듯이 성인의 훈육 방법, 온화한 기운과 덕성에 의한 친절한 교육을 통해 요순의 덕화적 훈육 방법을 중심으로 보여주었다. 또 의암은 헌원씨 시대와 우순 시대에 있던 '유묘(有苗)'[27]와 대비하여 성인의 덕성은 자기를 버리고 타자에게 덕화를 미치게 한다는 점을 강조했고, 요순 세상은 덕화적 훈육 방법으로 가르쳐 왔다는 점을 역사적 대비법을 통해 강조했다.

5. 치우와 유묘 - 중화민족 관념 패러다임인가? 무치주의자 영웅인가?

의암은 〈삼전론〉에서 기타 신화적 인물로 치우와 유묘를 동시에 보여준다. 의암은 『동경대전』과 『용담유사』, 『해월신사법설』에는 없는 치우와 유묘를 헌원씨와 우순씨와 대비시켜 부정적으로 등장시켰다.

먼저 치우에 대해 살펴보자. 『사기』의 〈오제본기〉에는 "헌원 때는 염제 신농씨(神農氏)의 세상이 쇠하였다. 제후들이 서로 침략하고 정벌하며 백

经注》等文献史料. 现代建筑有 "中华三祖堂" 等.
26 해월 최시형, 〈聖人之德化〉, 『海月神師法說』, 318쪽.
27 有苗 三国志 魏志十 贾诩 "昔舜舞干戚而有苗服." 尧, 舜, 禹 时代我国南方较强大的部族. 传说 舜 时被迁到 三危. 有, 词头.《书·大禹谟》"帝曰: 咨, 禹, 惟时 有苗 弗率, 汝徂征." 孔 传 ": 三苗 之民, 数于王诛." 南朝 陈 徐陵《为贞阳侯答王太尉书》"尚何忧于 共工, 何畏于 有苗 哉?" 参阅《文献通考·封建二》
유묘(有苗)의 별칭인 삼묘(三苗)는 고대 소수민족의 하나인데 삼묘에 대한 별칭으로 장강, 회수, 형주 일대 분포한 소수민족을 말한다. 사마천, 『완역 사기 本紀』[1], 앞의 책, 295쪽 참조.

성을 포악하게 다루었으나 신농씨에게는 이들을 징벌할 힘이 없었다. 이에 헌원이 창과 방패를 쓰는 법을 익혀 조공하지 않는 제후들을 정벌하니 모두 신하로 복종하였다. 세상이 어지러워지자

가 각지의 제후들을 정벌하였다. 그러나 포악한 치우는 토벌할 수 없었다. 염제가 제후들을 치려고 하자 제후들이 모두 헌원에게 귀의하였다. 헌원은 덕을 닦고 군대를 정비하였다. (중략) 치우가 황제의 명을 듣지 않고 다시 난을 일으켰다. 황제는 제후들의 군대를 징집하여 탁록(涿鹿)들에서 치우와 싸워 마침내 치우를 사로잡아 죽였다. 그러나 제후들은 모두 신농씨를 대신하여 헌원을 천자(天子)로 받드니 이가 바로 황제다."[28]라고 했다. 또 『서경(書經)』 〈주서(周書)〉에는 "임금님이 말씀하셨다. 옛날의 교훈이 있소. 치우가 처음 난리를 일으키니, 백성들에게까지 영향이 미치어, 도둑질과 남을 해치는 짓을 하지 않는 자가 없게 되었고, 경박한 짓, 사악한 짓을 일삼으며 반란을 일으키고 서로 약탈하고 훔치며 난동과 혼란을 일삼았소."[29]라고 되어 있다. "이긴 자는 왕후장상이 되고 패한 자는 도적이 된다."는 전통 사회의 관념이 패한 영웅인 치우를 반역자로 만들었고 한족이 중심이 되어 이끌어 온 대한족주의의 관념의 역사가 소수민족 묘족의 조상 치우를 지속적으로 폄훼했다.[30] 민족적 자부심을 가진 봉건 전

---

28 사마천, 『완역 사기 本紀』[1], 위의 책, 201-203쪽. 2002년 월드컵 때 나온 '붉은 악마'는 치우 관련해서 원조를 삼고 있다.
29 金學主 譯著, 〈周書, 呂刑〉 改訂增補版 新完譯 『書經』, 명문당, 2009, 490쪽.
30 김선자, 『만들어진 민족주의 황제신화』, 책세상, 2007, 410쪽. "치우와 삼묘 전설에 대한 기록을 통해 중화 대지에 원시사회 말기에 부락들이 모이고 전쟁하고 융합하고 이주하며 구성한 대규모의 교반운동이 있었음을 알 수 있다. 다민족 대일통이 그 시대 이미 이루어졌다는 것, 염, 황, 치, 삼조를 주장하는 학자들의 의견 종합 결론은 1. 치우는 구려족 수장이다. 2. 치우는 묘족의 조상이다. 3. 황제가 치우 부족을 통합해 대

통 관념의 영향으로 화하족의 신 황제는 2,000년간 치우를 도외시했고, 묘족의 신 치우를 반역의 신으로 여겼다. 이런 치우를 21세기에 불러내 중화민족의 시조라는 자리를 내준 것에는 분명한 포획의 논리가 숨어 있다. 역사시대 내내 중화민족의 개념 밖으로 내몰린 소수민족을 포획하기 위한 전략적 목적이 있는 것이 분명하다. 동북공정과 맞물리는 대목이기도 하다. 묘족의 신 치우를 중화민족의 그물 안으로 거둬들인다면 그런 후손이라고 여겨지는 묘족이나 한반도의 민족이 이룬 모든 역사와 문명 역시 중화민족의 그물 안으로 끌려 들어가게 된다.[31]

다음으로 유묘 관련 부분을 보자. 『순자』 〈의병〉 편의 기록을 보면 제자인 진효가 손경자에게 물었다. "요임금은 환두(驩兜)를 토벌하였고, 순임금은 유묘를 쳤으며, 우임금은 공공(共工)을, 탕임금은 하(夏)나라를, 문왕은 숭(崇)나라를, 무왕은 주왕(紂王)을 쳤으니, 이상 이제(二帝)와 사왕(四王)은 모두 인의의 군사로 천하에 출전하였던 것이다. 그래서 가까운 곳에 있는 자는 그 선(善)을 따랐고 멀리 있는 자는 그 덕을 사모하였으며, 군사는 칼에 피를 묻히지 않았는데도 멀고 가까운 데서 모두 귀속하였고 그 덕은 여기서 더욱 성하여 능히 사방에 베풀어지게 되었던 것이다."[32]라고 했다. 또 『염철론』에는 "순임금은 방패와 도끼를 들고 춤을 추도록 하여 유묘를 복종시켰고, 문왕은 인덕을 베풀어 사이(四夷)를 감화시켰습니다. (중략) 이는 인의로 천하를 얻은 것이고, 인덕으로 통치를 공고히 한 것입니

일통을 이루었고 그들이 화하족의 기원이다. 치우는 중원 한족의 중요구성 부분, 치우는 중화민족의 3대 조상의 하나이다. 근대 시기까지 지식인들이 반란자로 여겼던 치우가 21세기 중화민족의 3대 시조 중 하나가 되었다."고 보았다.
31 김선자, 위의 책, 책세상, 2007, 417쪽.
32 최대림 譯解, 『순자』, 홍신문화사, 2009, 236-237쪽.

다. 진나라는 천하를 무력으로 얻고 형법을 이용하여 통치를 공고히 하여 본말이 전도되었기 때문에 일찍 멸망한 것입니다. 인의와 도덕을 사용하면 영원히 통치할 수 있습니다. 그러나 만일 무력에 의지한다면, 국가는 오랫동안 존재할 수 없을 것입니다."[33]라고 했다.

그럼 이런 신화적 인물 치우와 유묘가 나오는 〈삼전론〉의 관련 부분을 살펴보자.

> 太古之無爲兮여 其氣也未發이요 三皇之基礎兮여 道本乎心이요 五帝之孩提兮여 施措於治法이라 人氣也淳厚하니 民皆爲堯舜이요 敎導以聖道하니 世莫非堯舜 이라 人道之將泰兮여 人各有人心이라 惟彼軒轅時之蚩尤와 虞舜世之有苗가 背化而作亂하니 豈可無善惡之別乎아.
>
> 태고의 '무위' 시대는 그 기운이 아직 발하지 않은 때요, 삼황이 세상의 기초를 세움이여, 도를 마음에 근본하였음이요, 오제가 문물제도를 시작함이여, 정치와 법을 바르게 폄이라. 사람이 순후하니 백성이 다 요순이요, 성도로써 가르치니 세상이 다 요순 아님이 없느니라. 인도가 커지면서 사람은 각각 인심이 있는지라, '헌원씨' 시대에는 ① '치우'가 작란하고, '우순씨' 세상에는 ② '유묘'가 교화를 배반하고 작란하니, 이런 일을 본다 해도 어찌 선악의 차별이 없다고 하겠는가.[34]
>
> - 〈삼전론(三戰論)〉 (밑줄-필자)

위의 글 〈삼전론〉에서 의암은 삼황을 세상의 기초 건립자로, 오제는 문

---

33 환관, 『염철론』, 김원중 옮김, 현암사, 2007, 318-319쪽.
34 의암 손병희, 〈三戰論〉, 『義菴聖師法說』, 625-626쪽.

물제도 시원자로서 정치와 법의 교화자로 그려냈다. 여기에서 삼황과 오제와 대비된 부정적 인물로 치우와 유묘를 보여준다. 여기서 의암은 선악 이분법으로 오제 중 한 명인 헌원씨, 순임금인 우순씨를 문물제도와 순수함, 선 관념 등 덕치주의와 문치주의를 중국 관념 체계 그대로 수용했다. 즉 덕치주의의 입장인 헌원씨(황제)나 우순씨(순임금)에 대해 치우와 유묘는 무치주의자(武治主義者)로 배제시켰다. 여기에서 의암은 중국 신화적 인물을 통시적으로 비유하면서 삼황→오제(헌원씨)→요순(우순씨)으로 진행시켜 전개했는데 선의 대표로 헌원씨와 우순씨를 드러냈다면 반대로 악의 대표로 치우와 유묘를 드러냈다. 이 부분의 의암 해석에는 조선의 관념 패러다임 중 하나인 소중화(小中華) 관념을 그대로 따르는 중화사상의 수용과 재생산이 드러나 있다. 그 관념을 따르면 치우와 유묘는 배제된다. 그러나 치우는 소중화 의식이 아닌 한민족의 시각에서 보면 선악의 대립이 아닌 무치주의자인 영웅으로 해석해야 할 여지를 남겨 두어야 할 것이다. 다만 의암은 〈삼전론〉에서 한민족의 정체성보다는 과거 중화민족의 관념 패러다임을 그대로 반영하는 결과를 수용한 것이다.

III. 중국의 정치·사상적 인물 - 노자·공자·맹자

다음으로 『의암성사법설』에 두 번째로 나오는 중국 인물은 정치·사상적 인물 유형으로 노자·공자·맹자이다. 노자는 〈교 비평설〉에, 공자는 〈척언허무장〉에, 맹자는 〈치국평천하지정책장〉에 나온다. 이 세 인물 중

처음 나오는 노자[35]를 살펴보자.

1. 노자 - 초인격적 진수

먼저 노자는 〈교 비평설〉에 나온다. 〈교 비평설〉은 〈천도태원경(天道太元經)〉[36]의 내용 중에 있는데 노자가 두 곳에 나온다. 노자는 주나라 왕실에서 장서를 관장했다는 설도 있고 정치적 원인으로 노나라에 피신했을 때 공자가 그를 만나 주례에 관해 물었다는 기록도 있다. 『도덕경』에서 볼 수 있는 노자의 사상은 철리적인 내용과 정치적인 내용으로 분류할 수 있다. 전자에서는 도가 만물의 기원이라 만물이 저절로 그러함(自然)의 항상된 도리여서 천지 만물을 생성한 어떤 것, 천지 만물의 움직이는 어떤 것, 원리에 대해 비유했다. 또 후자에서는 사람은 천지 만물의 구성체인 이상 이에 따르는 것이 당연하다는 것이 노자의 정치사상이자 인간들이 행해야 할 삶의 자세라는 것에 대해 언급했고, 정치에 대해서는 다스리지 않음의 다스림[無爲之爲]을 제시했다.[37]

이러한 노자에 대해 의암은 〈교 비평설〉에서 비교종교적 입장으로 노자 철학의 기본 이론을 제시하며 드러냈는데 관련 부분을 살펴보자.

---

35 约 公元前 571年~公元前 471年. 字伯阳, 谥号聃, 又称李耳. 楚国苦县厉乡曲仁里人. 曾作过周朝"守藏室之官"(管理藏书的官员), 我国最伟大的哲学家和思想家之一, 被道教尊为教祖. 世界文化名人. 老子的思想主张是"无为",《老子》以"道"解释宇宙万物的演变, "道"为客观自然规律, 同时又具有"独立不改, 周行而不殆"的永恒意义. www.baidu.com.
36 〈천도태원경〉, 1905.
37 심규호, 『연표와 사진으로 보는 중국사』, 도서출판 일빛, 2009, 40-41쪽.

人은 道理中 一撮影이라 形影이 隱隱相照하는 兩際에 自然的 一耿光이 心理上小分的覺痕을 成하여 思想의 運力이 草昧一氣를 未撥한 狀態가 有한 故로 木石을 聖神으로 認하고 此에 慶幸을 邀하며 太陽은 善神이요 夜의 暗黑은 惡神이니 太陽이 火矢를 試하여 世界光明을 克服하리라 企하여 此에 拜하다가 一層進化하여 倫理的 光彩下에 返하니 中古人視時代라 曰「儒」曰「老子」曰「佛」曰「婆羅門」曰「耶蘇」曰「馬合默」이 敎門의 重要한 位置를 占하니라.

사람은 도의 이치 속에 한 그림자를 찍어 낸 것이라, 형상과 그림자가 은은히 서로 비추는 둘 사이에 자연히 한 반짝이는 빛이 심리상 작은 부분의 깨달은 흔적을 이루어, 사상의 옮기는 힘이 거칠고 어두운 한 기운을 벗어 버리지 못한 상태가 있으므로, 나무나 돌을 성신으로 알고 여기에 경사와 행복을 구하며, 태양은 착한 귀신이요 밤의 어두운 것은 악한 귀신이니, 태양이 불화살을 던져 세계의 밝은 빛을 극복하리라 바라면서 이에 절하다가 한층 진화하여 윤리적 광채 아래 돌아오니, 중세기의 사람을 보는 시대라. 유라 이르고, ① 노자라 이르고, 부처라 이르고, 바라문이라 이르고, 예수라 이르고, 마호메트라 이르는 것이 교문의 중요한 이치를 점하니라. (중략)

老子는 天地萬有의 一體貫通한 哲理를 論明하며 自然的 天則으로 始中終穩健을 自持하여 禮樂刑政에 拘泥하는 塵想이 無한 超人格眞髓니 仙이 此의 餘葉이니라.

② 노자는 천지 만유의 일체에 관통한 철리를 논하여 밝히며, 자연한 천칙으로 처음과 중간과 나중의 편안하고 건전한 것을 스스로 가지어, 예절과 음악과 형벌과 정사에 얽매인 속된 생각이 없는 초인격적 진수니, 선교

는 여기에서 나온 여엽이니라.[38]

- 〈교 비평설(教 批評說)〉 (번호 및 밑줄-필자)

위의 〈교 비평설〉에서 보이듯 의암은 노자를 두 곳에 등장시켰다. 의암은 전자 ①의 노자에 대해서는 도의 이치 속에 한 그림자, 형상과 그림자 사이에 유(儒), 노자(老子), 부처(佛), 바라문(婆羅門), 예수(耶蘇), 마호메트(馬合默) 등 교문의 중요한 이치를 드러내면서 대비시켰다. 또 의암은 후자 ②의 노자에 대해 천지 만유의 일체에 관통할 철리, 자연의 천칙으로 초인격적 진수로 선교의 기원으로 드러냈다.

2. 공자와 맹자 - 천품의 기운인 인(仁)과 의(義)

의암이 드러낸 두 번째 중국 인물은 정치·사상적 인물 유형이며 공자 및 맹자가 해당된다. 이 두 인물은 〈척언허문장〉과 〈치국평천하지정책장〉에 나온다. 〈척언허무장〉은 〈명리전(明理傳)〉[39]의 내용 중에 있다.

먼저 공자가 나오는 〈척언허무장〉의 관련 부분을 살펴보자.

孔子曰「仁은 人之安宅也요 義는 人之正路也라」하니 遵正路而行하고 陞安宅而處焉則 此非中立而不倚者乎아 此雖易言이나 非智謀之士면 不能也니라 所以로 敎人有道하니 守其天然之心하고 正其天稟之氣하여 博學知識而施於行道에 行之不失經緯則 斯可謂人爲人事之有經緯니 如人之有經絡

---

38 의암 손병희, 〈天道太元經 중 教 批評說〉, 『義菴聖師法說』, 551-554쪽.
39 1903년 〈명리전〉.

이라 若人足反居上하고 臂居背上則 屈伸動靜을 任意自如乎아 所以로 守心正氣는 道法之第一宗旨也니라.
공자 말씀에 "어진 것은 사람의 편안한 집이요, 의로운 것은 사람의 바른 길이라." 하였으니 바른 길을 좇아가 행하고 편안한 집에 살면 이것이 중립이요, 치우치지 않는 것이 아니냐. 이것이 비록 말은 쉬우나 지모 있는 선비가 아니면 능히 할 수 없는 것이니라. 이러므로 사람을 가르치는 데 도가 있으니, 그 천연한 마음을 지키고 그 천품의 기운을 바르게 하여 넓게 지식을 배우고 행하는 도를 베풂에 경위를 잃지 않으면, 이것이 가히 사람이 사람 된 인사의 경위를 잃지 않는 것이라 말하리니, 사람의 경락이 있는 것과 같으니라. 만약 사람의 발이 도리어 위에 있고 팔이 등에 있다면 굴신동정을 임의로 할 것인가. 이러므로 수심정기는 도법의 제일 종지이니라.[40]
- 〈명리전(明理傳) 중 〈척언허무장(斥言虛誣章)〉 (밑줄-필자)

위 〈척언허무장〉에서 의암은 공자 말씀을 인용했다. 그러나 이 경전의 공자 말씀은 실은 맹자로 바뀌어야 할 것이다. 이 원문은 『맹자』의 〈이루장구(離婁章句)〉에서 나온 것으로 다음과 같다. "자포자(自暴者), 즉 자기가 자기 자신을 해치는 그런 부류의 사람과는 함께 도리에 합당한 말을 할 수가 없다. (중략) 제 몸에 인의 덕을 지니지 않고 의에 따라가지 못하는 것은 자기라고 한다. '인'은 그것을 실천하면 모든 사람이 자기를 따르게 되므로 사람이 편안하게 살 수 있는 '집'이라 할 수 있다. '의'는 사람이 따라야 할 올바른 방향이므로 사람이 걸어야 할 올바른 '길'이라고 하겠다. 그런데 지금 세상 사람들은 이처럼 편안한 집을 비워 둔 채 살지 않고, 바른 길을 내

---

40 의암 손병희, 〈明理傳 중 斥言虛誣章〉, 『義菴聖師法說』, 600-601쪽.

버려 둔 채 따라가지 않으니 참으로 슬픈 노릇이다.[孟子曰 : "自暴者는 不可 與有言也이요 自棄者는 不可與有爲也이니 言非禮義를 謂之自暴也이요 吾身不能 居仁由義를 謂之自棄也이니라 仁은 人之安宅也이요 義는 人之正路也이라 曠安宅 而弗居하며 舍正路而不由하나니 哀哉라.]"[41] 결국 맹자를 통해 어진 것은 사람의 집이요, 의로운 것은 사람의 바른 길이라는 것이 강조되었다. 의암은 인(仁)과 의(義)를 천품의 기운을 바르게 하여 도를 베풀어야 할 것이며, 수심정기가 도법에서 제일 중요하다고 했다.

3. 맹자 - 무항산 무항심

다음으로 『의암성사법설』에 나오는 정치·사상적 인물은 맹자이다. 〈치국평천하지정책장〉은 〈명리전(明理傳)〉의 내용 중에 있다. 맹자는 〈치국평천하지정책장〉에 한 번 나오는데 그 원문을 살펴보자.

> 書에 日「天生蒸民하니 有物有則이로다 民之秉彛하니 好是懿德이로다」하고 孟子 日「無恒産者는 無恒心이라」하니 是故로 民無秉彛之心이면 災眚必臻이요 民無恒産이면 饑饉荐至니 然則 禍福妖祥은 無乃生靈之所自致者乎아.
>
> 서전에 말하기를 "한울이 뭇 백성을 내시니 만물이 있고 법이 있도다. 백성이 떳떳함을 잡았으니 좋은 이 아름다운 덕이로다." 하였고, 맹자 말씀하시기를 "일정한 생업이 없는 사람은 일정한 생각이 없다." 하였으니, 이러므로 백성이 떳떳함을 잡는 마음이 없으면 재앙이 반드시 이르고, 백성이

---

41 車柱環 譯著, 앞의 책, 離婁章句 상, 225쪽.

일정한 생업이 없으면 배고픈 것이 겹쳐 이르나니, 그러면 화단과 복록과 요사스러운 것과 상서로운 것은 이것이 사람 자기가 스스로 만든 것이 아니냐.[42]

- 〈치국평천하지정책장(治國平天下之政策章)〉 (밑줄-필자)

위 〈치국평천하지정책장〉에서 의암은 『서경』에 나오는 말씀과 맹자 말씀을 인용했다. 중국 유학 사상이 공자부터 시작한다는 것은 주지의 사실이다. 그러나 공자 사상을 이해하기 위해서는 그 뿌리를 이루는 고대 중국의 민족 신앙부터 이해해야 한다. 중국 사람들은 일찍부터 인간은 하늘[天]로부터 생겼다고 생각하고 있었다. 그런데 『서경』의 인용문은 원문이 『서경』이 아닌 『시경(詩經)』〈대아(大雅)〉 중민 편(蒸民篇)에 나온다. "하늘이 백성들을 낳으시고, 사물 법칙 있게 하셨네. 백성들 일정한 도를 지니어 아름다운 덕을 좋아하네. 하늘은 주나라를 둘러보시고 세상으로 내려오시어, 우리 천자님 보호하시어 중산보를 낳게 하셨네."[43]라고 되어 있다. 그리고 『맹자』〈등문공 장구(滕文公章句)〉에는 "일반 백성들의 생태를 말씀드리면, 일정한 수입이 확보된 생활 근거가 있어 변하지 않는 경우에는 꾸준한 마음을 지닐 수 있으나, 이에 반해 일정한 생활 근거가 없는 경우에는 마음이 동요되어 꾸준한 마음이 없게 마련입니다.[民之爲道也니 有恒産者는 有恒心이오, 無恒産者는 無恒心이니 苟無恒心이면 放僻邪侈를 無不爲已니.]"[44]라고 되어 있다. 이는 진실로 일정한 마음이 없으면, 방탕·편벽·

---

42 의암 손병희, 〈明理傳 중 治國平天下之政策章〉, 『義菴聖師法說』, 611-612쪽.
43 위의 책.
44 "天生蒸民하시니 有物有則이로다 民之秉彛라 好是懿德이로다. 民之秉彛라 好是懿德이로다. 天監有周하시고 昭假于下하사 保玆天子하사 生仲山甫시로다."(하늘이 백

사악·사치 등 못하는 짓이 없으며 항산(恒産)이 없는 사람은 항심(恒心)이 없기에 사람에게는 반드시 일이 있어야 함을 의미한다. 일이 없으면 언제나 마음이 안정되지 못하고 마음이 안정되지 못하면 생산적인 생각보다 좋지 않은 비생산적인 생각으로 치우쳐 엉뚱한 일을 저지르게 될 수 있다. 그러나 의암은 화단과 복록, 요사스러운 것과 상서로운 것은 모두 자기 스스로 만든 것이라 했다.

IV. 나가며

이상으로 의암 손병희가 『의암성사법설』을 통해 드러낸 중국 인물 중, 신화적 인물과 정치·사상적 인물 유형을 중심으로 그의 중국적 사유를 살펴보았다.

첫 번째, 『의암성사법설』의 신화적 인물로 삼황오제(천황씨, 헌원씨), 요순(우순씨), 치우와 유묘를 살펴보았다.

즉 삼황오제(천황씨, 헌원씨)는 〈신통고〉〈삼전론〉〈몽중문답가〉에서 살펴보았다. 이어 요순(우순씨)은 〈몽중문답가〉〈신앙통일과 규모일치〉〈우음〉〈삼전론〉에서 살펴보았고, 마지막으로 치우와 유묘는 〈삼전론〉에서 살펴보았다.

두 번째, 『의암성사법설』에 나오는 정치·사상적 인물로는 노자와 맹자

성들을 낳으시고, 사물 법칙 있게 하셨네. 백성들 일정한 도를 지니어 아름다운 덕을 좋아하네. 하늘은 주나라를 둘러보시고 세상으로 내려오시어, 우리 천자님 보호하시어 중산보를 낳게 하셨네.) 金學主 譯著, 改訂增補版 新完譯, 〈大雅〉, 『詩經』, 명문당, 2010, 622-624쪽.

및 공자를 살펴보았다. 노자의 경우 〈교 비평설〉에서 살펴보았다. 맹자의 경우(공자 포함) 〈척언허무장〉과 〈치국평천하지정책장〉에서 살펴보았다.

이런 점에서 의암은 중국의 신화적 인물과 정치·사상적 인물이라는 중국 코드를 통해 자신의 중국적 사유관을 비유해 보여주었다. 특히 의암은 천황씨를 스스로 견성의 최고 단계에 이르는 것으로 보거나 태평세계와 이상 세계의 비유로 보여주었다. 또 맹자의 인(仁)이나 의(義)와 관련해서는 무항산(無恒産)과 무항심(無恒心)의 단계에서 더 나아가 수심정기와 자신 스스로 만드는 것임을 강조했다. 한편 의암의 경우 수운과 달리 통치자 인물, 문예적 인물, 초인적 분신 인물은 거의 보이지 않았는데, 이런 점은 의암이 활동한 20세기 초가 일제강점기로, 나라를 잃은 조선에서 강력한 통치 철학과 이상적인 인물 군상을 중요시했기 때문이라 생각된다. 무엇보다도 의암은 중국 인물의 코드를 활용해 절망에 빠져 있는 당대 조선인들에게 힘들지만 개인의 성품과 무한하게 큰 힘으로 스스로 이루어 낼 수 있는 가능성의 비전을 제시했다고 볼 수 있다.

참고문헌

제1부 동학 소설 연구

김경재, "동학의 신관", 『동학혁명백주년기념논총』상, 동학혁명100주년기념사업회, 1994.
金庠基, 『東學과 東學亂』, 한국일보사, 1975.
김승종, "『녹두장군』과 『갑오농민전쟁』의 비교 연구", 『현대소설연구』제2호, 1995. 6.
김진혁 편저, 『새로운 문명과 동학사상』, 지선당, 1997.
노길명, "동학의 천주사상", 『한국신흥종교연구』, 경세원, 1996.
노태구, "동학의 정치사상"-세계사적 의의를 중심으로, 신일철 외, 『東學思想과 東學革命』, 청아출판사, 1984.
노태구 엮음, 『동학혁명의 연구』, 백산서당, 1982.
박태원, 『갑오농민전쟁』(1-8), 깊은샘, 1989.
배항섭, "충청도지역 동학농민전쟁과 농민군지도부의 성격", 『동학농민전쟁과 농민군 지도부의 성격』, 서경문화사, 1997.
백세명 편저, 『天道敎經典解義』, 천도교중앙총부, 1963.
서덕순, 「박태원의 『갑오농민전쟁』 연구-세계인식과 창작기법으로 중심으로」, 경희대 박사논문, 1996. 8.
송하춘, "『혁명』・『들불』과 동학란", 『탐구로서의 소설독법』, 고려대출판부, 1996.
신덕룡, "바다, 욕망과 반역의 공간"-한승원의 『동학제』론, 『작가세계』, 1996년 겨울호.
신일철, "최수운의 역사의식", 『東學思想과 東學革命』, 청아출판사, 1984.
吳知泳, 『東學史』, 李章熙 교주, 박영사, 1974.
우윤, 『갑오농민전쟁 지도자 : 전봉준』, 하늘아래, 2003.
_____, "동학사상의 정치・사회적 성격", 『1894년 농민전쟁연구3』, 역사비평사, 1993.
柳炳德 편저, 『東學・天道敎』, 교문사, 1987.
유현종, 『들불』, 세종출판공사, 1976.
윤노빈, "동학의 세계사상적 의미", 『東學思想과 東學革命』, 청아출판사, 1984.
윤석산, "문학에 나타난 동학", 『동학사상과 한국문학』, 한양대출판부, 1999.
_____, "동학 경전에 나타난 도교적 요소", 『동학사상과 한국문학』, 한양대출판부, 1999.
_____, "동학가사 「검결」 연구", 『동학사상과 한국문학』, 한양대출판부, 1999.
李光淳, "甲午東學革命의 精神史的 意味", 申一澈 외, 『東學思想과 東學革命』, 청아출판사,

1984.
이보영, "동학혁명소설의 가능성"-『혁명』과『들불』,『한국소설의 가능성』, 청예원, 1998.
이이화, "지도부는 이렇게 형성되고 통합하였다",『동학농민전쟁과 농민군 지도부의 성격』, 서경문화사, 1997.
이정숙, "역사의식과 문학적 상상력"-해방 직후부터 1970년대까지의 소설에 나타난 동학,『소설과 사상』, 1994년 겨울호.
이진영, "전봉준·김개남의 정치적 지향과 전략",『동학농민전쟁과 농민군 지도부의 성격』, 서경문화사, 1997.
이현희, "수운의 개벽 세상 연구",『東學思想과 東學革命』, 청아출판사, 1984.
작가가 말하는 소설 속의 여주인공-『들불』의 옥이,《서울신문》, 1982. 6. 6.
장영민, "최시형과 서장옥"-남북접 문제와 관련하여,『동학농민전쟁과 농민군 지도부의 성격』, 서경문화사, 1997.
창작의 고향 21, 유현종의『들불』,《경향신문》, 1992. 12. 14.
정현기, "동학혁명의 소설적 인간론"-한승원의『동학제』에 부쳐,『소설과 사상』, 1994년 겨울호.
정현숙, "『갑오농민전쟁』론",『현대소설연구』제2호, 한국현대소설학회, 1995. 6.
채길순,「동학혁명의 소설화 과정 연구」, 청주대 박사논문, 1999.8.
_____, "동학혁명의 소설화 과정과 과제",『한국문예비평연구』제6집, 한국현대문예비평학회, 2000. 6.
한승원,『동학제』(1-7), 고려원, 1994.
황국명, "변동기의 주체 문제와 이념적 지향"-『들불』론,『떠도는 시대의 길 찾기』, 세계사, 1995.
橫川正夫, "전봉준에 대한 고찰", 노태구 엮음,『동학혁명의 연구』, 백산서당, 1982.

제2부 동학 경전의 신화와 수사학

『東經大全』,『天道敎經典』, 천도교중앙총부, 1993.
『龍潭遺事』,『天道敎經典』, 천도교중앙총부, 1993.
『義菴聖師法說』,『天道敎經典』, 천도교중앙총부, 1993.
『海月神師法說』,『天道敎經典』, 천도교중앙총부, 1993.
『繪像 靈蹟實記』, 侍天敎總部, 1915.
「창세기」,『개역 한글판 연대기 성경』, 두란노, 1996.
「출애굽기」,『貫珠 聖經全書』, 대한성서공회, 1987.

정재서, 『이야기 동양 신화』, 황금부엉이, 2004.
제임스 사이어, 『기독교 세계관과 현대사상』, 김헌수 옮김, IVP, 2001.
진 쿠퍼, 『그림으로 보는 세계 문화 상징 사전』, 이윤기 옮김, 까치, 1994.
최동희, "해월의 종교 사상에 대한 이해", 부산예대 동학연구소 엮음, 『해월 최시형과 동학 사상』, 예문서원, 1999.
필립 윌라이트, 『隱喩와 實在』, 김태옥 역, 문학과지성사, 1983.
G. 레이코프, M. 존슨, 『삶으로서의 은유』, 노양진·나익주 옮김, 서광사, 2001.
Harold Bloom, 『시적 영향에 대한 불안』, 윤호병 편역, 고려원, 1991.
T. S. 엘리어트, "종교와 문학", 『현대 문학과 종교』, 조만·고진하 편역, 현대사상사, 1987.

www.baidu(百度).com 참조.
daum. Naver, 브리태니카, 위키백과 사전 등 참조.

제3부 동학 경전의 중국 인물 연구

『東經大全』, 『天道敎經典』, 천도교중앙총부, 1993.
『龍潭遺事』, 『天道敎經典』, 천도교중앙총부, 1993.
『義菴聖師法說』, 『天道敎經典』, 천도교중앙총부, 1993.
『海月神師法說』, 『天道敎經典』, 천도교중앙총부, 1993.
『繪像 靈蹟實記』, 侍天敎總部, 1915.

강미정, "〈갑부가 된 석숭〉에 나타난 자기서사의 변화", 『문학치료 연구』 제3집, 한국문학치료학회, 2005.
김구진, 김희영 편저, 『이야기 중국사』 제1권, 청아출판사, 1991.
김선자, 『만들어진 민족주의 황제신화』, 책세상, 2007.
김성문, "두목(杜牧)", 이병한 외 22인, 『中國詩와 詩人-唐代 篇』, 사람과책, 1998.
김용해, "손병희의 무체법경과 조지 허버트 미드의 '정신, 자아 그리고 사회'", 『동학학보』 통권 11호, 동학학회, 2006.
김용휘, 「시천주 사상의 변천을 통해 본 동학 연구」, 고려대 박사논문, 2004.
김인환, "『용담유사』의 내용 분석", 『문학과 문학사상』, 한국학술정보(주), 2006.
김정호, "해월 최시형 사상에 나타난 정치사회적 실천론의 인식론적 토대와 의의", 『동학학보』 제15호, 동학학회, 2008.
金學主 譯著, 『新完譯 詩經』, 明文堂, 2010.

_____, 〈周書, 呂刑〉,『新完譯 書經』, 명문당, 2009.
_____,『사기』, 정범진 외 옮김, 까치, 2010.
문덕수 편저,『世界文藝大辭典』, 교육출판공사, 1994.
문영석, "해월 최시형의 사상연구",『동학학보』제3호, 동학학회, 2002.
반고,『한서지리지·구혁지』, 이용원 역해, 자유문고, 2007.
사마천,『완역 사기 本紀』[1], 김영수 옮김, 알마, 2011.
孫志鳳,「韓國說話의 中國人物 硏究」, 한국정신문화연구원 한국학대학원 박사논문, 1998.
시라카와 시즈카,『전혀 다른 공자이야기-사람의 마음을 움직여 세상을 바꾸리라』, 장원철 옮김, 한길사, 2004.
심규호,『연표와 사진으로 보는 중국사』, 도서출판 일빛, 2009.
아서 코트렐,『그림으로 보는 세계신화사전』, 편집부 옮김, 까치, 2002.
안핑친,『공자평전』, 김기협 옮김, 돌베개, 2010.
오문환,『다시개벽의 심학』, 모시는사람들, 2006.
_____,『해월 최시형의 정치사상』, 모시는사람들, 2003.
_____, "의암 손병희의 성심관"-무체법경을 중심으로,『동학학보』통권 11호, 동학학회, 2006.
宇野哲人,『중국의 사상』, 박희준 옮김, 대원사, 1991.
원가,『중국의 고대신화』, 정석원 역, 문예출판사, 1989.
袁珂,『중국신화전설 Ⅰ』, 전인초·김선자 옮김, 민음사, 1992.
유병덕 편저,『동학·천도교』, 교문사, 1993.
尹乃鉉, "箕子新考",『韓國古代史新論』, 일지사, 1999.
윤석산,『주해 東學經典-동경대전·용담유사』, 동학사, 2009.
_____,『龍潭遺事 硏究』, 민족문화사, 1993.
_____,『동학사상과 한국문학』, 한양대출판부, 1999.
_____, "최시형 법설의 기초 문헌 연구",『동학학보』제4호, 동학학회, 2002.
이현희, "의암 손병희성사와 천도교의 3·1운동",『동학학보』제11호, 동학학회, 2006.
임금복, "동양의 신화와 동학 경전의 비교"-요순 신화를 중심으로,『동학학보』10호, 동학학회, 2006.
_____, "목소리와 바위, 새와 저울의 현상학"-서구 신화와 동학 신화의 비교,『문학공간』202호, 문학공간사, 2006. 9.
_____, "동양 신화의 경전 수사학"-동학 경전에 나타난 '삼황오제 신화'를 중심으로,『문학공간』228호, 문학공간사, 2008. 11.
_____, "『동경대전』에 나타난 중국 인물 연구",『동학학보』제21호, 동학학회, 2011. 4.
_____, "『용담유사』에 나타난 중국 인물 연구",『동학학보』제22호, 동학학회, 2011. 8.

_____, "『해월신사법설』에 나타난 중국 인물 연구", 『동학학보』제24호., 동학학회, 2012. 4.
임동석 역, 『국어 3-3』, 동서문화사, 2009.
장주 엮음, 『와룡의 눈으로 세상을 읽다-완역 제갈량문집』, 조희천 옮김, 신원문화사, 2006.
정재서, 『이야기 동양 신화』, 황금부엉이, 2004.
정재호, "東學歌辭와 東學革命"-『용담유사』를 중심으로, 『고전문학 연구』9권, 한국고전문학회, 1994.
정정숙, "해월사상과 에코페미니즘", 『동학학보』제9권 2호, 동학학회, 2005.
제갈량 편집팀, 『제갈량 문화유산 답사기』, 허유영 옮김, 에버리치 호딩스, 2007.
조극훈, "의암 손병희의 '이신환성'에 나타난 철학적 의미", 『동학학보』제24호, 동학학회, 2012.
조동일, "開化期 歌辭에 나타난 開化, 救國思想", 『동서문화』 IV집, 계명대 동서문화연구소, 1970.
중국사학회, 『중국역사박물관 4』, 김영매 옮김, 범우사, 2004.
진옥경, "이백", 이병한 외 22인, 『中國詩와 詩人-唐代篇』, 사람과 책, 1998.
車柱環 譯著, 『新完譯 孟子』, 萬章章句, 明文堂, 2007.
천웨이펑, 『공자평전-유가의 1인자』, 신창호 옮김, 미다스북스, 2002.
최대림 譯解, 『순자』, 홍신문화사, 2009.
최민자, "우주진화적 측면에서 본 해월의 삼경사상", 『동학학보』 제3호, 동학학회, 2002.
허경, 『사기열전 3/4』, 임동석 역주, 동서문화사, 2009.
_____, "미셸 푸코의 자기의 테크놀로지와 해월 최시형의 향아설위", 『동학학보』제19호, 동학학회, 2010.
_____, "푸코의 계보학으로 본 동학 개념의 '근대적' 변천: 의암 손병희", 『동학학보』통권 11호, 동학학회, 2008.
_____, "위대한 만남"-병법의 시조 강태공, 『사기 1-패자의 완성』, MOIM 옮김, 서해문집, 2009.
환관, 『염철론』, 김원중 옮김, 현암사, 2007.

www.baidu(百度).com 참조.
daum, Naver, 브리태니카, 위키백과 사전 등 참조.

찾아보기

용어

【ㄱ】

각자위심 224
갑부의 대명사 240
갑오동학혁명 15, 53, 83
강태공 212, 225, 232, 235, 243, 284, 298, 299, 303
개과천선형 비유의 인물 286, 300, 301
개벽 사상 18, 75
개벽 세상 19, 23, 28, 29, 40, 77
걸 152, 213, 247, 269, 276, 280, 284
걸주 152, 154
걸주지난 151
견성각심 203, 205
견성각심자 197, 198, 200
견성적 저울 180, 182
경복궁 쿠데타 61
경신년 165, 166
경전 수사학 205
경천순천 250, 251
계보 문화 27
고부 관아 105
고부 민란 105, 106
고정적 우주 182, 183
고진감래 261, 265
공맹 213, 248, 259, 280, 284
공맹씨 143
공맹지덕 137, 153, 266
공맹지심 145
공문십철 230
공부자 212, 213, 229, 247, 248
공자 212, 225, 226, 243, 248, 260, 297, 303, 308, 309, 327, 330
관군 순변사 74
광제창생 41, 75, 88, 89, 145, 154, 155
괴질운수 253, 264

교리 편찬자 59
교조 신원 운동 92, 93, 94, 95, 101
구미산 259
국계민생 277
국제 정세 인식론자 99, 109
국태민안 252
군왕학 191, 193, 204, 214, 290
궁궁 23, 38, 69
궁궁을 28, 38, 39, 40, 46, 69, 70
궁궁을 부적 74, 78
궁을 69
궁천극지 94
귀신 152, 321
그러한 것 192
그렇지 않은 것 192
그리스 신화 160
금령 해제 95, 101
금천씨 218
기(氣) 125
기남자 278
기독교 유신론 174
기연론 204
기연적 불연의 창조관 192
기자 213, 248, 250, 258, 279, 284
기자조선 257
기 철학 56
김개남 61, 68, 73
김기범 102
김덕령 135
김덕명 61
김승종 83
김연국 27
김인환 249
김학진 108

【ㄴ】

낚시꾼의 대명사 240
난도난법 사회의 반증 인물 249, 269, 280, 283, 286, 300
난도난법자 275
남북접 87
남북접 지도자 54, 61, 115

남북접 회의 94, 97
남접 61, 64
남접 강경파 64
남접 지도자 58, 59, 72, 77, 103, 107, 108
낯설게 하기 123
내면적 땅 167
노비 해방 57, 59
노아 신화 172, 174
노자 308, 309, 327, 328, 330, 335
농민군 74, 77, 115
농민 봉기군 107
농민 지도부 52, 64

【 ㄷ 】

다시개벽 136, 143, 257
다시개벽적 세계관 138, 153, 257, 276, 280
단간목 248, 269, 274, 276, 280, 284
대고천하 126
대구 장대 93
대두령 95
대벽의 세계 126
덕치주의 327
덕화 137, 320
덕적 훈육 방법 144, 154, 292, 317
덕화 훈육법 148
도가 237
도성덕립 35
도성입덕 142, 154
도연명 212, 236, 238, 243, 284
도척 131, 140, 141, 248, 256, 257, 269, 271, 273, 276, 280, 300, 302, 303
동귀일체 41, 54, 76, 138, 140, 155
동방삭 240
동양 신화 125, 188
동양 유토피아 221, 280
동양의 이상적 성인 226, 229
동학 15, 45, 167
동학 경전 128
동학군 51, 72
동학군 지도자 55
동학농민혁명 15
동학당 103, 110

동학 신화 160, 164, 213
동학운동 52
동학 입도 35
동학 접주 29, 99
동학 지도부 40, 46, 79
두목 276, 277
두목지 213, 248, 276, 277, 278, 284
디스토피아 137
떨기나무 164

【 ㅁ 】

마아트 177
마음을 연 인물 286, 299
마음의 변화를 일으킨 인물 303
마음한울 179
마호메트 330
만물 공경 세계관 126, 127, 155, 161, 176, 182, 193
만물 공경적 우주 182, 183
만민 평등론 78
만민 평등사상 31, 46, 56, 59, 79
만세극락 314
매판적 상인층 52
맹자 260, 284, 291, 296, 303, 308, 309, 327, 330, 332, 335
먹물형 지식인 30
명의의 대명사 240
명의 편작 279
모세 신화 167, 174
모세 신화의 목소리 181
목소리 161, 181, 213
목소리의 현상학 168, 181, 182
몸한울 179
묘족의 신 치우 325
무교적 치병 56
무극대도 143, 154, 195, 196, 224, 263, 276, 279, 289, 291
무위이화 124
무위화기 289
무장포 111
무치주의자 327
무항산 332, 335

무항심 332, 335
무형천 313
문명사적 세계관 126
문명 진보의 세계관 155
문명화된 지역의 비유 257
문순태 15
문예적 인물 214, 236, 243, 283, 309, 335
문예적 자아 239, 244
문왕 233, 284, 291, 297, 298, 303
문치주의 327
물리적 바위 171
물상공간론 244
물상적 비유 243
물상적 세계 232
민란 86
민자건 230
민족개벽 65, 28
민족 지도자 168
민중운동 52
민중 혁명 52

【ㅂ】

바라문 330
바위 213
바위의 현상학 168
박경리 15
박연희 15
박종화 15
박태원 15, 83, 91, 93
반봉건적 평등사상 98
반제국주의의 항거자 99, 104
반제국주의자 114, 115
방외인형 지식인들 79
벌남기 113
범신관 161
범재신관 124, 125, 127, 155, 160, 183, 190, 205
범천론적 시천주 사상 24
범천론적 영혼관 28
범천론적 한울님 존중 26
보국안민 36, 41, 69, 75, 105, 107, 113, 140
보은 장내리 94

보은 집회 92
복희 188, 217, 250, 310
본체생명 141
부국강병 126
부정적 통치자 152
북접 64, 95
북접 도인 30
북접 상층 간부 97, 108
북접의 온건파 64
북접 지도자 54, 60, 64, 77
북접 지도층 노선 61
북접 최시형 63
분서갱유 267
불로불사 222, 266, 269
불로불사의 영약 223
불사약 224, 269
불사 의식 73, 75
불생불멸 314
불연과 기연의 철학관 290
불연기연의 철학론 214, 216
불연기연 패러다임 205
불연론 204
불연적 기연 190
불연적 기연의 창조관 192
불초자식 254, 257
비간 258
비둘기 173, 176
비요순적 세상 222
비폭력 운동 98
비환원론적 124, 160
빈농 하층민 52

【ㅅ】

사광 212, 213, 239, 240, 242, 243, 248, 276, 277, 278, 284
사마천 189
사부상 134, 153
사상 문화 53, 64, 77
사상의 생명력 79
사인여천 20, 26, 98
사회개벽 28, 65
사회 개혁 운동 97, 115

사회사상 87, 115
사회주의 국가 93
사후 진리의 저울 182
살부지수 271
삼계천 198, 313
삼계천지최상천 197
삼계천 최상 지위자 202, 203
삼라만상의 평등사상 26
삼례 집회 93
삼위일체적 덕화 147
삼위일체적 요순 150
삼천 제자 212, 213, 225, 230, 232, 248, 263, 265, 284
삼황씨 193, 203, 204, 283, 287, 303, 308, 310
삼황오제 151, 152, 190, 203, 213, 248, 250, 279, 280, 309, 316, 334
삼황오제 신화 204, 205, 213
상무 문화 17, 40, 45, 53, 75, 77
상무의 생명력 79
상왕국 258
상제 165
새소리가 바로 한울님 소리 174, 175, 182,183
새의 현상학 172, 183
생물 애호 23, 59
생이지지 229, 232
서구 신화 160, 213
서기원 15, 53
서덕순 83, 84
서도의 성인 237
서자 출신 지식인 19, 25, 28, 46
서자형 지식인 30
서학 110
석숭 212, 239, 241, 242, 243, 284
선령 321
선배 작가의 상상적 일별 123
선악 불택 132
선약 90
선천개벽 196, 291
선천양심론 261
성(性) 201
성경 신화 160

성도치지자 148
성선론적 비유 139, 255
성선론적 존재 138, 257
성스러운 인물 303
성・심・신 314
성인 경지 243
성인 사회 204
성인적 경지의 인물 286, 291
성인지덕화 148
성인지도 229, 232
성인지지 229, 232
성인지학 229, 232
성품한울 179
세계-내-존재 159
세계 문명 진화 세계관 127
소동파 212, 236, 239, 243
소작농 61
소중화 327
소호 189, 218, 250, 310
손천민 27, 95
손화중 58, 61, 102
송기숙 15
송하춘 52
수도적 자아 244
수사법 128, 155
수사학 187, 213
수사학적 고찰 249, 286
수사학적 신화 187
수사학적 텍스트 읽기 122
수신제가 153
수심정기 68, 141, 142, 256, 257, 265, 266, 332, 335
수운 최제우 17, 23, 45, 53, 59, 77, 114, 122, 123, 135, 151, 153, 160, 162, 168, 190, 211, 219, 232, 275, 283, 289, 296, 307
수인 188
순 220, 292
순결 무하 94
순리순수 263
순임금 138, 317
습관천 313

승로반 269
시(侍) 321
시지프스 169, 171
시지프스 신화 168
시지프스 신화의 바위 181
시천주 36, 41, 70, 161
시천주 사상 23, 69
시천주 신앙 98
시천주의 정신 75
시천주 조화정 영세불망 만사지 37, 67
시천주 주문 28, 38, 40, 69, 74, 78
신(身) 201
신군 의식 72, 73
신농 188, 217, 250, 310
신덕룡 16
신분 평등론 59
신분 평등 의식 55
신원 운동 93, 94
신종교 62
신진 청년 지식인 55
신통육예 263, 265
신화 121, 127, 159, 169
신화적 수사법 122
신화적 인물 213, 243, 249, 283, 286, 307, 334, 335
신화적 자아 244, 280
신화적 중국 인물 유형 279
실권적 지식인 52
실천적 지도자 97, 115
실천 철학 243
심(心) 201
심령지령 300
심즉천 126, 161
심층적 자아 244
심학 27, 28
십삼자 71
십이제국 253
십이제국 괴질운수 257

【ㅇ】

아누비스 177
아브라함 163
악인 도척 252
악인음해 256, 265
악인지설 256, 265
악인 환퇴 265, 266
안빈낙도 153, 255, 261, 265
안심정기 20
안핵사 106
안회 230
양반 토호 96
양혜왕 260
양호 초토사 96
어린이 애호 23, 59
여성적 천상 화자 224
여진 민란 51
여호와 163
염구 230
염백우 230
염제 217
영부 39, 70, 93
영생 갈망 266
영세무궁의 세계 269
영속적 유토피아 153, 155
영적 자아 244
영적 창도자 168
영적 창도자 수운 181
영혼 문화 17, 28, 45, 53, 64, 75, 77
영혼의 생명력 79
예(禮) 241
예수 330
오류선생 212
오륜 142
오수동 111
오시리스 177
오시리스 신화 176, 178, 181
오시리스 신화의 저울 182
오심즉여심 25, 67
오제 212, 216, 218, 219, 225, 243, 250, 315
오제씨 203
오지영 87, 97, 111, 114
온건 우파 62
온건주의 96
와룡강 233

와룡담 233
왕도정치 146, 147
왕희지 212, 236, 237, 239, 243, 284
요 220, 292
요순 147, 151, 194, 212, 213, 221, 225, 243, 247, 248, 250, 252, 279, 280, 284, 291, 292, 303, 308, 309, 317, 319, 334
요순공맹 142, 143, 144, 145, 154, 284, 291, 293, 303
요순 성세 131, 136, 252
요순시대 세계관 128, 220, 222
요순 신화 122, 127, 128, 142, 153, 188, 213
요순의 수사법 152
요순지세 255
요순지치 137, 145, 151, 153, 253, 254, 321
요임금 128, 129, 138
용담가 248
용담정 259
우금치 전투 74, 109
우순씨 317, 327
우주관 124
우주 덕 205
우주적 진실 168, 181
운양호 사건 조작 102
원세개 103
위국충신 259
위만조선 267
위문후 274
유(儒) 330
유가 274
유교적 문화영웅주의 216, 219
유교적 성인 공자 232
유기체적 124, 160
유기체적 우주관 180
유기체적 우주 진리 182, 183
유기체적 지상천국의 우주 183
유묘 148, 309, 323, 325, 334
유불선 110
유불선 사상 18
유불선 삼교 89
유아독존론 123

유정천 313
유철 267
유토피아 137, 150, 317
유토피아 비유 319
유토피아 시절 151
유토피아 의식 138
유하혜 272
유현종 15, 51, 56, 59, 79
육친적 존재자 131
윤리·신학적 관점 187
윤회적 운수 255
율법 계시 164
은적암 275
음모, 음해의 세상 사람들 271
음악 241
의(義) 330, 332, 335
의암 손병희 17, 26, 27, 45, 54, 61, 95, 108, 122, 154, 160, 161, 197, 307, 314, 334, 335
의청소통서얼소 100
이(理) 125
이기론 124
이덕형 135
이무영 15
이보영 52
이상적 성인 266
이상적인 국왕의 성인 293
이상적 제왕 신화 250
21자 주문 263
이용태 106
이집트 신화 160
이치한울 179
이태백 213, 236, 237, 239, 243, 284
이필제 89, 92
이항복 135
익산 민란 86, 99, 106
인(仁) 263, 330, 332, 335
인간 주체적 자력 신앙 세계관 127
인과응보 32, 171
인권 존중 사상 34
인내천 25, 54, 66, 68, 77, 110, 126, 161
인내천 사상 23, 32, 45

인시천 126, 161
인신 291
인신우두 217
인심 316
인유법 122, 187
인의예지 20, 142, 256, 265, 273
인황 188, 214
인황씨 195, 287
일본군 87
일본 군대 108
임진왜란 102
입도례 36, 38
입도식 24, 25

【ㅈ】

자강불식 147, 154
자경 201, 314
자공 212, 225, 243, 284
자력 신앙적 세계관 155
자력적 신앙 154, 320
자법 201, 314
자성 201, 314
자신 201, 314
자하 230, 274
장상군 241
장생불사 269
저울 162, 176, 180, 181, 213
저울의 현상학 176, 183
전규석 63
전라도 남접 103
전라우도 62, 108
전봉준 23, 24, 30, 34, 36, 37, 40, 54, 57, 61, 62, 72, 73, 74, 86, 95, 98, 103, 105, 111, 114
전욱 218, 250, 310
전일적 세계관 124, 160, 190
전자방 248, 269, 274, 276, 280, 284
전주성 87
전주 화약 108
전창혁 86, 105
절대 공경 172, 183
절대 믿음 172, 183

절대 정성 172, 183
정성심리의 바위 171
정신개벽 28, 65
정신 계보자 문화 17, 28, 45
정재호 249
정치·사상적 인물 214, 225, 330, 243, 249, 259, 280, 283, 307, 327, 332, 334, 335
정치·사상적 자아 244, 280
정현기 16
정현숙 83, 84
제갈량 212, 225, 232, 233, 235, 243, 284, 299, 303
제곡고신 189
제선왕 260
제순중화 189
제요방훈 189
제중구세 55
조걸위학 271
조동일 249
종교 실천 세계관 126, 155, 161, 193
종교 실천적 세계관 127
주(紂) 298
주기론적 신유학 56
주렴계 212, 213, 225, 232, 233, 235, 243
주문 125, 90, 93
주변 지도부 61
주전론 108
주지육림 270
중국 인물군 239
중궁 230
중도파 87, 114
중도파 지도자 97, 111
중화민족 관념 패러다임 323
지극정성론 244
지기 36, 69, 124, 125
지기금지 원위대강 36, 69
지기일원론적 124
지령인걸 233
지혜의 화신 233
지황 188, 214
지황씨 195, 287

진시황 213, 247, 266, 268, 280, 284
집강소 69, 108

【 ㅊ 】

참요 45
채길순 15, 83, 84
척왜척양 88, 94, 105, 107
천도 개창론 78
천도적 이상주의 216, 219
천도적 자아 224
천도 제창 59
천상적 자각 자아 222, 225
천심즉인심 20, 25, 67
천어 165, 167, 181
천어 신화 162
천인합일 291
천주 124
천주성 23, 59
천주 조화정 영세불망 만사지 25
천주 직포 23, 59
천지개벽 56, 66
천황 188, 214
천황씨 143, 190, 192, 194, 195, 196, 197, 200, 203, 204, 214, 225, 243, 284, 287, 288, 290, 294, 303, 308, 309, 310, 313, 335
청국 군대 108
청년 지식인 57, 79
초인격적 진수 328
초인적 분신 인물 249, 276, 279, 280, 283, 309, 335
최경선 39, 61
최보따리 94
축융 189
치우 148, 309, 322, 323, 334
칠십이인 213, 248
칠십이인 제자 265, 259, 284

【 ㅌ 】

타르타로스 169
탈반상 의식 57
태극 70

태평성세의 비유 310, 316, 317
통섭적 성인 286, 288, 303
통유문 96
통전적 124, 160
통치자 인물 249, 266, 280, 283, 286, 300, 309, 335
통합적 덕 193
통합적 우주의 진리 183

【 ㅍ 】

패러다임의 전환 수사법 153, 155
편작 212, 213, 239, 241, 242, 243, 248, 276, 284
편작 치료법 279
평등사상 19, 23, 25, 27, 28
폐정 개혁안 108
포교 실천자 59
포덕론 78
포덕문 55
포덕천하 88, 89, 145, 154, 155
품성 승격론 131
풍류 236, 239, 243
풍류도 56, 59
풍채의 비유 279
프로메테우스 168
피조성 시천주지성 172, 182
필적 236, 239

【 ㅎ 】

하늘 말씀 목소리 164
하늘의 목소리 165
하늘의 천어 168, 181
한글체 54
한무제 213, 248, 266, 280, 284, 300, 301, 303
한승원 15, 16, 46
한울님 23, 34, 35, 166, 167
한울님 심고 40, 28
한울님의 인식관 128, 220
한울님 중심론 132, 222
한울님 중심론의 우주관 153
한울사람 79

항아 213, 222, 223, 225, 243, 284
해석학 121
해월 최시형 17, 23, 25, 27, 45, 54, 59, 62, 77, 94, 95, 103, 111, 114, 122, 152, 154, 160, 161, 168, 170, 172, 193, 283, 296, 307
향반 61
헌원씨 149, 309, 315, 327
혁명적 사상가 98
현인군자 139, 255
형이상학적 공간 313
형이상학적 약 70
호남창의소 107
호루스 177
혹세자 142
혼원지일기 125
혼원지일기 세계관 125, 127, 155, 204
홍계훈 107
화엄론적 실재관 56
화적떼 52
화평론 108
환퇴 213, 248, 269, 271, 272, 273, 276, 280, 284
활빈당계 111
황국명 52
황제 250, 310
황제헌원 189
황천상제 189
황토현 전투 95
후천개벽 28, 41, 145, 153, 154, 155, 167, 204
후천개벽 유토피아 130, 153, 155
후천 천황씨 201
흉노 267
흉언괴설 271
흥진비래 261

『계명산천은 밝아오느냐』 83
『구약성서』 121, 187
『녹두장군』 15
『논어』 226, 258
『농민』 15
『동경대전』 23, 88, 127, 130, 161, 181, 188, 214, 220, 225, 229, 230, 247, 275, 279, 299
『도덕경』 328
『동양의 신화』 213
『동학사』 111, 113
『동학제』 15, 16, 17, 24, 31, 38, 39, 41, 45, 46
『들불』 15, 51, 53, 59, 63, 79
『마지막 조선검 은명기』 15
『맹자』 297, 331
『사기』 216, 226, 260, 323
『서경』 324
『성경』 162
『순자』 325
『시경』 333
『십팔사략』 215
『여명기』 15
『여씨춘추』 274
『연암선생문집』 100
『열자』 189
『염철론』 325
『용담유사』 18, 20, 23, 41, 54, 75, 88, 127, 130, 213, 247, 249, 252, 256, 275, 295, 299
『의암성사법설』 127, 130, 149, 162, 181, 188, 204, 309, 317
『장군 김개남』 15
『장자』 190, 272
『정감록』 66
『좌전』 272
『죽서기년』 258
『천도교경전』 283
『타오르는 강』 15
『태극도설』 234
『토지』 15
『통서』 234

도서명

『갑오농민전쟁』 15, 83, 87, 91, 99, 104, 111, 113

『한서지리지』 310
『해월신사법설』 127, 130, 142, 147, 161, 181, 188, 193, 204, 283, 286, 297, 299
『혁명』 15, 53
『회상 영적실기』 291
『흰옷 이야기』 15

원전명

〈강남춘〉 277
〈강서〉 284, 291, 293, 296
〈개벽운수〉 142, 147, 193, 283, 284, 288, 291, 293
〈검가〉 45, 46, 75, 78
〈검결〉 75
〈견성해〉 176, 178, 179, 182
〈교 비평설〉 327
〈교훈가〉 130, 134, 142, 213, 247, 256, 270, 271, 280
〈권학가〉 130, 138, 139, 142, 213, 248, 255, 256, 279
〈귀거래사〉 236
〈기타〉 142, 144, 147, 196, 283, 288, 290, 293
〈내칙〉 284, 297
〈논학문〉 18, 19, 130, 131, 142, 212, 220, 221, 222, 232
〈대아〉 333
〈대인접물〉 175
〈도덕가〉 130, 140, 141, 213, 225, 248, 256, 264, 273, 280
〈도수사〉 213, 248, 263, 280
〈도척〉 272
〈독공〉 142, 145, 147, 168, 170, 171, 284, 291, 293, 295, 299
〈등문공 장구〉 333
〈명리전〉 332
〈명심수덕〉 283, 288, 289
〈몽중노소문답가〉 18, 22, 23, 130, 136, 142, 151, 213, 248, 253, 254, 256, 260, 263, 277, 280, 295, 317
〈몽중문답가〉 147, 150, 151, 152, 197, 202, 203, 311, 316
〈무체법경〉 197, 202, 311
〈부화부순〉 284, 300, 302
〈불연기연〉 191, 212, 214, 289
〈삼경〉 175
〈삼전론〉 147, 152, 197, 311, 317, 321, 322, 326, 327
〈성인지덕화〉 142, 143, 147, 148, 284, 291, 322
〈수덕문〉 212, 225, 229, 231, 232, 234, 235, 236, 238, 239, 242, 279
〈시문〉 147, 151, 152
〈신앙통일과 규모일치〉 147, 149, 152, 317, 319
〈신통고〉 201, 311, 313
〈심령지령〉 284, 301
〈아방궁의 부〉 277
〈안심가〉 18, 21, 22, 130, 134, 135, 142, 213, 256, 261, 268, 278, 279, 280
〈영부주문〉 172, 174, 182
〈영소〉 213, 222, 223
〈오도지삼황〉 193, 195, 283, 287
〈오제본기〉 189, 216, 323
〈용담가〉 213, 258
〈우언〉 272
〈우음〉 317, 320
〈의병〉 325
〈이루 장구〉 297
「전도서」 187
〈존사〉 274
〈주서〉 324
「창세기」 172
〈척언허무장〉 327, 330, 331
〈천도태원경〉 328
〈천하〉 190
「출애굽기」 162, 181
〈치국평천하지정책장〉 327, 333
〈칼노래〉 41, 42, 44, 75
〈포덕문〉 165, 167, 181, 211, 214, 216
〈화결시〉 212, 232, 234, 235, 236, 238, 239

동학연구총서003

동학의 사상적 서사와 신화적 상상력

등록 1994.7.1 제1-1071
1쇄 발행 2025년 8월 10일

지은이 임금복
펴낸이 박길수
편집장 소경희
편집·디자인 조영준
관 리 위현정
펴낸곳 도서출판 모시는사람들
　　　03147 서울시 종로구 삼일대로 457(경운동 수운회관) 1306호
전 화 02-735-7173 / 팩스 02-730-7173
홈페이지 http://www.mosinsaram.com/

인 쇄 피오디북(031-955-8100)
배 본 문화유통북스(031-937-6100)

값은 뒤표지에 있습니다.
ISBN　　　979-11-6629-242-2　94100
ISBN(세트)　979-11-6629-213-2　94100

* 잘못된 책은 바꿔 드립니다.
* 이 책의 전부 또는 일부 내용을 재사용하려면 사전에 저작권자와
　도서출판 모시는사람들의 동의를 받아야 합니다.